Excel

财务管理从入门到精通

谭中阳 ◎ 编著

化学工业出版社
·北京·

内容简介

本书通过“专业线＋技能线”，从两条线帮助读者精通Excel软件，快速入门精通成为财务管理高手！

第一条是财务管理线。本书通过10大专题内容，用Excel制作各类财务管理报表，包括预算表、费用表、工资表、记账表、进销表、资产表、收付表、成本表、总账等。

第二条是Excel技能线。本书安排了30个经典常用的财务管理表格进行讲解，内容涉及Excel软件的数据编辑、格式设置、自动填充、排序筛选、分类汇总、数据透视表与数据透视图、图形与图表、公式与函数以及表格打印等功能，书中赠送了所有案例的视频教学，帮助读者快速精通Excel软件。

本书适合：刚步入职场的应届毕业生，准备提升财务管理办公技能；从事财务/会计/出纳/收费等多个岗位的工作人员，制作出常用财务表格；各类职场财务人员、企业创业人员，迅速提升财务管理水平；也可作为各类计算机培训中心、中职中专、高职高专等院校及相关专业的辅导教材。

本书共提供90个教学视频，请读者扫描书内各章节对应二维码参考学习使用。

图书在版编目（CIP）数据

Excel财务管理：从入门到精通/谭中阳编著. —北京：化学工业出版社，2022.2

ISBN 978-7-122-40385-8

Ⅰ.①E… Ⅱ.①谭… Ⅲ.①表处理软件-应用-财务管理 Ⅳ.①F275-39

中国版本图书馆CIP数据核字（2021）第248820号

责任编辑：陈　蕾　　装帧设计：尹琳琳
责任校对：刘曦阳

出版发行：化学工业出版社（北京市东城区青年湖南街13号　邮政编码100011）
印　　装：大厂聚鑫印刷有限责任公司
710mm×1000mm　1/16　印张$13^3/_4$　字数242千字　2022年3月北京第1版第1次印刷

购书咨询：010-64518888　　售后服务：010-64518899
网　　址：http://www.cip.com.cn
凡购买本书，如有缺损质量问题，本社销售中心负责调换。

定　　价：58.00元　

前言

Excel 2016是一款简单易懂、易上手、功能强大的办公软件，能够提高我们日常的工作效率。凡是需要进行核算、分析及处理的数据，都可以使用Excel来解决，它能帮助我们更好地完成自己的岗位职责。使用Excel 2016进行财务办公，可以带给我们更好的工作体验，满足我们对各种电子表格的应用需求。

《Excel财务管理：从入门到精通》一书主要介绍了使用Excel 2016对财务管理一些常用表格、数据进行有效处理的操作，将财务管理的日常工作与Excel软件的操作技巧相结合，并对其进行了汇集、总结，分享给读者。希望读者可以举一反三，理论与实践相结合，从入门到精通，逐渐提升自我，成为财务管理方面的行家里手。

本书的定位是刚步入职场的应届毕业生、职场的高层管理者、财务管理人员，以及从事财务、会计、出纳、收费等多个岗位的工作人员。本书分为10章，知识体系全面，从财务预算项目开始，循序渐进地讲解财务管理的一些日常工作技巧。本书具体结构如下：

第1章　预算。预算是对企业经营成本的规划和控制，财务预算可以反映企业生产经营的财务状况和成果。通过对本章的学习，读者可以学会使用Excel制作销售预算表、生产预算表以及利润预算表等。

第2章　费用。企业日常的费用都需要通过财务部门进行报销管理，这样便于企业财务集中管控内部资源和成本，降低运营成本。通过对本章的学习，读者可以学会使用Excel制作差旅费分析图表、招待费统计表以及日常费用汇总表等。

第3章　工资。薪酬管理是企业财务管理的重要组成部分，也是企业吸引和留住优秀人才的重要手段。通过对本章的学习，读者可以学会使用Excel制作员工工资管理表，使用图表和数据透视表等从多角度分析员工工资数据以及生成员工工资条等。

第4章　记账。财务记账可以帮助企业完善财务管理体系、有效管理日常财务凭证。通过对本章的学习，读者可以学会使用Excel填制记账凭证、汇总记账凭证以及登记日记账等。

第5章　进销。企业内部的采购、销售和库存等进项和销项，也是财务管理的一部分，做好进销管理能够促进企业内部信息化、提高企业管理效率。通过对本章的学习，读者可以学会使用Excel制作采购项目管理表、销售数据管理表以及库存产品管理表等。

第6章　资产。管理好固定资产可以促进财务管理，降低企业成本，提高整体资产的运营效率。通过对本章的学习，读者可以学会使用Excel创建固定资产清单表、固定资产查询表以及固定资产折旧费用表等。

第7章　收付。日常核对暂收、暂付、应收、应付以及借款单据等资料是会计岗位的重要职责。通过对本章的学习，读者可以学会使用Excel制作应收账款记录表、应收账款数据分析表以及应付账款记录表等。

第8章　成本。对企业日常成本数据进行分析，可以优化成本管理，并对企业成本进行有效分配和控制。通过对本章的学习，读者可以学会使用Excel制作采购成本表、生产成本表以及制造费用明细表等。

第9章　总账。每到月末，财务部门便需要对当月的各项财务账表进行汇总、分析。通过对本章的学习，读者可以学会使用Excel制作结转利润表、财务总账表以及财务明细账表等。

第10章　报表。在进行财务管理时，需要制作各种各样的财务报表，其中有三大报表是必学的。通过对本章的学习，读者可以学会使用Excel制作资产负债表、营业利润表以及现金流量表等。

本书的主要目的是让读者掌握Excel软件的操作技巧，从而提高财务管理的工作效率；让读者在工作之际享受工作，体会其中的乐趣。因此，希望这本书能带给读者美好的体验，让读者学习到不一样的工作方式。

本书由谭中阳编著，参与编写的还有刘华敏等人，在此表示感谢。由于作者知识水平有限，书中难免有疏漏之处，恳请广大读者批评、指正，联系微信：2633228153。

本书共提供90个教学视频，请读者扫描书内各章节对应二维码参考学习使用。

编著者

目录

第1章　预算：编制企业财务预算项目

第2章　费用：企业日常费用报销管理

第3章 工资：薪资数据的管理与分析

第4章　记账：日常凭证的填制与汇总

第5章　进销：采购、销售与库存管理

第6章 资产：固定资产的管理

第7章 收付：日常账款的统计与管理

第8章 成本：企业日常成本数据分析

第9章 总账：月末账务处理与明细汇总

第10章 报表：三大财务报表的制作方法

第1章

预算：编制企业财务预算项目

财务部门掌管着企业的经济命脉，用Excel可以为企业的发展规划进行科学的经济预算，为企业的经营目标提供坚实的经济基础。本章主要提供企业财务预算项目的相关表格，并详细介绍了使用Excel 2016软件制作销售预算表、生产预算表以及利润预算表的技巧，希望读者熟练掌握本章内容。

1.1 ／ 制作销售预算表

企业在规划生产经营时，需要以销售目标为基础，才能开始进行原材料采购、生产、包装以及出售，因此企业会对销售目标进行一个基本的预测和分析，同时也需要财务人员根据销售目标进行费用预测，以保证企业的成本控制和盈利实现。

本实例主要介绍“销售预算表”的制作流程和具体方法。

效果欣赏

“销售预算表”的最终效果如图1-1所示。

销售预算表					
序号	销售地区	销售产品	销售单价	预计销售量	预计销售额
1	北京	产品A	120	1000000	120000000
		产品B	80	800000	64000000
		产品C	150	1000000	150000000
2	天津	产品A	120	755000	90600000
		产品B	80	600000	48000000
		产品C	150	800000	120000000
3	上海	产品A	120	1000000	120000000
		产品B	80	1300000	104000000
		产品C	150	1500000	225000000
预计销售总额					1041600000

图 1-1　销售预算表

技术点睛

1. 在Excel中，创建销售预算表，输入销售预算的相关数据。
2. 在Excel中，美化销售预算表，设置工作表中数据的格式。
3. 在Excel中，使用公式计算出预计的销售收入金额。

扫码看教学视频

1.1.1　创建销售预算表

创建销售预算表，首先需要新建一个空白工作簿，然后将相关数据内容输入到表格中，包括序号、销售地区、销售产品、销售单价、预计销售量以及预计销售额等。下面介绍在Excel中创建销售预算表的操作方法。

STEP 01 打开Excel软件，在“开始”界面中，单击“空白工作簿”缩略图，如图1-2所示。

STEP 02 进入新建的工作表中，在底部工作表的名称上单击鼠标右键，在弹出的快捷菜单中选择“重命名”选项，如图1-3所示。

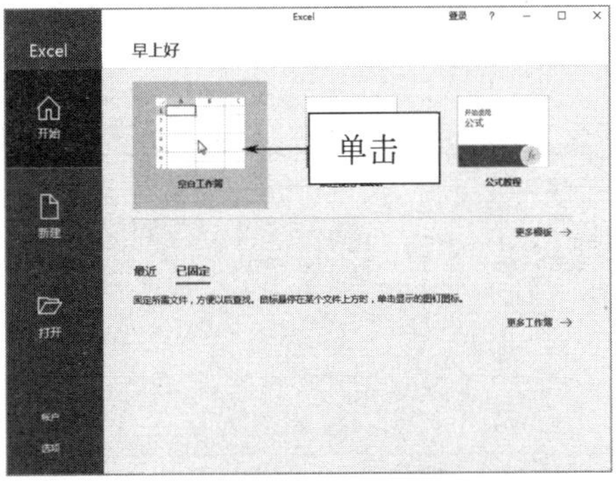

图1-2　单击“空白工作簿”缩略图

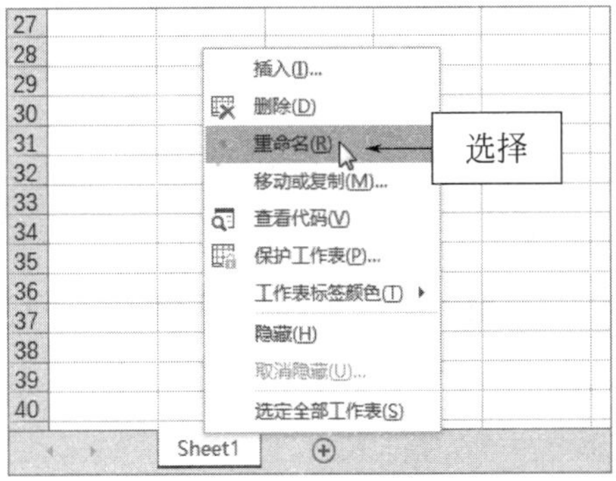

图1-3　选择“重命名”选项

STEP 03 执行操作后，将工作表的名称改为“销售预算表”，如图1-4所示。

STEP 04 在工作表中输入相关的数据内容，效果如图1-5所示。

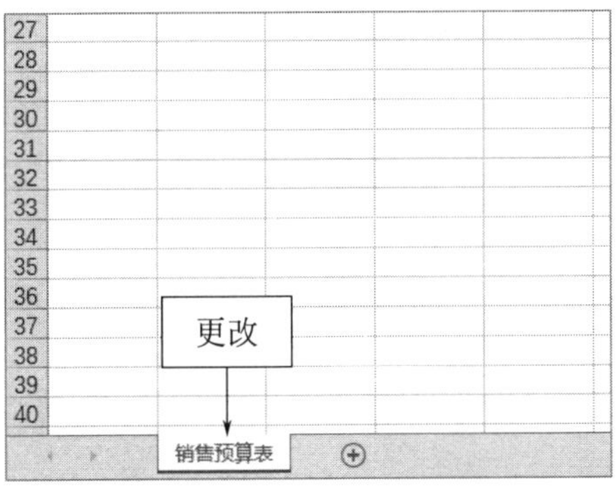

图1-4　更改工作表的名称

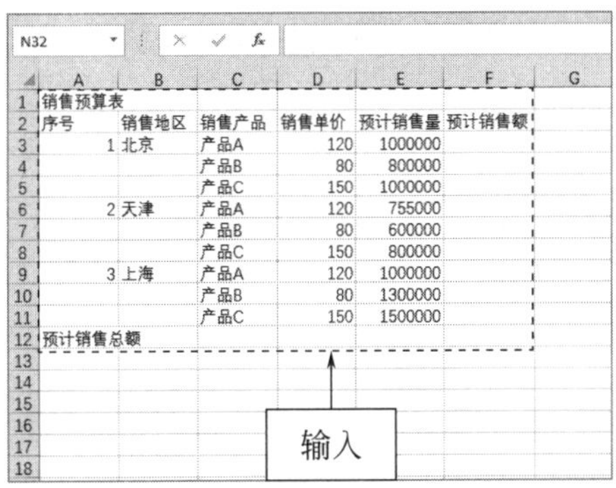

销售预算表					
序号	销售地区	销售产品	销售单价	预计销售量	预计销售额
1	北京	产品A	120	1000000	
		产品B	80	800000	
		产品C	150	1000000	
2	天津	产品A	120	755000	
		产品B	80	600000	
		产品C	150	800000	
3	上海	产品A	120	1000000	
		产品B	80	1300000	
		产品C	150	1500000	
预计销售总额					

图1-5　输入数据内容

1.1.2　美化销售预算表单内容

在创建的工作表中输入销售预算表单内容后，即可对工作表进行美化处理，包括调整工作表的行高、列宽，设置字体、字号、对齐方式以及添加边框线等。下面介绍美化销售预算表

扫码看教学视频

单内容的操作方法。

STEP 01 在工作表中，将鼠标移至行标1上，当鼠标指针呈形状时，单击鼠标左键，选择第1行单元格区域。将鼠标指针移至行标1的边框线上，此时鼠标指针呈形状，按住鼠标左键并向下拖曳，调整第1行的行高，如图1-6所示。

STEP 02 选择第2行～第12行单元格区域，用上述同样的方法，调整第2行～第12行的行高，效果如图1-7所示。

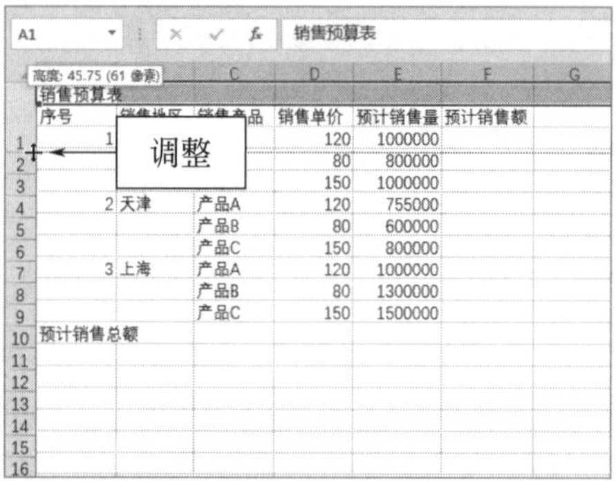

图 1-6　调整第 1 行的行高

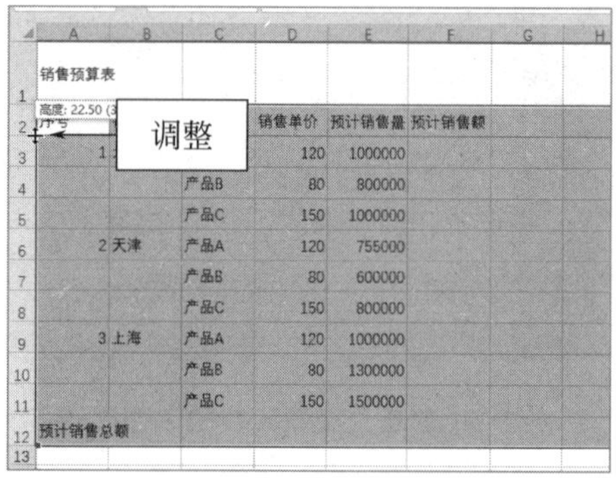

图 1-7　调整第 2 行 ~ 第 12 行的行高

STEP 03 用上述同样的方法，调整工作表中的列宽，效果如图1-8所示。

STEP 04 选择A1:F1单元格区域，效果如图1-9所示。

图 1-8　调整工作表中的列宽效果

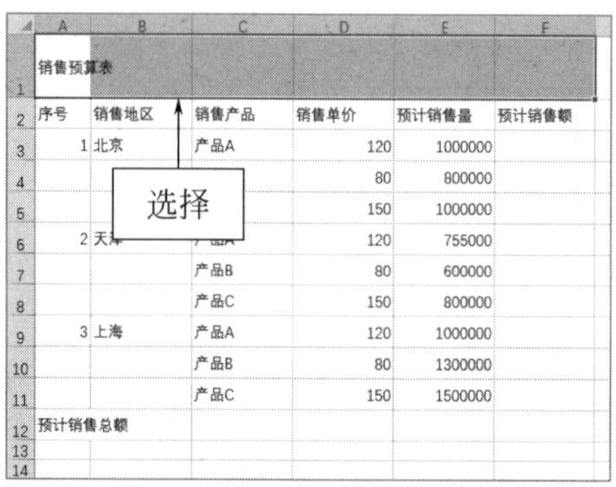

图 1-9　选择 A1:F1 单元格区域

STEP 05 在“开始”功能区的“对齐方式”面板中，单击“合并后居中”按钮，如图1-10所示。

STEP 06 执行操作后，即可设置A1:F1单元格区域的格式，效果如图1-11所示。

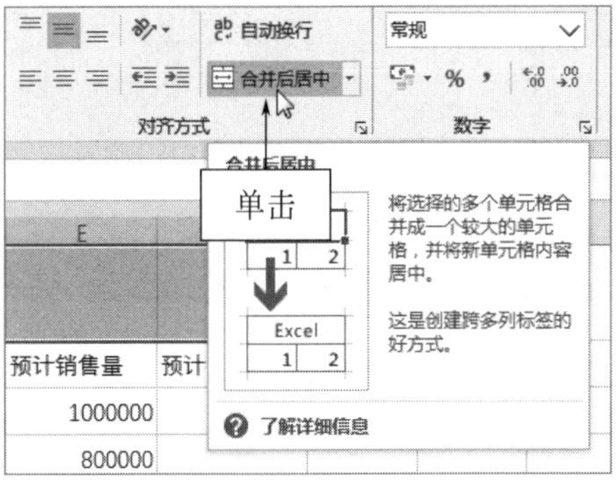

图 1-10　单击“合并后居中”按钮

图 1-11　设置 A1:F1 单元格区域的格式

STEP 07　用上述同样的方法，对工作表中其他需要合并和居中的单元格区域进行“合并后居中”“居中”等对齐操作，效果如图1-12所示。

STEP 08　选择A1:F1单元格区域，在“开始”功能区的“字体”面板中，❶设置“字体”为“黑体”；❷设置“字号”为“18”，如图1-13所示。

图 1-12　工作表合并和居中后的效果

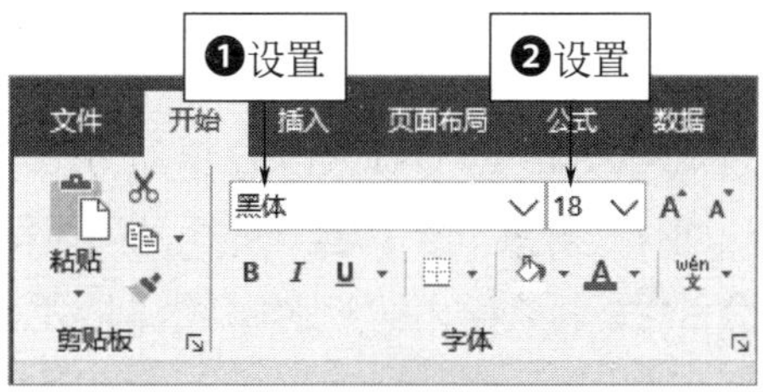

图 1-13　设置字体格式（1）

STEP 09　执行上述操作后，即可设置A1:F1单元格区域中的字体格式，效果如图1-14所示。

STEP 10　选择A2:F2单元格区域，在“开始”功能区的“字体”面板中，❶设置“字体”为“黑体”；❷单击“加粗”按钮 **B**，如图1-15所示。

STEP 11　执行上述操作后，即可设置A2:F2单元格区域中的字体格式，效果如图1-16所示。

STEP 12　选择A12:F12单元格区域，在“开始”功能区的“字体”面板中，设置“字体”为“黑体”，并单击“加粗”按钮 **B**，设置A12:F12单元格中的字体格式，效果如图1-17所示。

图 1-14　设置字体格式效果（1）

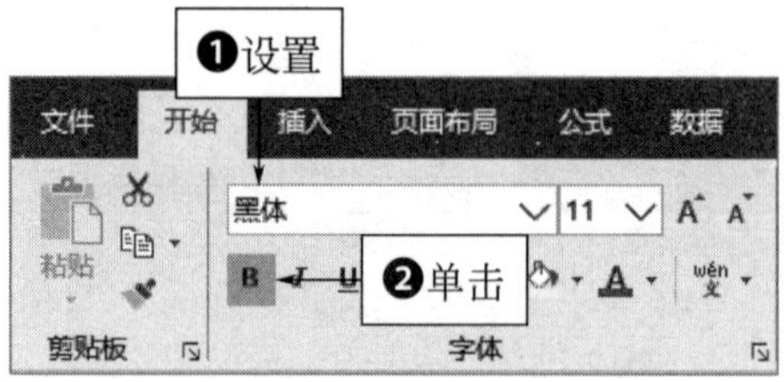

图 1-15　设置字体格式（2）

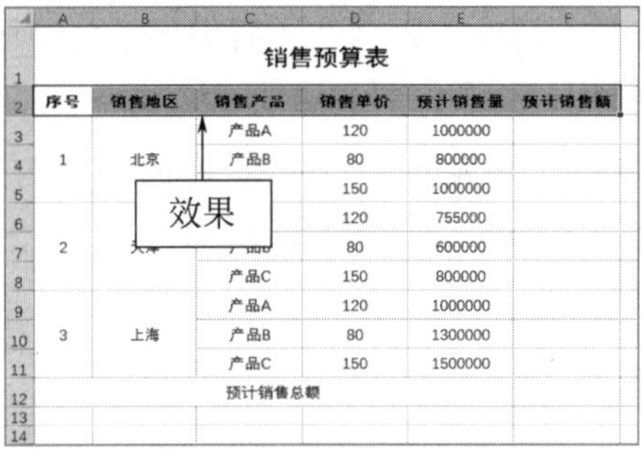

图 1-16　设置字体格式效果（2）

图 1-17　设置字体格式效果（3）

STEP 13 ❶选择A1:F12单元格区域；❷在“字体”面板中单击“边框”右侧的下三角按钮；❸在弹出的列表框中选择“其他边框”选项，如图1-18所示。

STEP 14 弹出“设置单元格格式”对话框，在“边框”选项卡中分别单击“外边框”和“内部”按钮，如图1-19所示。

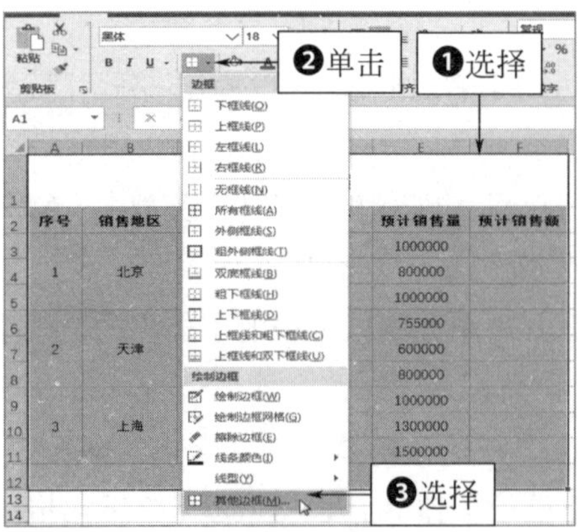

图 1-18　选择“其他边框”选项

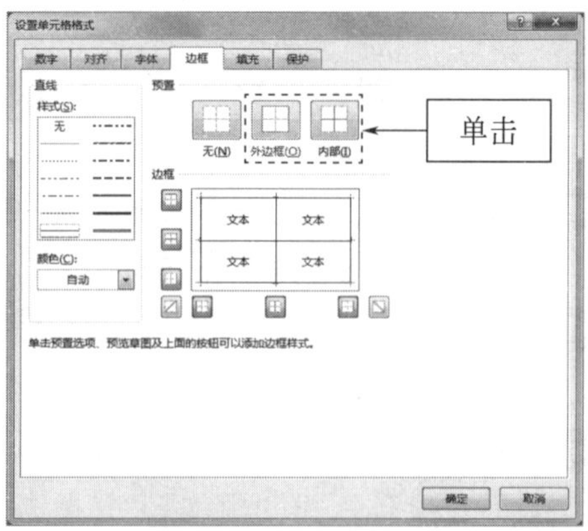

图 1-19　单击相应按钮

专家提醒

用户也可以通过快捷键调出“设置单元格格式”对话框，具体操作如下：

在工作表中选中需要设置边框的单元格区域，按【Ctrl＋1】组合键，即可快速弹出“设置单元格格式”对话框。通常会默认进入到“数字”选项卡中，用户可以自行切换到“边框”选项卡中进行设置。

STEP 15　❶单击“填充”标签，切换至“填充”选项卡；❷设置单元格区域的填充颜色（颜色可参考计算机屏幕，下同），如图1-20所示。

STEP 16　设置完成后，单击“确定”按钮，返回Excel工作簿，查看制作完成的“销售预算表”，效果如图1-21所示。

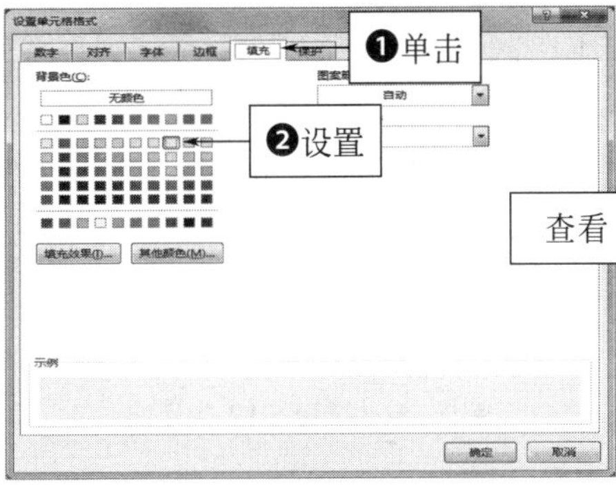

图1-20　设置单元格区域的填充颜色

序号	销售地区	销售产品	销售单价	预计销售量	预计销售额
1	北京	产品A	120	1000000	
		产品B	80	800000	
		产品C	150	1000000	
2	天津	产品A	120	755000	
		产品B	80	600000	
		产品C	150	800000	
3	上海	产品A	120	1000000	
		产品B	80	1300000	
		产品C	150	1500000	
预计销售总额					

图1-21　查看工作表美化效果

1.1.3　计算销售预算收入金额

扫码看教学视频

接下来需要统计预计的销售收入金额，其计算公式为：销售单价×预计销售量=预计销售额。下面介绍使用该公式和SUM函数公式统计销售预算的操作方法。

STEP 01　在工作表中，选择F3:F11单元格区域，如图1-22所示。

STEP 02　在编辑栏中输入公式:=D3*E3，如图1-23所示。

STEP 03　按【Ctrl＋Enter】组合键确认，即可批量计算出预计销售额，效果如图1-24所示。

STEP 04　选择F12单元格，如图1-25所示。

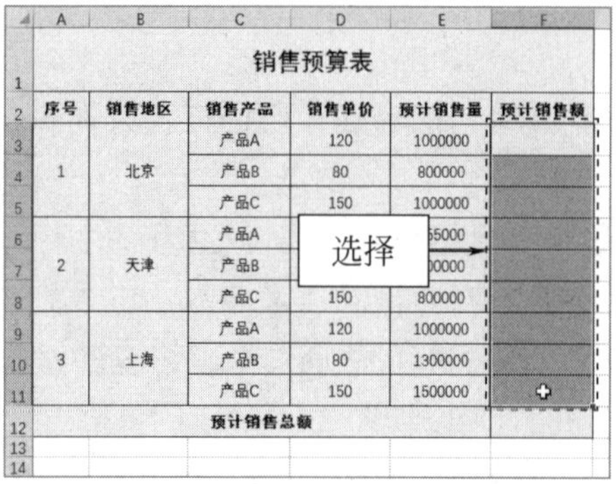

图 1-22　选择 F3:F11 单元格区域

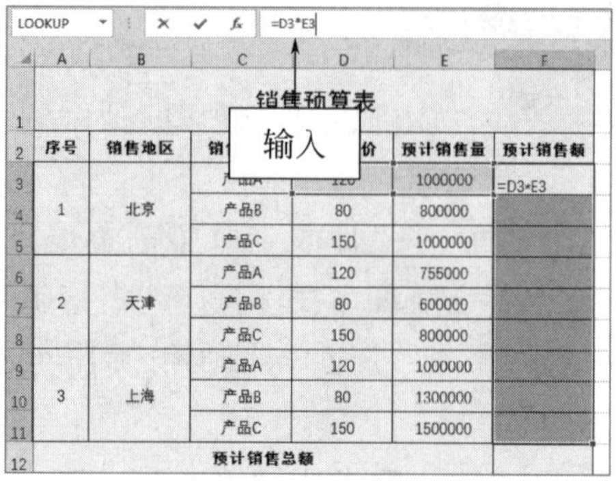

图 1-23　输入公式

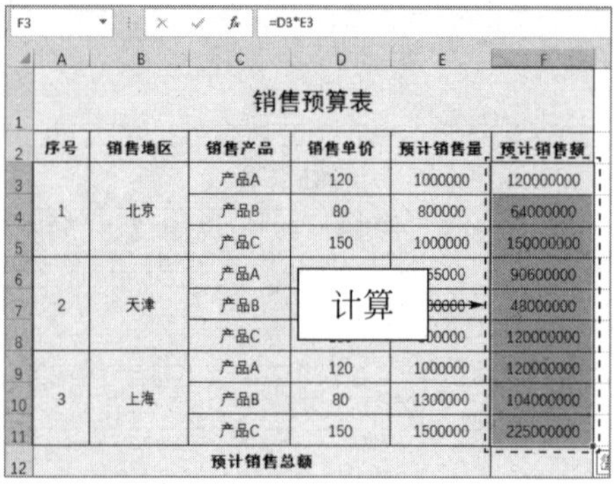

图 1-24　批量计算出预计销售额

图 1-25　选择 F12 单元格

STEP 05 切换至“开始”功能区的“编辑”面板中，单击“求和”按钮Σ，如图1-26所示。

STEP 06 执行操作后，在F12单元格中会自动输入一个SUM函数公式，效果如图1-27所示。

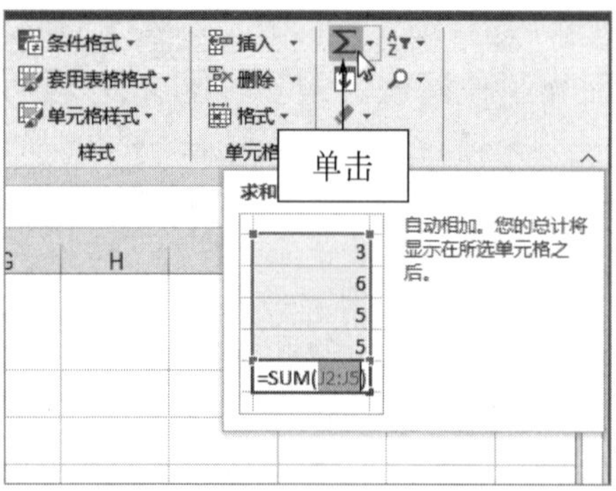

图 1-26　单击“求和”按钮

图 1-27　自动输入一个 SUM 函数公式

STEP 07 按回车键确认，即可计算出预计销售总额，效果如图1-28所示。

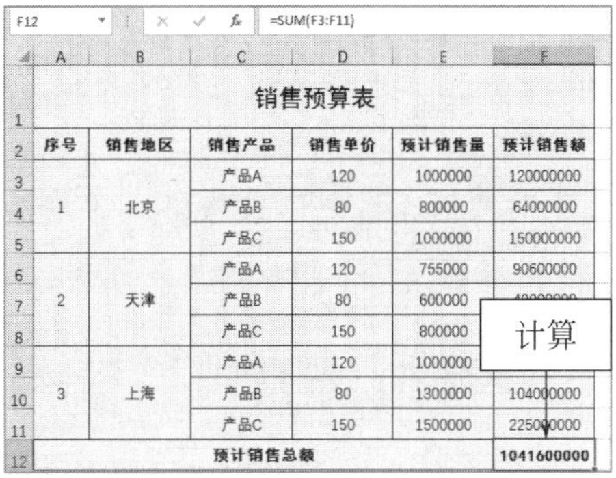

图 1-28　计算出预计销售总额

1.2 制作生产预算表

生产预算是以销售预算为基础编制而成的，将预计的销售量与预计的年末存货相加，再减去预计的上一年结余存货，即可得到预计的生产量。而原材料采购预算、人工成本预算以及制造费用预算等都是以生产预算为基础编制的，因此财务部门制作生产预算表是很有必要的。

本实例主要介绍“生产预算表”的制作流程和具体方法。

效果欣赏

“生产预算表”的最终效果如图1-29所示。

生产预算表					
	第1季度	第2季度	第3季度	第4季度	全年统计
预计销售量	880	1200	1500	1400	4980
预计年末存货	100	150	140	150	540
预计上一年结余存货	80	80	80	80	320
预计生产量	900	1270	1560	1470	5200

图 1-29　生产预算表

技术点睛

1. 在Excel中，创建一个工作表，并重命名为“生产预算表”。

2. 在Excel中，输入生产预算表中的相关数据内容，并通过公式计算预计的生产量。

3. 在Excel中，设置生产预算表中的表格格式、边框、字体以及字号等，美化工作表。

扫码看教学视频

1.2.1 创建生产预算表

创建生产预算表，首先需要在Excel中新建一个空白工作簿。下面介绍具体的操作方法。

STEP 01 打开Excel软件，在“开始”界面中，单击“空白工作簿”缩略图，如图1-30所示。

STEP 02 进入新建的工作表中，在底部工作表的名称上双击鼠标左键，选择工作表的名称，如图1-31所示。

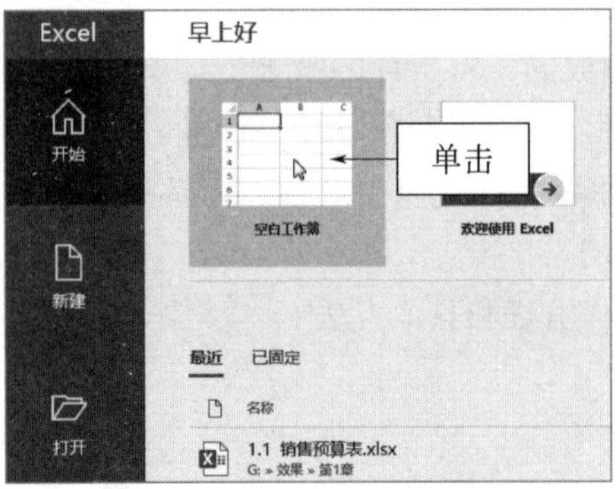

图 1-30 单击“空白工作簿”缩略图

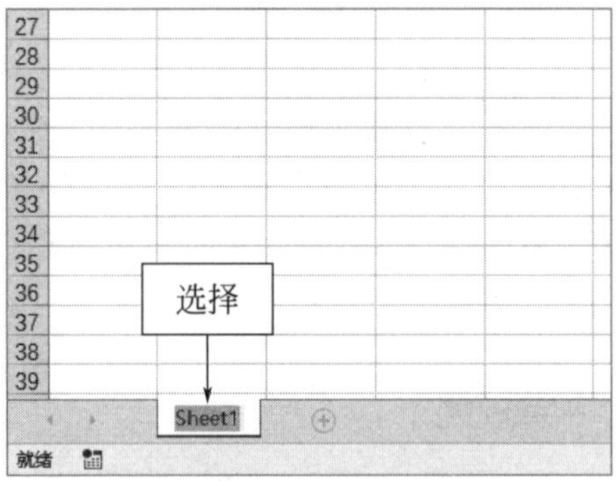

图 1-31 选择工作表名称

STEP 03 执行操作后，将工作表的名称改为“生产预算表”，如图1-32所示。

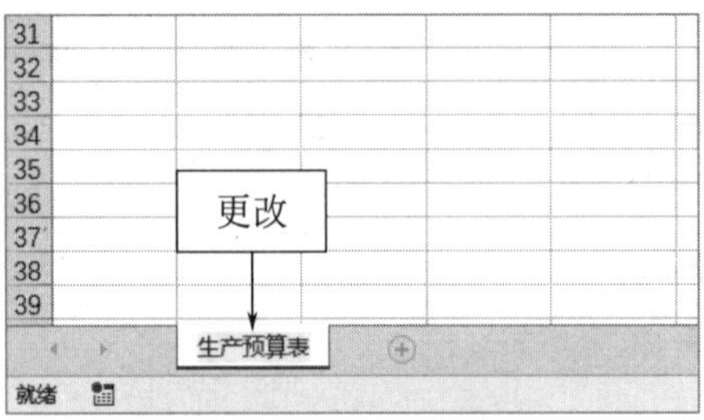

图 1-32 更改工作表的名称

1.2.2　输入生产预算表的内容

扫码看教学视频

生产预算表创建完成后，即可在工作表中输入生产预算的相关数据内容，包括预计销售量、预计年末存货以及预计上一年结余存货等，并通过公式计算出预计生产量。下面介绍具体的操作方法。

STEP 01　在工作表中，输入生产预算表中的相关数据内容，如图 1-33 所示。

	A	B	C	D	E	F
1	生产预算表					
2		第1季度	第2季度	第3季度	第4季度	全年统计
3	预计销售量	880	1200	1500	1400	
4	预计年末存货	100	150	140	150	
5	预计上一年结余存货	80	80	80	80	
6	预计生产量					

图 1-33　输入生产预算表中的相关数据内容

STEP 02　选择 F3:F5 单元格区域，如图 1-34 所示。

	A	B	C	D	E	F
1	生产预算表					
2		第1季度	第2季度	第3季度	第4季度	全年统计
3	预计销售量	880	1200	1500	1400	
4	预计年末存货	100	150		150	
5	预计上一年结余存货	80	80	80	80	
6	预计生产量					

选择

图 1-34　选择 F3:F5 单元格区域

STEP 03　按【Alt＋=】组合键，即可快速求和，如图 1-35 所示。

	A	B	C	D	E	F
1	生产预算表					
2		第1季度	第2季度	第3季度	第4季度	全年统计
3	预计销售量	880	1200	1500	1400	4980
4	预计年末存货	100	150		150	540
5	预计上一年结余存货	80	80	80	80	320
6	预计生产量					

求和

图 1-35　通过快捷键快速求和

STEP 04 选择B6单元格，在其中输入公式:=B3+B4–B5，如图1-36所示。

	A	B	C	D	E	F
1	生产预算表					
2		第1季度	第2季度	第3季度	第4季度	全年统计
3	预计销售量	880	1200	1500	1400	4980
4	预计年末存货	100	150	140	150	540
5	预计上一年结余存货	80		80	80	320
6	预计生产量	=B3+B4-B5				

输入

图 1-36　输入公式

STEP 05 按回车键确认，即可计算出预计生产量，效果如图1-37所示。

	A	B	C	D	E	F
1	生产预算表					
2		第1季度	第2季度	第3季度	第4季度	全年统计
3	预计销售量	880	1200	1500	1400	4980
4	预计年末存货	100	150	140	150	540
5	预计上一年结余存货	80		80	80	320
6	预计生产量	900				

计算

图 1-37　计算出预计生产量

STEP 06 将鼠标指针移至B6单元格的右下角，此时鼠标指针会呈十字形显示，按住鼠标左键并向右拖曳至F6单元格，即可填充公式，计算第2季度～第4季度以及全年的预计生产量，效果如图1-38所示。

	A	B	C	D	E	F
1	生产预算表					
2		第1季度	第2季度	第3季度	第4季度	全年统计
3	预计销售量	880	1200	1500	1400	4[illegible]
4	预计年末存货	100	150	140	150	[illegible]
5	预计上一年结余存货	80	80	80	80	320
6	预计生产量	900	1270	1560	1470	5200
7						
8						
9						

拖曳

图 1-38　拖曳鼠标填充公式计算预计生产量

扫码看教学视频

1.2.3 设置生产预算表的格式

表格数据输入完成后，即可对生产预算表中的内容进行对齐方式、字体、字号以及边框等格式设置。下面介绍具体的操作方法。

STEP 01 在工作表中，将鼠标移至行标1上，当鼠标指针呈➡形状时，单击鼠标左键，选择第1行单元格区域，如图1-39所示。

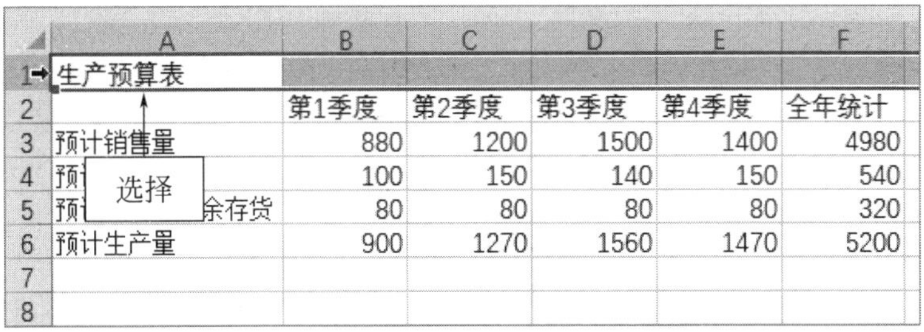

图 1-39　选择第 1 行单元格区域

专家提醒

在工作表中，按住【Ctrl】键的同时，在行标1和行标3上单击鼠标左键，会同时选中工作表中的第1行和第3行；但按住【Shift】键的同时，在行标1和行标3上单击鼠标左键，则会将第1行、第2行以及第3行全部选中。

STEP 02 单击鼠标右键，在弹出的快捷菜单中选择“行高”选项，如图1-40所示。

STEP 03 弹出“行高”对话框，设置“行高”参数为50，如图1-41所示。

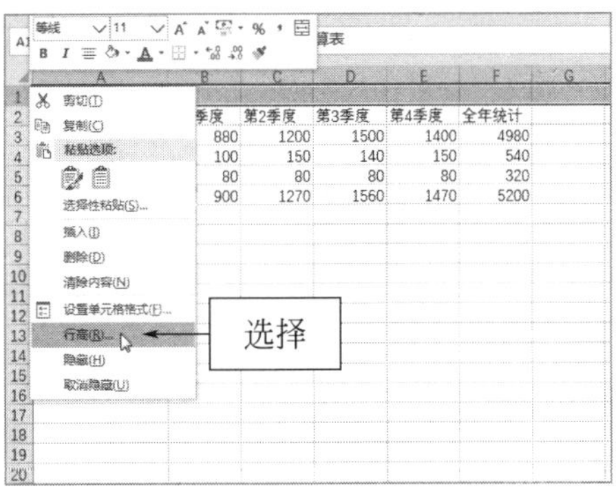

图 1-40　选择“行高”选项

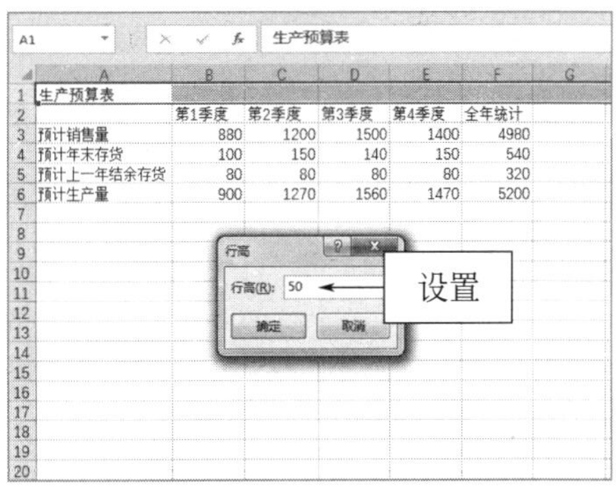

图 1-41　设置“行高”参数

STEP 04 单击“确定”按钮，即可调整第1行的行高，效果如图1-42所示。

STEP 05 选择第2行～第6行单元格区域，用上述同样的方法，调整第2行～第6行的行高为26，效果如图1-43所示。

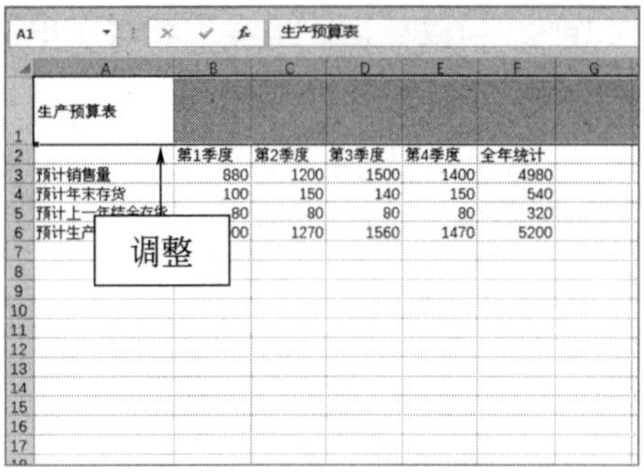

图 1-42　调整第 1 行的行高

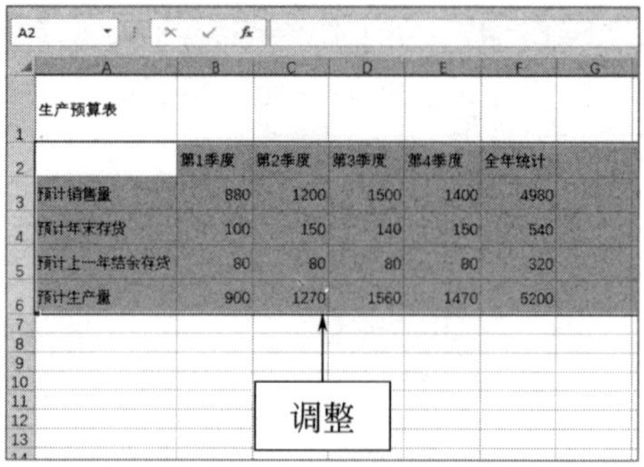

图 1-43　调整第 2 行 ~ 第 6 行的行高

STEP 06　将鼠标移至列标A上，当鼠标指针呈⬇形状时，单击鼠标左键，选择A列单元格区域，如图1-44所示。

STEP 07　单击鼠标右键，在弹出的快捷菜单中选择“列宽”选项，如图1-45所示。

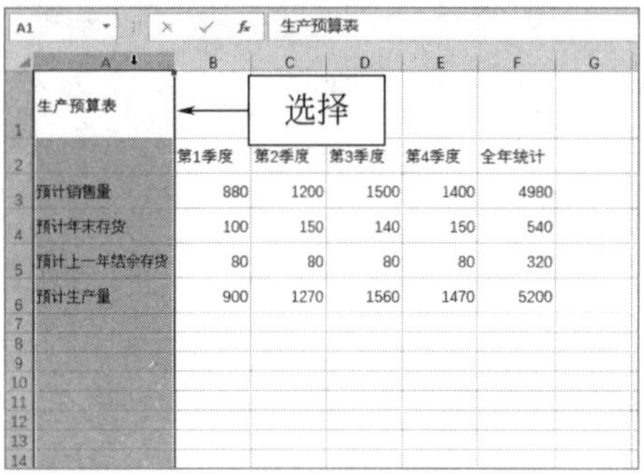

图 1-44　选择 A 列单元格区域

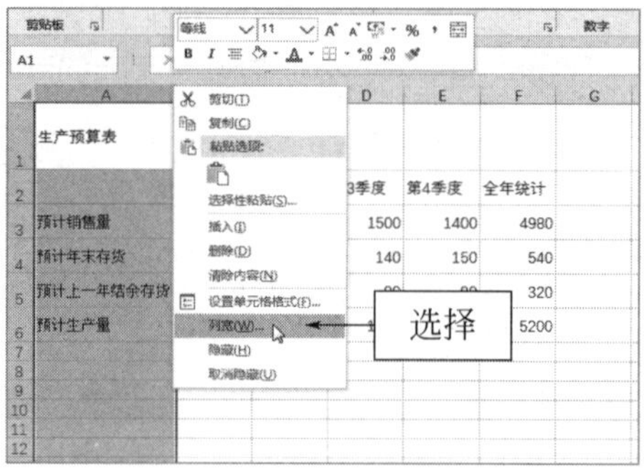

图 1-45　选择“列宽”选项

STEP 08　弹出“列宽”对话框，设置“列宽”参数为20，如图1-46所示。

STEP 09　单击“确定”按钮，即可调整A列的列宽，效果如图1-47所示。

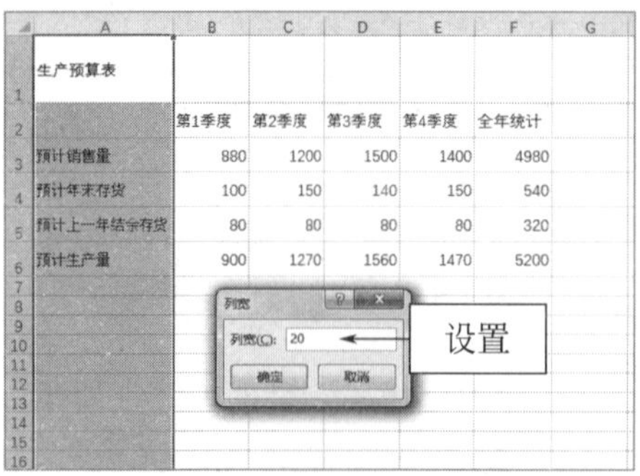

图 1-46　设置“列宽”参数

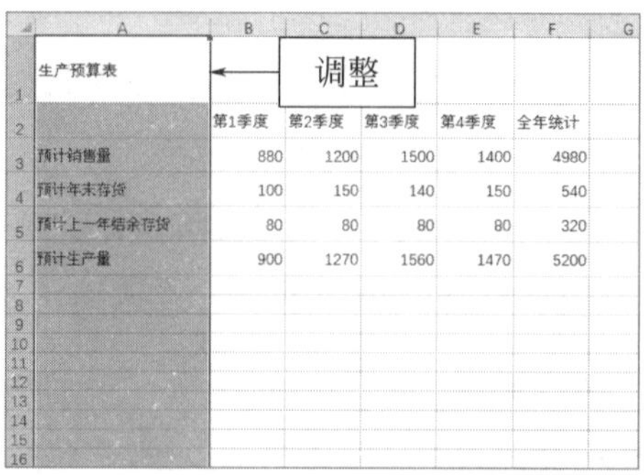

图 1-47　调整 A 列的列宽

STEP 10 选择B列～F列单元格区域，用上述同样的方法，调整B列～F列的列宽为9.5，效果如图1-48所示。

STEP 11 选择A1:F1单元格区域，效果如图1-49所示。

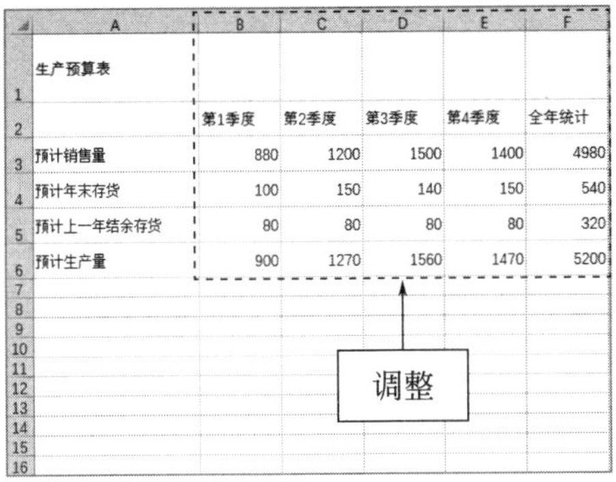

图 1-48　调整 B 列～ F 列的列宽

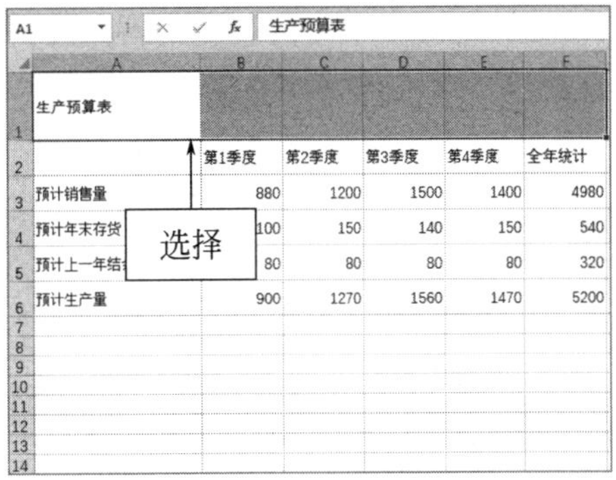

图 1-49　选择 A1:F1 单元格区域

STEP 12 在“开始”功能区的“对齐方式”面板中，单击“合并后居中”按钮，如图1-50所示。

STEP 13 执行操作后，即可设置A1:F1单元格区域的格式，效果如图1-51所示。

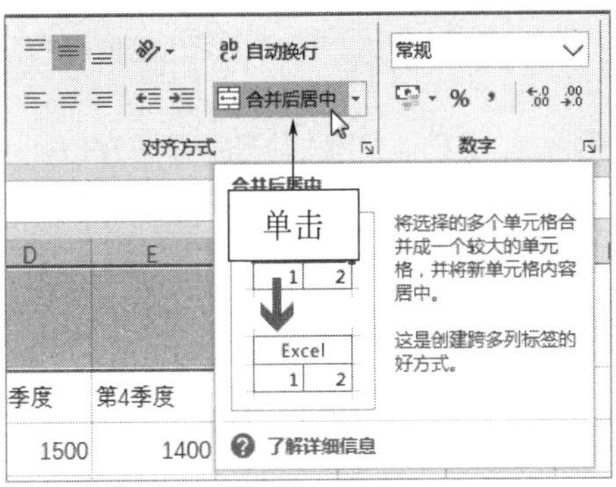

图 1-50　单击“合并后居中”按钮

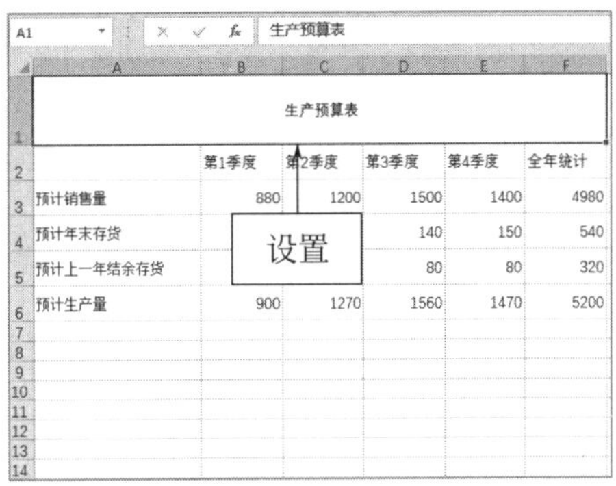

图 1-51　设置 A1:F1 单元格区域的格式

STEP 14 在“开始”功能区的“字体”面板中，❶设置“字体”为“黑体”；❷设置“字号”为“20”，如图1-52所示。

STEP 15 选择A2:F6单元格区域，如图1-53所示。

STEP 16 在“开始”功能区的“对齐方式”面板中，单击“居中”按钮，如图1-54所示。

STEP 17 执行操作后，即可设置A2:F6单元格区域的格式，效果如图1-55所示。

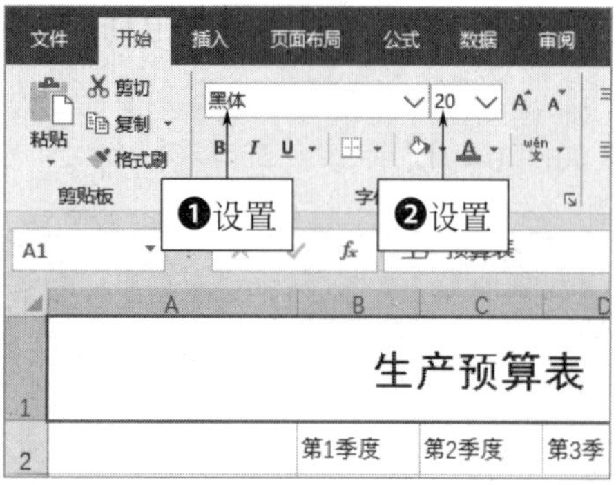

图 1-52　设置字体格式（1）

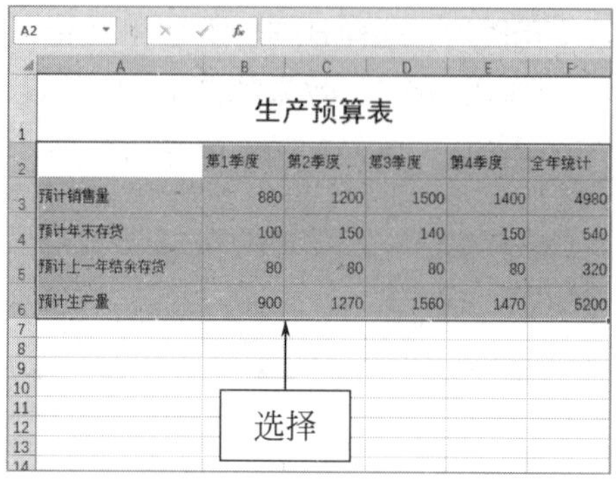

图 1-53　选择 A2:F6 单元格区域

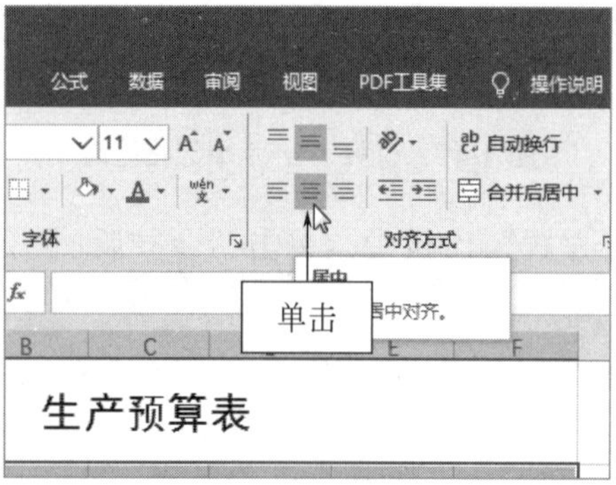

图 1-54　单击“居中”按钮

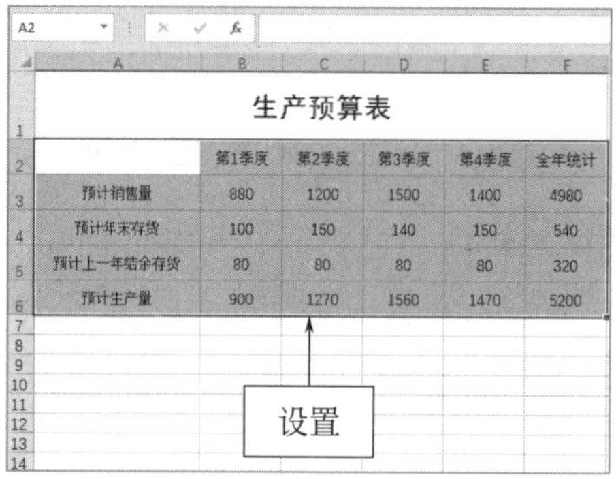

图 1-55　设置 A2:F2 单元格区域的格式

STEP 18　❶选择A2:A6单元格区域；❷按住【Ctrl】键的同时选择B2:F2单元格区域，效果如图1-56所示。

STEP 19　在“开始”功能区的“字体”面板中，❶设置“字体”为“黑体”；❷单击“加粗”按钮 B，如图1-57所示。

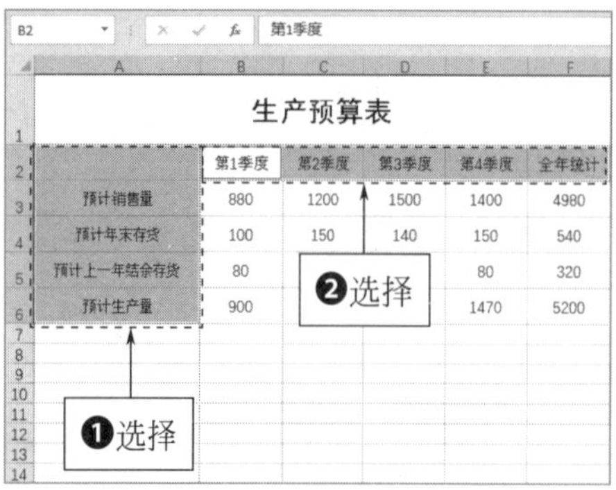

图 1-56　选择相应单元格区域

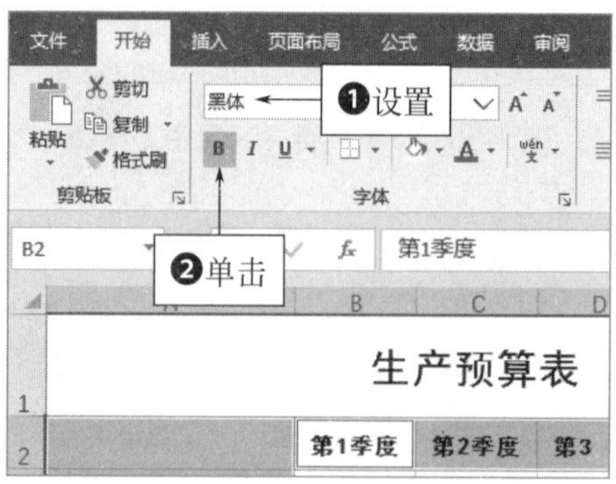

图 1-57　设置字体格式（2）

STEP 20 执行操作后，即可设置A2:A6单元格区域和B2:F2单元格区域中的字体格式，效果如图1-58所示。

STEP 21 ❶选择A1:F6单元格区域；❷在“字体”面板中单击“边框”右侧的下三角按钮；❸在弹出的列表框中选择“所有框线”选项，如图1-59所示。

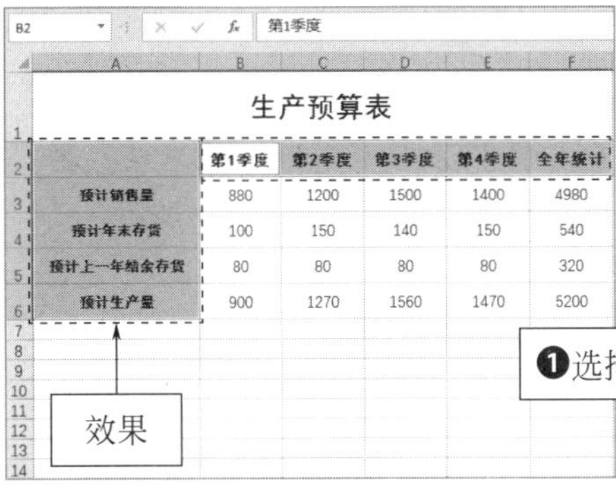

图1-58　设置字体格式效果

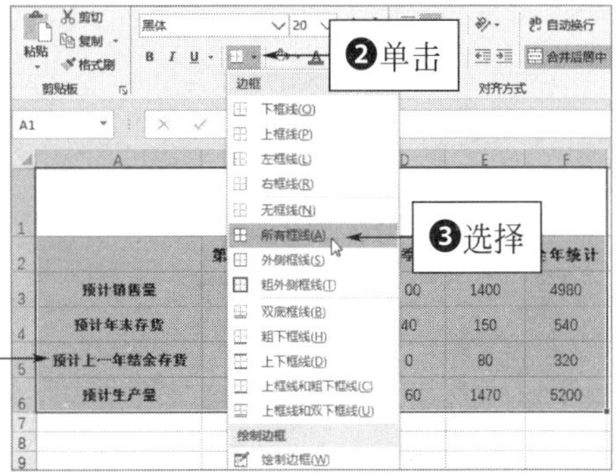

图1-59　选择“所有框线”选项

STEP 22 执行上述操作后，即可完成生产预算表的美化操作，格式设置最终效果如图1-60所示。

生产预算表					
	第1季度	第2季度	第3季度	第4季度	全年统计
预计销售量	880	1200	1500	1400	4980
预计年末存货	100	150	140	150	540
预计上一年结余存货	80	80	80	80	320
预计生产量	900	1270	1560	1470	5200

图1-60　生产预算表美化效果

1.3 制作利润预算表

每个企业都有大量的资金流动，有支出就要有收入，为了保证企业资金流动不出现负缺口，避免发生财务危机，财务人员需要做好利润预算。利润预算以利润目标为出发点而编制，有利于企业更好地完成制订的计划，控制生产、成本、销量和收支等方面，减少投入风险，实施标准成本，实现利润目标。

本实例主要介绍“利润预算表”的制作流程和具体方法。

效果欣赏

“利润预算表”的最终效果如图1-61所示。

利润预算表					
制表日期：					单位：元
季度 项目	第1季度	第2季度	第3季度	第4季度	全年合计
1、营业收入					
减：营业成本					
减：营业税额					
2、营业利润					
减：管理费用					
减：财务费用					
减：采购费用					
减：营业支出					
加：其他营业利润					
加：投资收益					
加：额外收支净额					
3、利润总额					
减：所得税					
4、净利润					
制表：		审核：		复核：	

图1-61 利润预算表

技术点睛

1. 在Excel中，创建一个利润预算表，并输入相应的表头和项目内容。

2. 在Excel中，设置工作表的表格格式、边框、字体以及字号等，并制作一个斜对角的表头。

3. 在工作表的表头上方，插入表格行，新增相应的表单内容。

1.3.1 创建利润预算表

扫码看教学视频

在Excel中，新建一个空白工作簿，将工作表的名字更改为“利润预算表”，然后在工作表中输入相应的内容。下面介绍具体的操作方法。

STEP 01 在Excel中，新建一个空白工作簿，在底部工作表的名称上双击鼠标左键，选择工作表的名称，如图1-62所示。

STEP 02 执行操作后，将工作表的名称改为“利润预算表”，如图1-63所示。

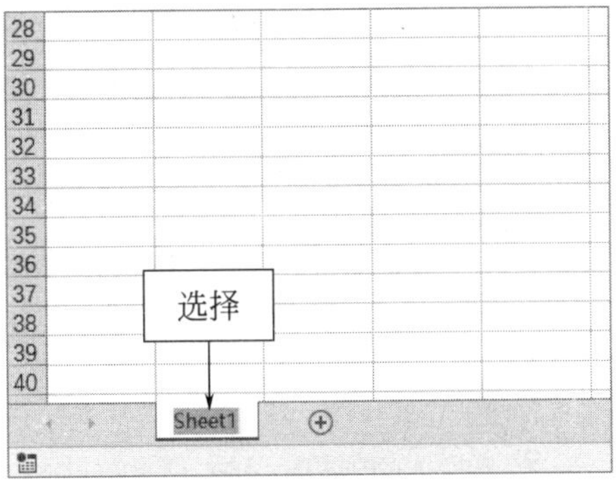

图1-62　选择工作表名称

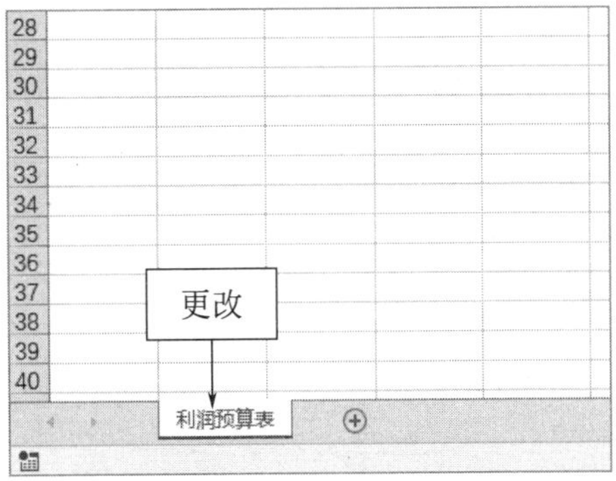

图1-63　更改工作表的名称

STEP 03 在工作表中输入相应的表头和项目内容，效果如图1-64所示。

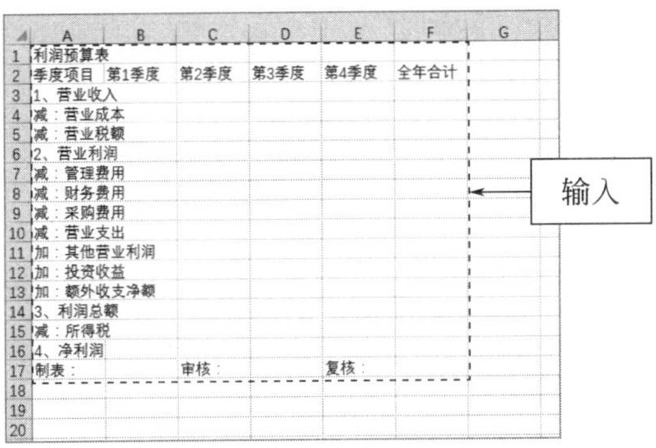

图1-64　输入相应的表头和项目内容

1.3.2 设置利润预算表的格式

扫码看教学视频

在创建的工作表中输入利润预算表的表单内容后，即可对工作表进行格式设置，包括调整工作表的行高、列宽，设置字体、字号、对齐方式以及添加边框线等。下面介绍具体的操作方法。

STEP 01 在工作表中，调整第1行的行高为50，效果如图1-65所示。

STEP 02 调整第2行～第17行的行高为27，效果如图1-66所示。

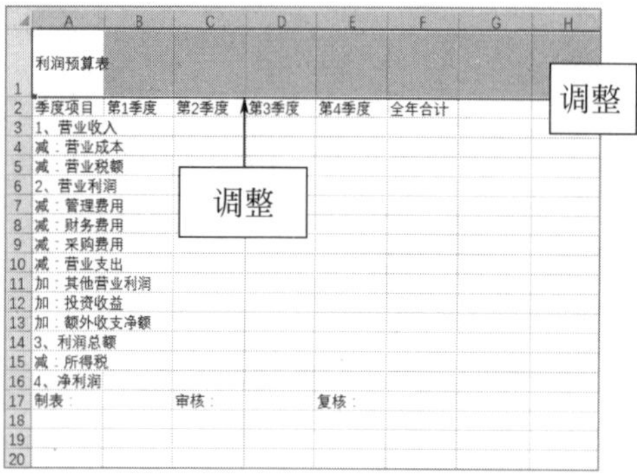

图 1-65　调整第 1 行的行高

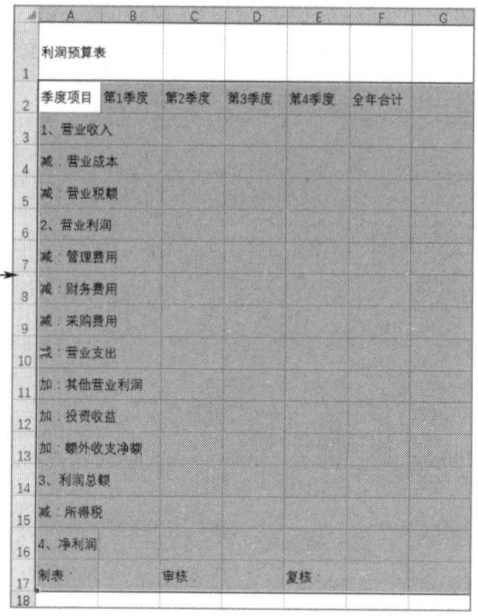

图 1-66　调整第 2 行 ~ 第 17 行的行高

STEP 03 调整A列列宽为18，效果如图1-67所示。

STEP 04 调整B列～F列的列宽为10，效果如图1-68所示。

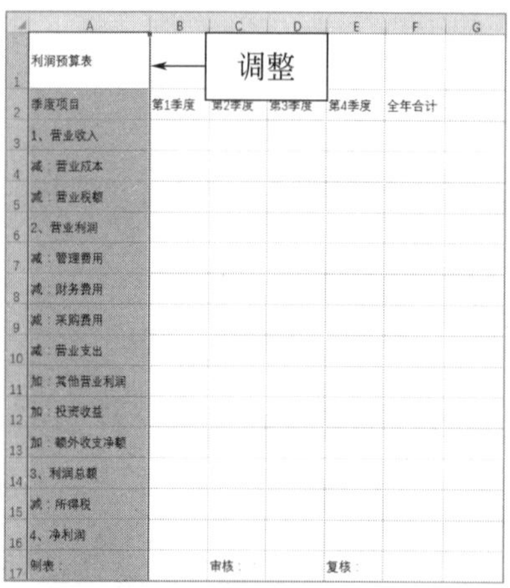

图 1-67　调整 A 列列宽

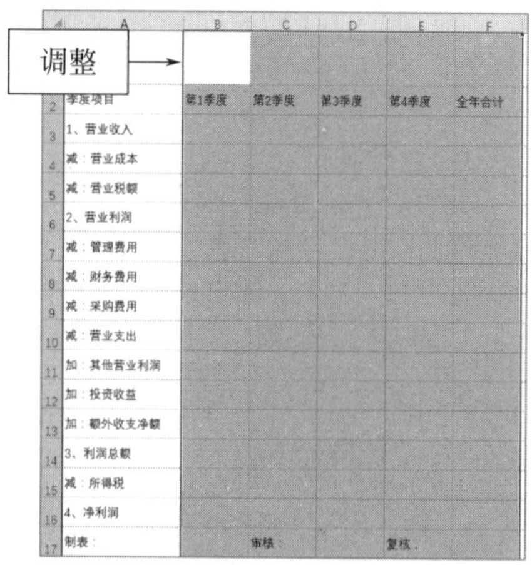

图 1-68　调整 B 列 ~ F 列的列宽

STEP 05 选择A1:F1单元格区域，在“开始”功能区的“对齐方式”面板中，单击“合并后居中”按钮，如图1-69所示。

STEP 06 执行操作后，即可设置A1:F1单元格区域的格式，效果如图1-70所示。

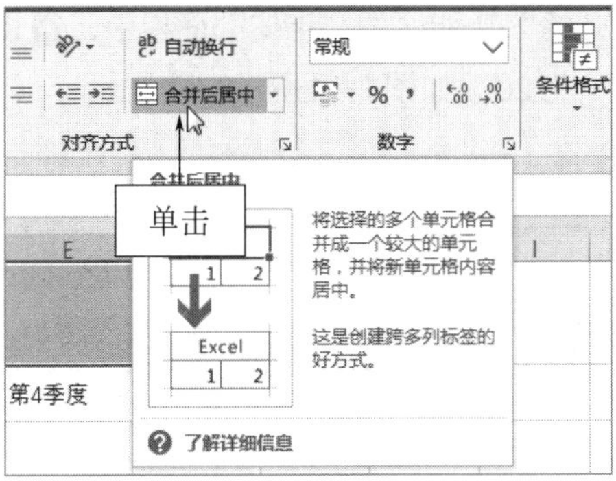

图 1-69　单击“合并后居中”按钮

图 1-70　设置 A1:F1 单元格区域的格式

STEP 07　选择A2:F2单元格区域，按住【Ctrl】键的同时，选择B3:F16单元格区域和A17:F17单元格区域，效果如图1-71所示。

STEP 08　在“开始”功能区的“对齐方式”面板中，单击“居中”按钮，如图1-72所示。

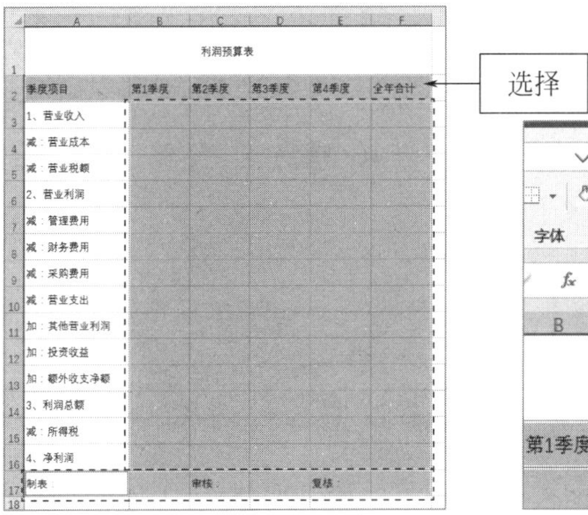

图 1-71　选择相应单元格区域（1）

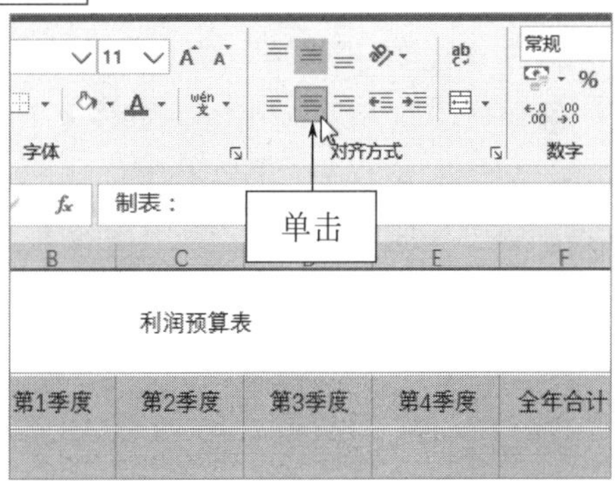

图 1-72　单击“居中”按钮

专家提醒

在选择单元格区域时，通常选择的第1个单元格会显示白色，其他被选择的单元格区域则会显示灰色底纹，表示已被选中。

STEP 09　执行操作后，即可设置所选单元格区域的对齐方式，效果如图1-73所示。

STEP 10 选择A1:F1单元格区域，在“开始”功能区的“字体”面板中，❶设置“字体”为“黑体”；❷设置“字号”为20，如图1-74所示。

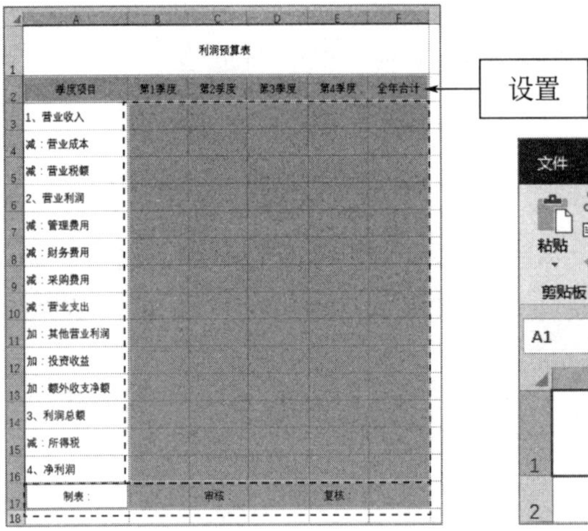

图1-73　设置对齐方式

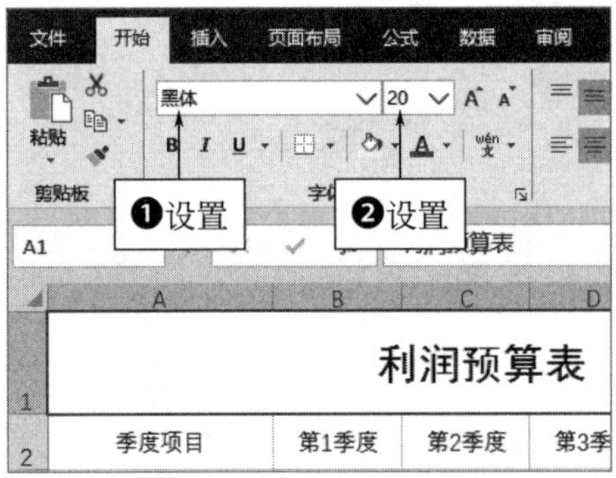

图1-74　设置字体格式（1）

STEP 11 选择A2:F2单元格区域，按住【Ctrl】键的同时，选择A3:A16单元格区域和A17:F17单元格区域，如图1-75所示。

STEP 12 在“开始”功能区的“字体”面板中，❶设置“字体”为“黑体”；❷单击“加粗”按钮**B**，如图1-76所示。

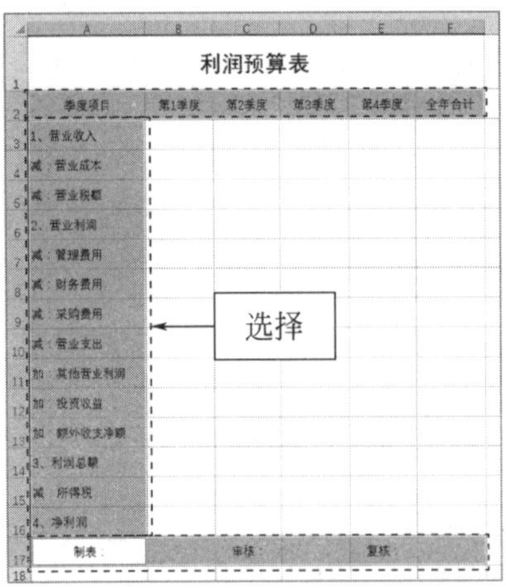

图1-75　选择相应单元格区域（2）

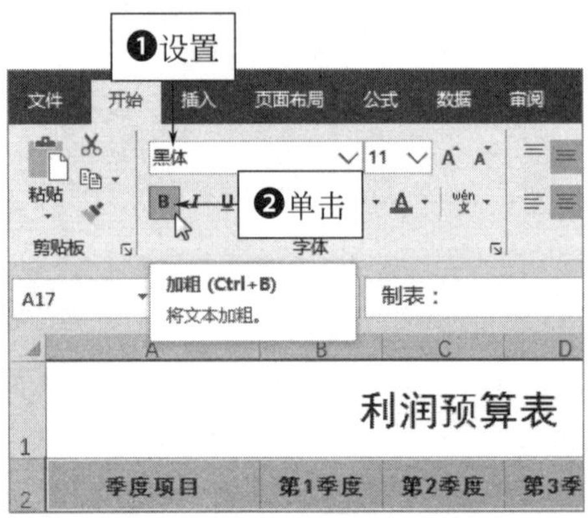

图1-76　设置字体格式（2）

STEP 13 按住【Ctrl】键的同时，选择A3、A6、A14以及A16单元格，效果如图1-77所示。

STEP 14　在“开始”功能区的“字体”面板中，❶单击“字体颜色”下拉按钮∨；❷在弹出的色板中选择“蓝色”色块，如图1-78所示。

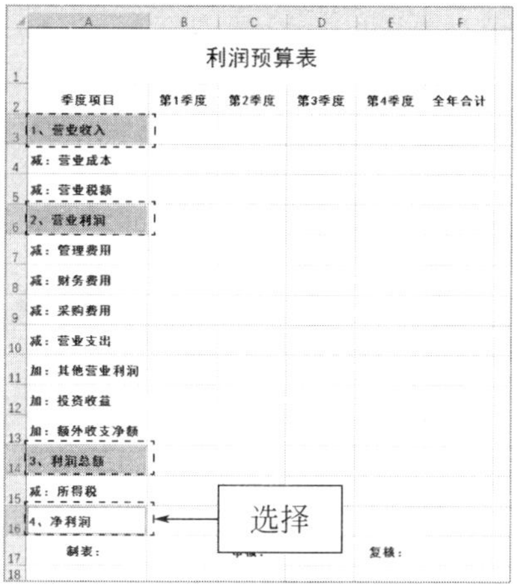

图1-77　选择多个单元格

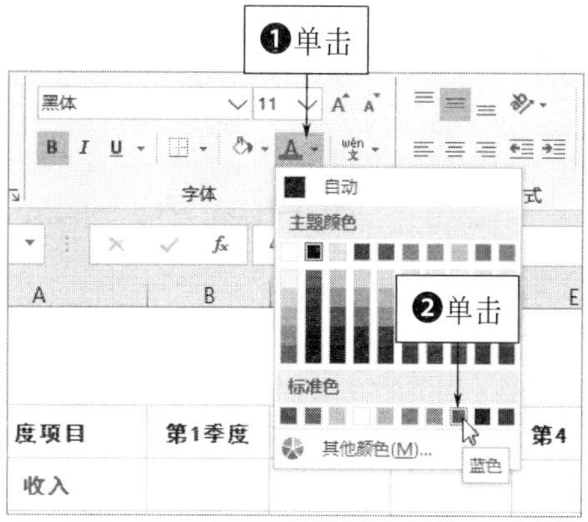

图1-78　选择“蓝色”色块

STEP 15　执行操作后，即可设置所选单元格中的字体颜色，效果如图1-79所示。

STEP 16　选择A2:F16单元格区域，如图1-80所示。

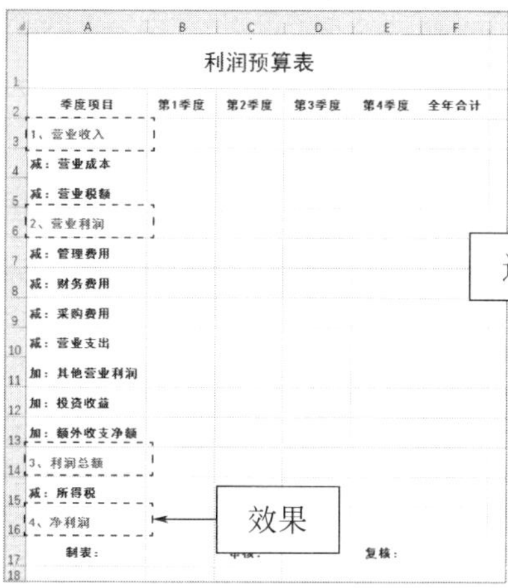

图1-79　设置字体颜色效果

图1-80　选择A2:F16单元格区域

STEP 17　❶在“字体”面板中单击“边框”右侧的下三角按钮∨；❷在弹出的列表框中选择“所有框线”选项，如图1-81所示。

STEP 18　执行操作后，即可为所选单元格区域添加边框线，❶选择A2单元格；❷在“开始”功能区的“对齐方式”面板中单击“左对齐”按钮，如图1-82所示。

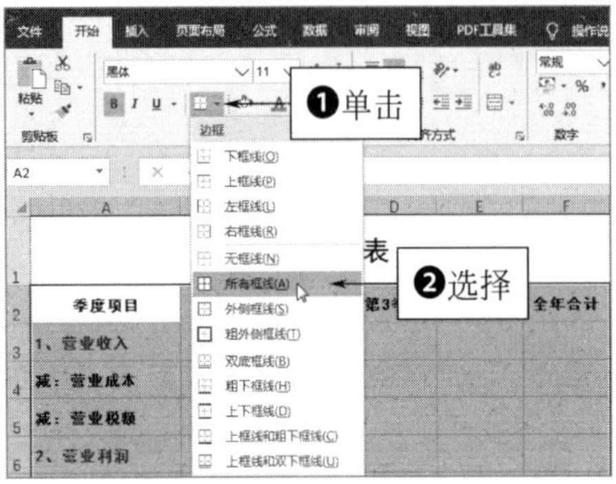

图1-81　选择“所有框线”选项

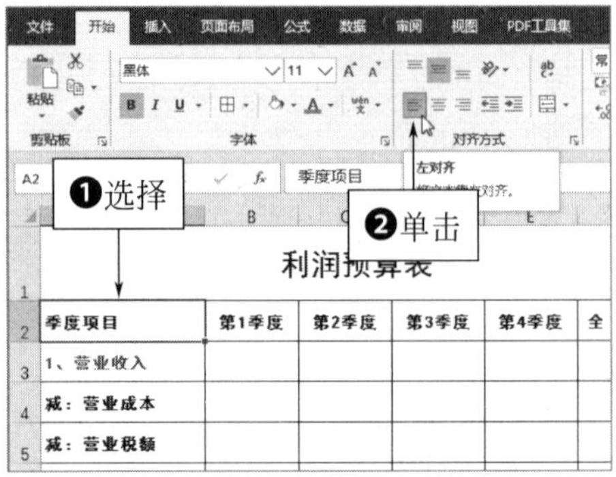

图1-82　单击“左对齐”按钮

STEP 19　双击A2单元格，此时单元格呈可编辑状态，将光标放置在“季度”的后面，如图1-83所示。

STEP 20　按【Alt＋Enter】组合键，即可将“项目”切换至下一行，如图1-84所示。

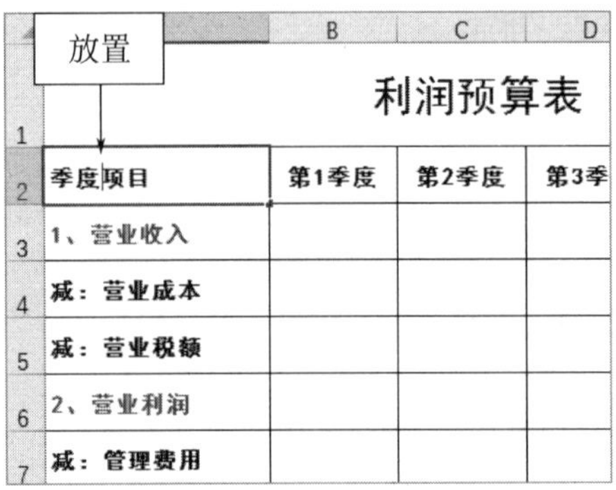

图1-83　放置光标位置

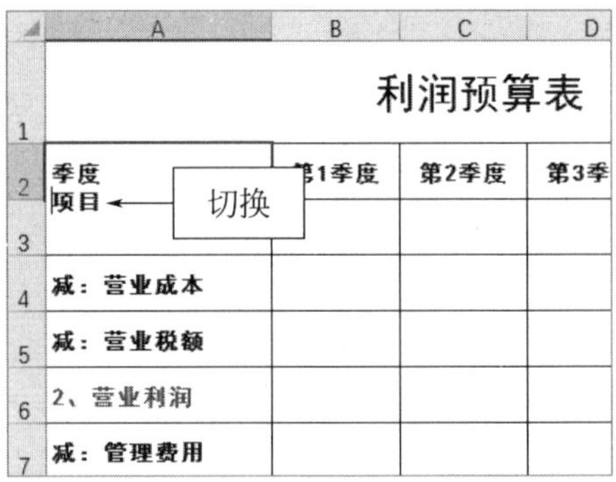

图1-84　将“项目”切换至下一行

专家提醒

在工作表的单元格中，如果只按【Enter】键，只会跳到下一个单元格中；如果按【Alt＋Enter】组合键，则可以快速进行换行处理。

STEP 21　执行操作后，在“季度”的前面，多次按下空格键，将“季度”向右移，效果如图1-85所示。

STEP 22 按【Ctrl＋1】组合键，弹出“设置单元格格式”对话框，❶切换至“边框”选项卡；❷在“样式”选项区中可以选择线条样式；❸在“颜色”选项区中可以为线条设置颜色；❹在“边框”选项区中的文本预览草图下方单击最后一个按钮，如图 1-86 所示。

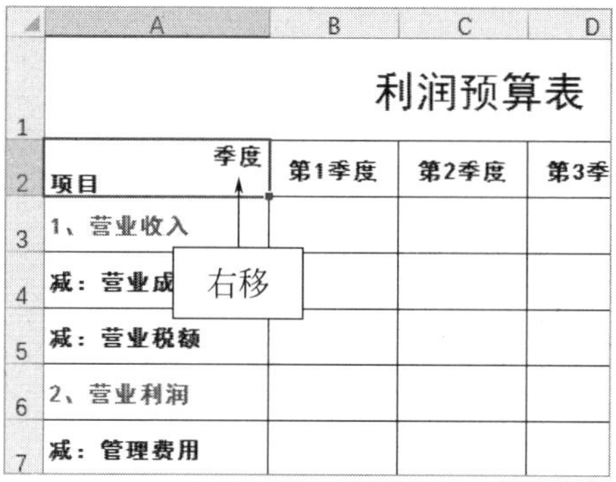

图 1-85　将“季度”向右移

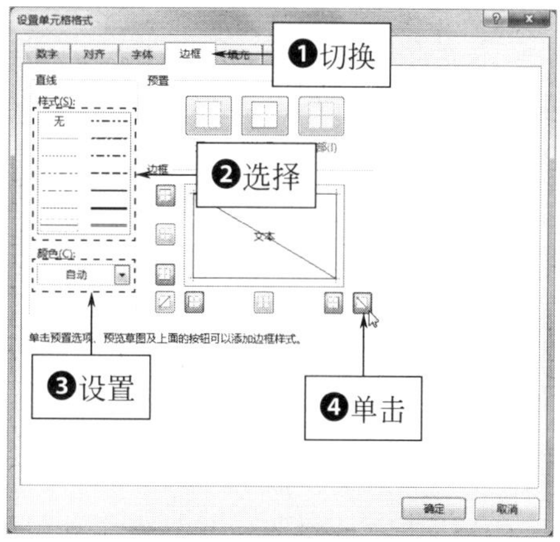

图 1-86　单击最后一个按钮

STEP 23 执行操作后，单击“确定”按钮，即可为 A2 单元格添加斜角线，效果如图 1-87 所示。

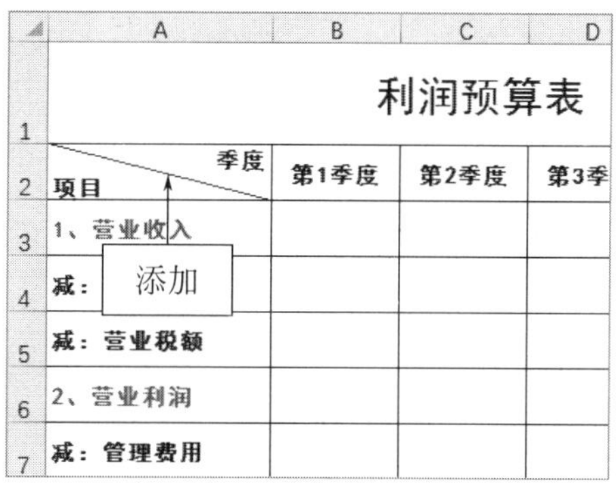

图 1-87　为 A2 单元格添加斜角线

1.3.3　插入表格行新增表单内容

工作表中的表格格式设置完成后，还需要在表头上方插入一行表格，新增制表日期和单位等内容。下面介绍具体的操作方法。

扫码看教学视频

STEP 01 ❶选择第2行，单击鼠标右键，弹出快捷菜单；❷选择“插入”选项，如图1-88所示。

STEP 02 执行操作后，即可在工作表的标题和表头之间插入一行表格，效果如图1-89所示。

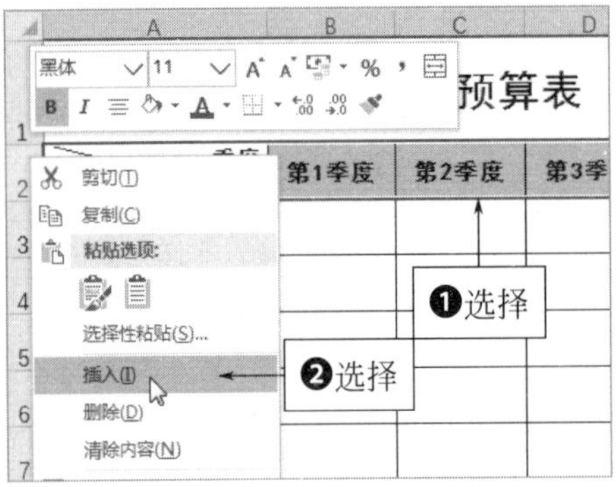

图1-88 选择“插入”选项

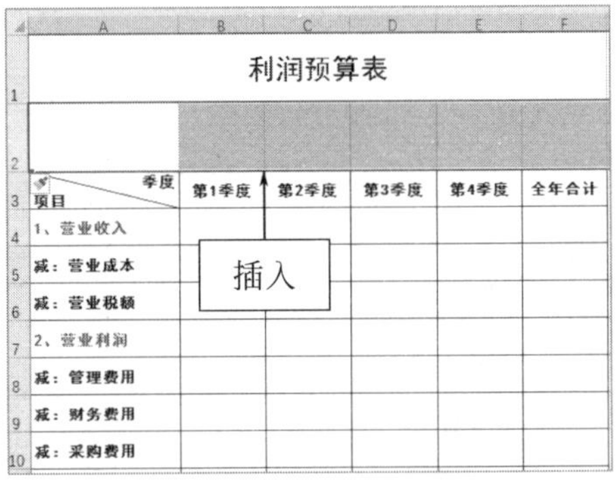

图1-89 插入一行表格

STEP 03 适当调整插入行的行高，如图1-90所示。

STEP 04 选择A2:F2单元格区域，在“开始”功能区的“字体”面板中，❶设置“字体”为“黑体”；❷设置“字号”为“11”，如图1-91所示。

图1-90 适当调整行高

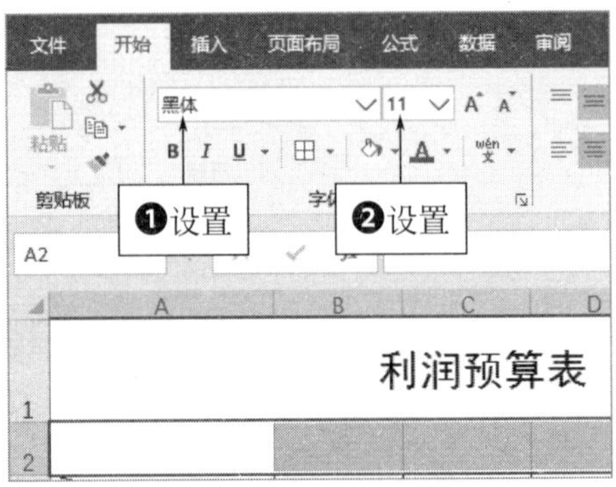

图1-91 设置字体格式

STEP 05 在A2单元格和F2单元格中输入表单内容，效果如图1-92所示。

STEP 06 ❶选择A2单元格；❷在“开始”功能区的“对齐方式”面板中单击“左对齐”按钮，效果如图1-93所示。至此，完成利润预算表的制作。

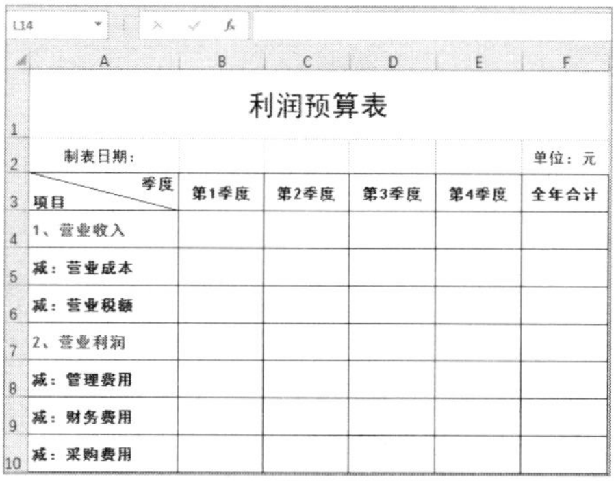

图 1-92　输入表单内容

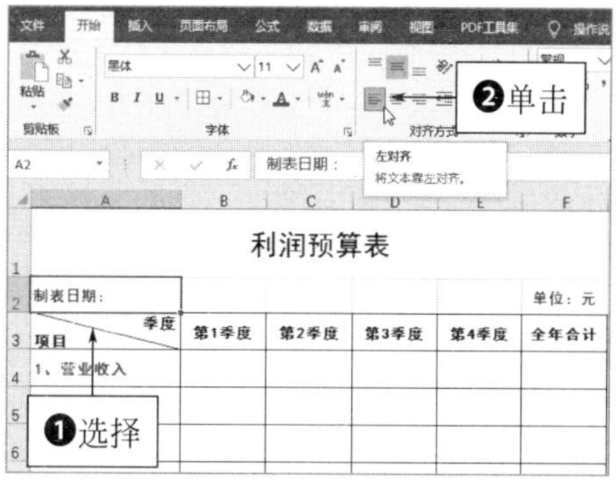

图 1-93　单击“左对齐”按钮

第2章

费用：企业日常费用报销管理

企业经营免不了产生各种各样的日常费用，财务人员在对企业日常费用报销时，需要制作详细的表单，以便管理。本章主要提供了企业日常费用报销管理的相关工作表，并详细介绍了使用Excel 2016软件制作差旅费图表、招待费统计表以及日常费用汇总表的技巧，希望读者熟练掌握本章内容。

2.1 制作差旅费图表

员工外出公干或者去外地出差时，基本都会产生一些差旅费用，包括交通费、住宿费、过路费、过桥费、油费、伙食费、通讯费以及招待费等。财务人员在为员工报销差旅费后，需要对报销的费用做好明细管理，可以按个人分类统计，也可以按部门分类统计，还可以按月份、按季度分类统计。制作差旅费表单和相关图表，可以方便领导查看和数据分析。

本实例主要介绍“差旅费”图表的制作流程和具体方法。

效果欣赏

“差旅费”图表的最终效果如图2-1所示。

差旅费

费用款项	管理部	行政部	财务部	业务部	销售部	生产部	后勤部	合计
交通费	4940	4112	3588	8561	9433	1116	5677	37427
通讯费	2933	2335	1784	3852	4413	1025	1130	17472
住宿费	6703	1671	1142	9558	7445	873	430	27822
伙食费	3306	500	500	3200	3200	500	1250	12456
招待费	6660	5355	4410	6703	6703	748	438	31017
其他	3340	3102	2067	3500	3500	1533	2011	19053
汇总	27882	17075	13491	35374	34694	5795	10936	145247

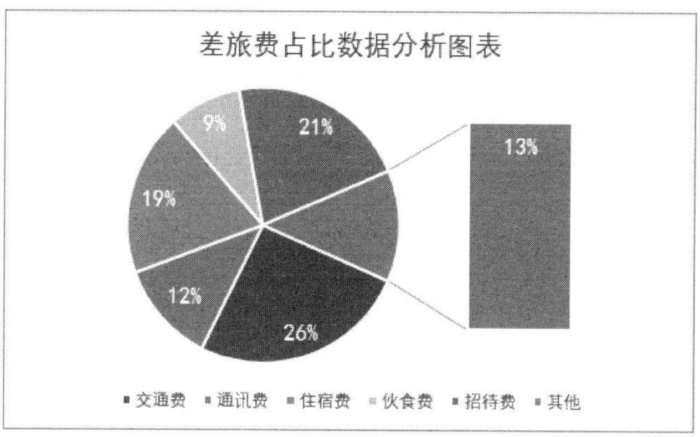

图 2-1　差旅费图表效果

技术点睛

1.创建差旅费工作表，输入标题、表头以及报销金额等内容，调整工作表的行高与列宽，设置表格格式。

2.在创建的差旅费工作表中，汇总统计表单数据。

3.创建差旅费分析图表，并对创建的图表进行美化处理。

扫码看教学视频

2.1.1 创建差旅费表单

员工出差途中所产生的费用支出，需要找财务人员报销，财务人员可以对报销的差旅费进行汇总统计，在Excel中创建差旅费表单。下面介绍具体的操作方法。

STEP 01 在Excel中，新建一个空白工作簿，在底部工作表的名称上双击鼠标左键，选择工作表的名称，将工作表的名称改为“差旅费”，如图2-2所示。

STEP 02 在工作表中输入相应的标题、表头和数据内容等，效果如图2-3所示。

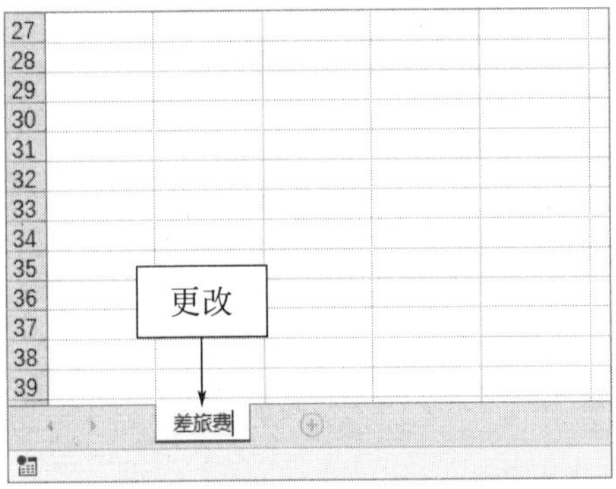

图 2-2　更改工作表的名称

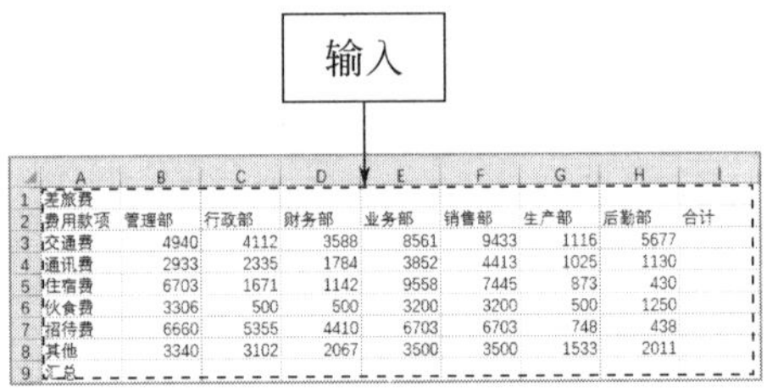

	A	B	C	D	E	F	G	H	I
1	差旅费								
2	费用款项	管理部	行政部	财务部	业务部	销售部	生产部	后勤部	合计
3	交通费	4940	4112	3588	8561	9433	1116	5677	
4	通讯费	2933	2335	1784	3852	4413	1025	1130	
5	住宿费	6703	1671	1142	9558	7445	873	430	
6	伙食费	3306	500	500	3200	3200	500	1250	
7	招待费	6660	5355	4410	6703	6703	748	438	
8	其他	3340	3102	2067	3500	3500	1533	2011	
9	汇总								

图 2-3　输入相应内容

STEP 03 执行上述操作后，调整工作表的行高与列宽，效果如图2-4所示。

	A	B	C	D	E	F	G	H	I
1	差旅费								
2	费用款项	管理部	行政部	财务部	业务部	销售部	生产部	后勤部	合计
3	交通费	4940	4112	3588	8561	9433	1116	5677	
4	通讯费	2933	2335	1784	3852	4413	1025	1130	
5	住宿费	6703	1671	1142	9558	7445	873	430	
6	伙食费	3306	500	500	3200	3200	500	1250	
7	招待费	6660	5355	4410	6703	6703	748	438	
8	其他	3340	3102	2067	3500	3500	1533	2011	
9	汇总								

图 2-4　调整工作表的行高与列宽

STEP 04 执行操作后，调整工作表的表格格式，效果如图2-5所示。

差旅费								
费用款项	管理部	行政部	财务部	业务部	销售部	生产部	后勤部	合计
交通费	4940	4112	3588	8561	9433	1116	5677	
通讯费	2933	2335	1784	3852	4413	1025	1130	
住宿费	6703	1671	1142	9558	7445	873	430	
伙食费	3306	500	500	3200	3200	500	1250	
招待费	6660	5355	4410	6703	6703	748	438	
其他	3340	3102	2067	3500	3500	1533	2011	
汇总								

图2-5 调整工作表的表格格式

STEP 05 选择A2:I2单元格区域，如图2-6所示。

差旅费								
费用款项	管理部	行政部	财务部	业务部	销售部	生产部	后勤部	合计
交通费	4940	4112	3588	8561	9433	1116	5677	
通讯费	2933	2335	1784	3852	4413	1025	1130	
住宿费	6703	1671	1142	9558	7445	873	430	
伙食费	3306	500	500	3200	3200	500	1250	
招待费	6660	5355	4410	6703	6703	748	438	
其他	3340	3102	2067	3500	3500	1533	2011	
汇总								

图2-6 选择A2:I2单元格区域

STEP 06 在“开始”功能区的“字体”面板中，❶单击“填充颜色”下拉按钮▾；❷在弹出的色板中选择“绿色，个性色6，深色25%”色块，如图2-7所示。

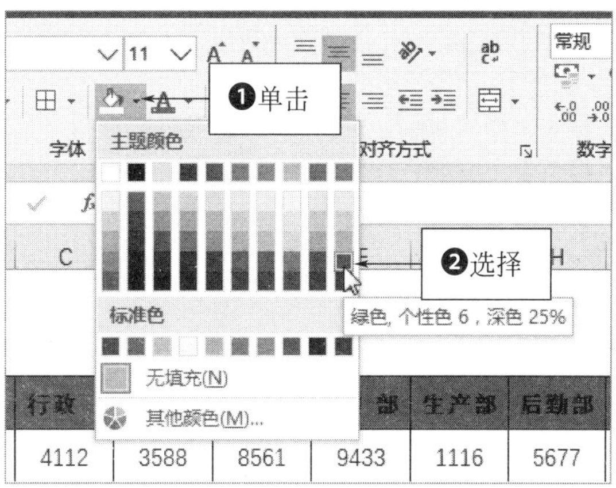

图2-7 选择“绿色，个性色6，深色25%”色块

STEP 07 执行操作后，❶单击“字体颜色”下拉按钮▾；❷在弹出的色板中选择“白色，背景1”色块，如图2-8所示。

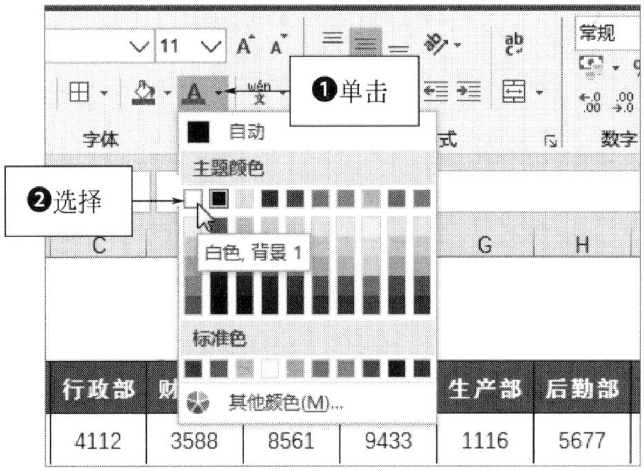

图 2-8 选择“白色，背景 1”色块

STEP 08 按住【Ctrl】键的同时，选择A4:I4单元格区域、A6:I6单元格区域以及A8:I8单元格区域，如图2-9所示。

图 2-9 选择相应单元格区域

STEP 09 在“开始”功能区的“字体”面板中，❶单击“填充颜色”下拉按钮▾；❷在弹出的色板中选择“绿色，个性色6，淡色80%”色块，如图2-10所示。

STEP 10 执行操作后，即可批量填充表格背景颜色，效果如图2-11所示。

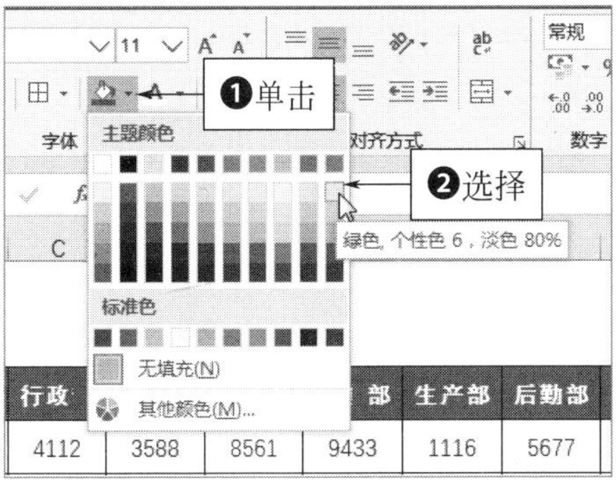

图 2-10　选择“绿色，个性色 6，淡色 80%”色块

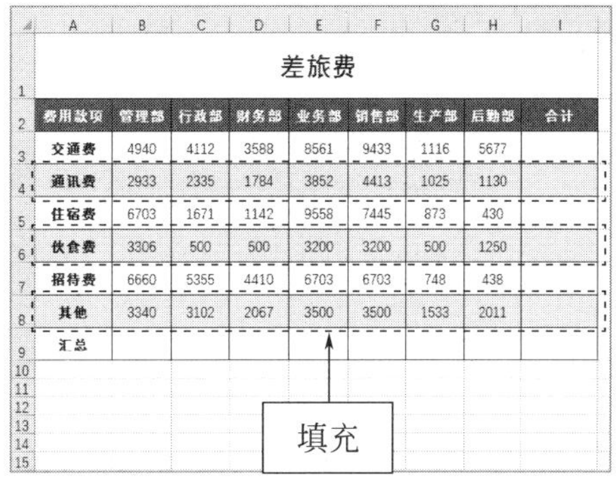

图 2-11　批量填充表格背景颜色效果

2.1.2　统计差旅费表单数据

扫码看教学视频

差旅费表单创建完成后，需要对各个款项的费用和各个部门的费用进行汇总统计。下面介绍具体的操作方法。

STEP 01 在工作表中，选择I3:I8单元格区域，如图2-12所示。

图 2-12　选择 I3:I8 单元格区域

STEP 02 按【Alt＋=】组合键，即可快速求和，计算出各个款项的费用总额，效果如图2-13所示。

STEP 03 在工作表中，选择B9:I9单元格区域，如图2-14所示。

	A	B	C	D	E	F	G	H	I
1	差旅费								
2	费用款项	管理部	行政部	财务部	业务部	销售部	生产部	后勤部	合计
3	交通费	4940	4112	3588	8561	9433	1116	5677	37427
4	通讯费	2933	2335	1784	3852	4413	1025	1130	17472
5	住宿费	6703	1671	1142	9558	7445	873	430	27822
6	伙食费	3306	500	500	3200	3200	500	1250	12456
7	招待费	6660	5355	4410	6703	6703	748	438	31017
8	其他	3340	3102	2067	3500	3500	1533	2011	19053
9	汇总								

统计

图 2-13　快速统计各个款项的费用总额

	A	B	C	D	E	F	G	H	I
1	差旅费								
2	费用款项	管理部	行政部	财务部	业务部	销售部	生产部	后勤部	合计
3	交通费	4940	4112	3588	8561	9433	1116	5677	37427
4	通讯费	2933	2335	1784	3852	4413	1025	1130	17472
5	住宿费	6703	1671	1142	9558	7445	873	430	27822
6	伙食费	3306	500	500	3200	3200	500	1250	12456
7	招待费	6660	5355	4410	6703	6703	748	438	31017
8	其他	3340	3102	2067	3500	3500	1533	2011	19053
9	汇总								

选择

图 2-14　选择 B9:I9 单元格区域

STEP 04 按【Alt＋=】组合键，即可快速求和，计算出各个部门的费用总额，效果如图2-15所示。

	A	B	C	D	E	F	G	H	I
1	差旅费								
2	费用款项	管理部	行政部	财务部	业务部	销售部	生产部	后勤部	合计
3	交通费	4940	4112	3588	8561	9433	1116	5677	37427
4	通讯费	2933	2335	1784	3852	4413	1025	1130	17472
5	住宿费	6703	1671	1142	9558	7445	873	430	27822
6	伙食费	3306	500	500	3200	3200	500	1250	12456
7	招待费	6660	5355	4410	6703	6703	748	438	31017
8	其他	3340	3102	2067	3500	3500	1533	2011	19053
9	汇总	27882	17075	13491	35374	34694	5795	10936	145247

统计

图 2-15　快速统计各个部门的费用总额

2.1.3 创建并美化差旅费图表

扫码看教学视频

差旅费表单制作完成后，可以在工作表中创建一个差旅费图表。以图表的形式来分析各部门产生的差旅费用，能够将数据表达得更加明确。下面介绍创建并美化差旅费图表的操作方法。

STEP 01 选择A2:A8单元格区域和I2:I8单元格区域，效果如图2-16所示。

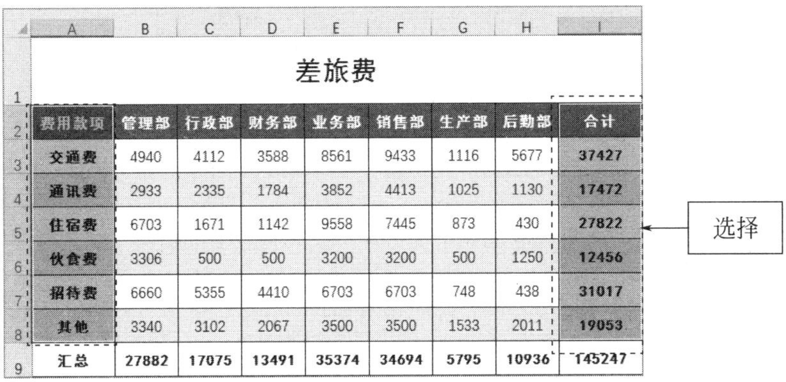

差旅费

费用款项	管理部	行政部	财务部	业务部	销售部	生产部	后勤部	合计
交通费	4940	4112	3588	8561	9433	1116	5677	37427
通讯费	2933	2335	1784	3852	4413	1025	1130	17472
住宿费	6703	1671	1142	9558	7445	873	430	27822
伙食费	3306	500	500	3200	3200	500	1250	12456
招待费	6660	5355	4410	6703	6703	748	438	31017
其他	3340	3102	2067	3500	3500	1533	2011	19053
汇总	27882	17075	13491	35374	34694	5795	10936	145247

图2-16　选择相应单元格区域

STEP 02 在"插入"功能区的"图表"面板中，❶单击"插入饼图或圆环图"下拉按钮；❷在弹出的列表框中选择"复合条饼图"样式，如图2-17所示。

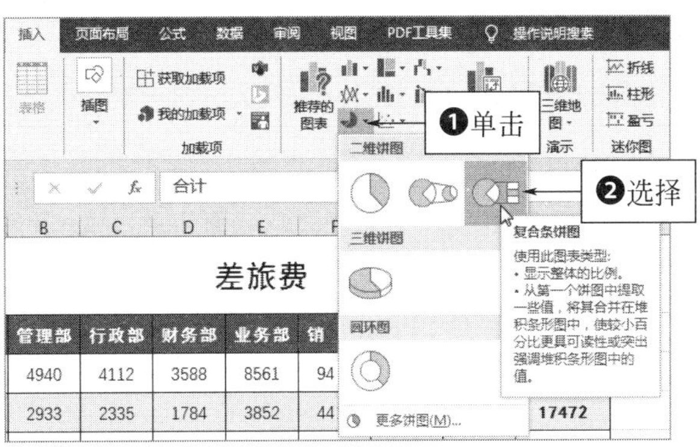

图2-17　选择"复合条形图"样式

STEP 03 执行上述操作后，即可创建一个复合条饼图图表，如图2-18所示。

STEP 04 ❶单击图表右侧的“图表元素”按钮；❷在弹出的列表框中选中“数据标签”复选框，如图2-19所示。

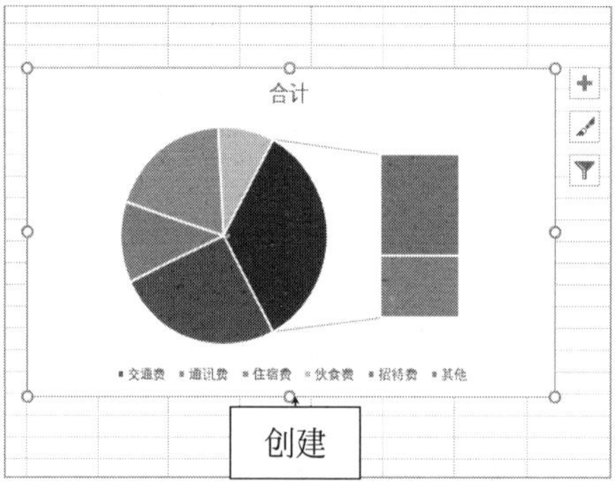

图2-18　创建一个复合条饼图图表

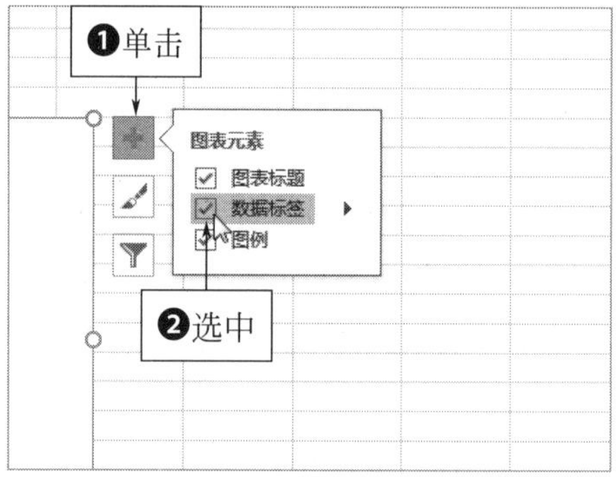

图2-19　选中“数据标签”复选框

STEP 05 执行操作后，❶即可在图表中显示各费用款项的合计数据；❷选择“图表标题”文本框中的“合计”，如图2-20所示。

STEP 06 删除文本框内的文字，在文本框内输入“差旅费占比数据分析图表”，如图2-21所示。

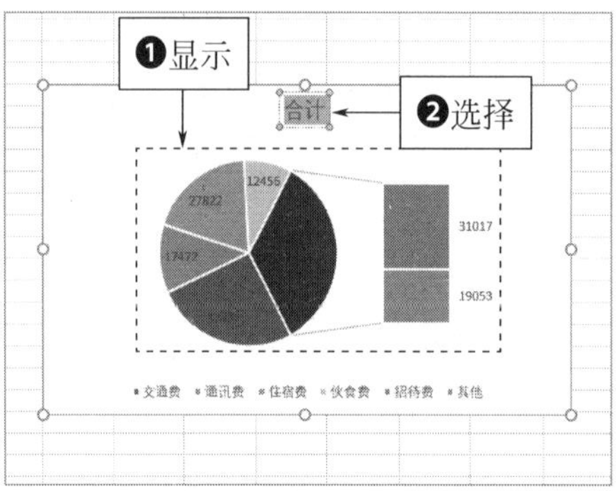

图2-20　选择“图表标题”文本框中的“合计”

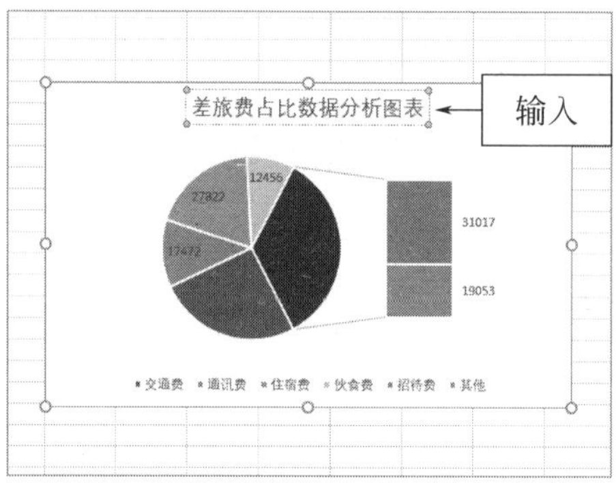

图2-21　输入图表标题内容

STEP 07 在图表上单击鼠标右键，弹出快捷菜单，选择“设置数据系列格式”选项，如图2-22所示。

STEP 08 弹出“设置数据系列格式”面板，如图2-23所示。

STEP 09 设置“第二绘图区中的值”为1，如图2-24所示。

STEP 10 执行操作后，可以看到图表中右侧的堆积条形图变成了一整块，左侧深蓝色的饼图面积也变小了，效果如图2-25所示。

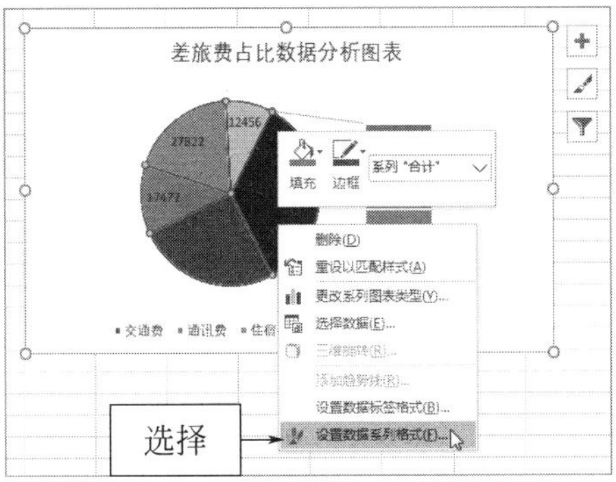

图 2-22　选择“设置数据系列格式”选项

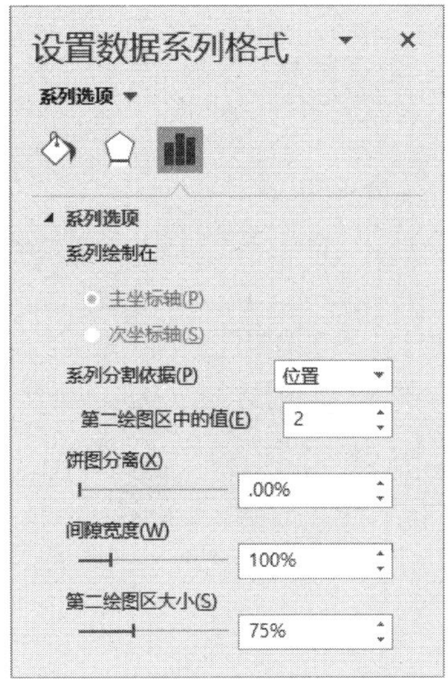

图 2-23　弹出“设置数据系列格式”面板

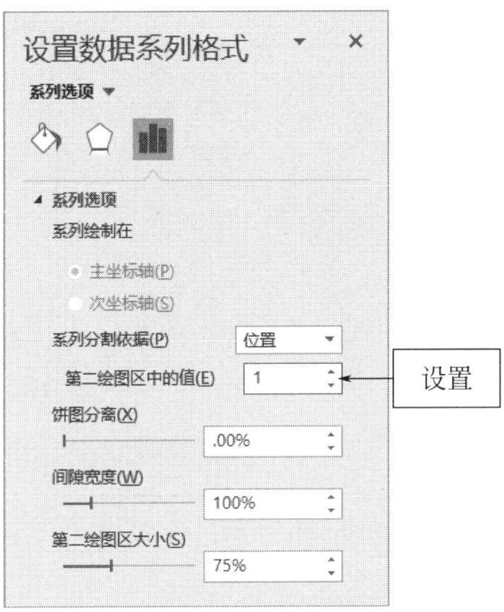

图 2-24　设置“第二绘图区中的值”为 1

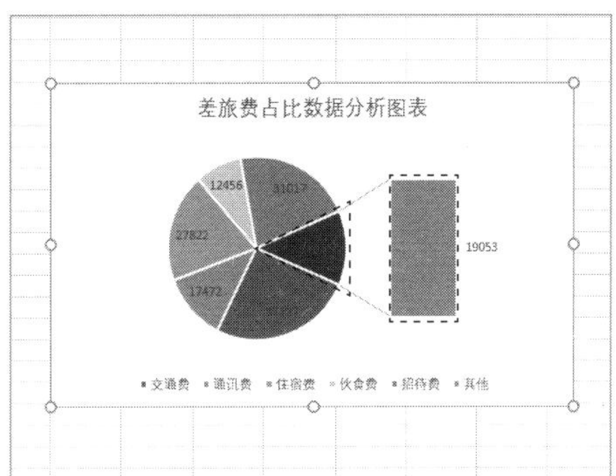

图 2-25　图表的变化效果

STEP 11　在图表中任意一个数据标签上单击鼠标左键，即可选择全部的数据标签，效果如图2-26所示。

STEP 12　此时，❶“设置数据系列格式”面板将变为“设置数据标签格式”面板；❷单击“标签选项”按钮，切换至“标签选项”选项卡，如图2-27所示。

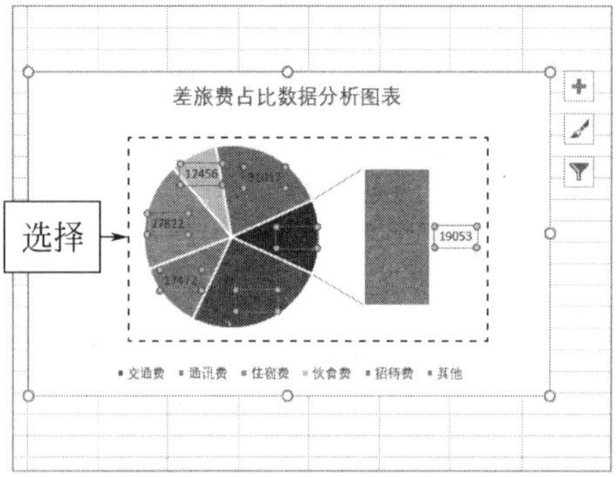

图 2-26　选择数据标签

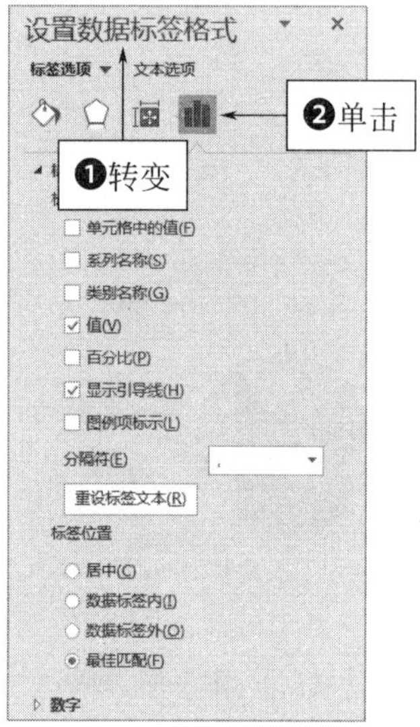

图 2-27　单击“标签选项”按钮

STEP 13 在“标签选项”选项区中，❶取消选中“值”复选框和“显示引导线”复选框；❷选中“百分比”复选框；❸在“标签位置”选项区中选中“数据标签内”单选按钮，如图2-28所示。

STEP 14 在“开始”功能区的“字体”面板中，设置“字体”为“黑体”、“字号”为“12”、“字体颜色”为“白色”，如图2-29所示。

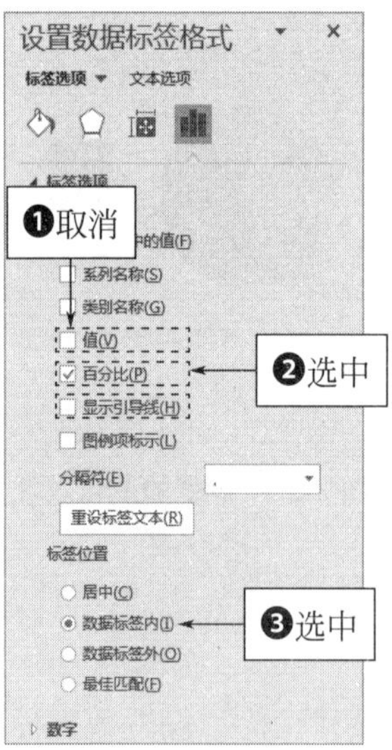

图 2-28　选中“数据标签内”单选按钮

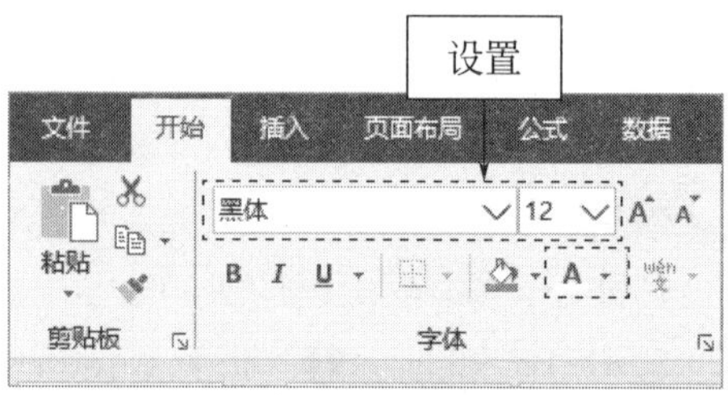

图 2-29　设置字体格式

STEP 15 执行操作后，在图表中单击深蓝色饼图上的数据标签，即可单独选择该数据标签，效果如图2-30所示。

STEP 16 按【Delete】键，将选择的数据标签删除，效果如图2-31所示。

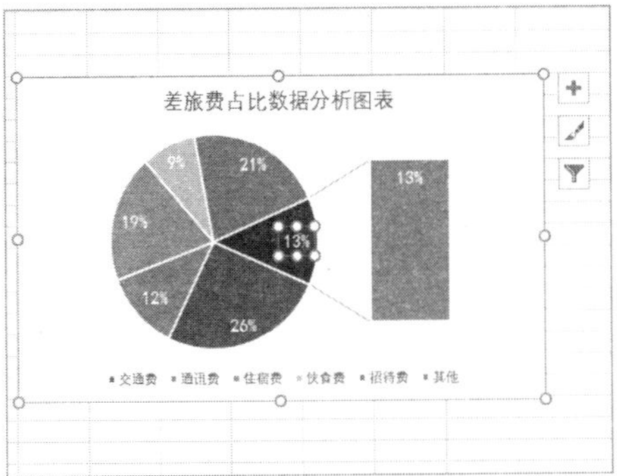

图2-30　单独选择该数据标签

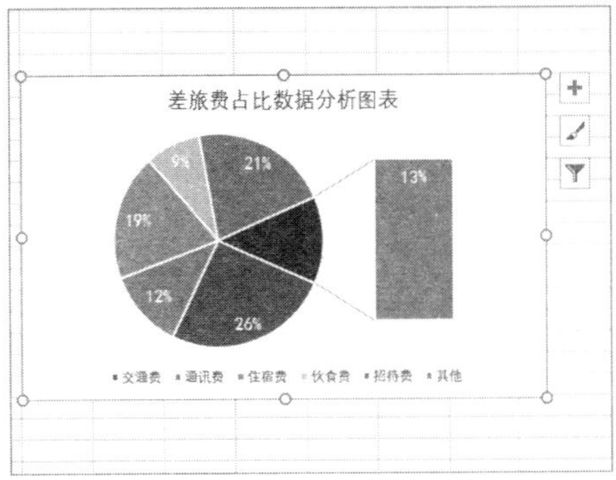

图2-31　将选择的数据标签删除

STEP 17 在深蓝色饼图上连续单击两次，单独选择深蓝色饼图，如图2-32所示。

STEP 18 单击鼠标右键，在弹出的悬浮窗中，❶单击“填充”下拉按钮；❷在弹出的色板中选择“绿色，个性色6”色块，如图2-33所示。

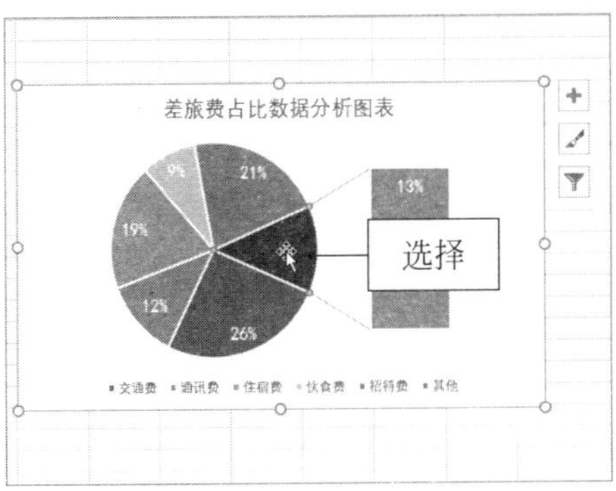

图2-32　单独选择深蓝色饼图

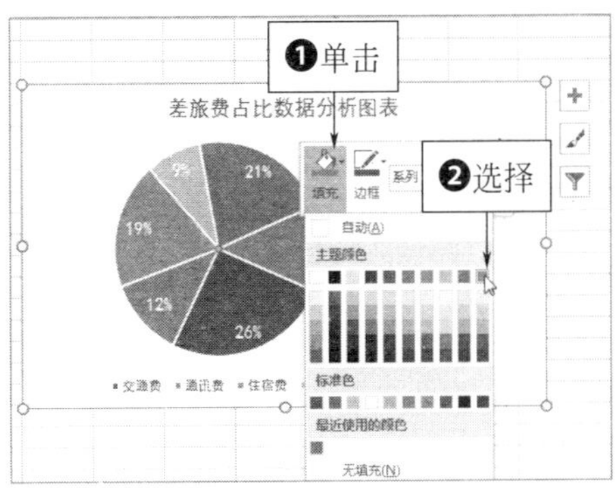

图2-33　选择“绿色，个性色6”色块

专家提醒

本例所创建的图表类型为“复合条饼图”，此图可以使工作表中的数据以饼图比例的形式呈现。

图表左侧为整体的饼图，从左侧的饼图中提取出相应的值，即可生成右侧的堆积条形图，堆积条形图的作用是突出或强调饼图中的值；图表最下方显示的是图例，每个项目名称的前面都有一个小小的颜色色块，对应的则是饼图和堆积条形图中的颜色，当饼图或堆积条形图中的颜色更改后，图例的颜色色块也会随之更改。

STEP 19 执行上述操作后，即可完成对图表的美化操作，最终效果如图2-34所示。

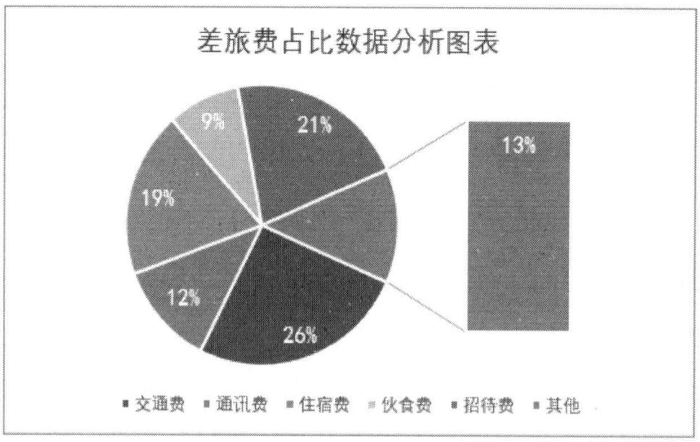

图 2-34　最终效果

2.2 制作招待费统计表

企业因生产经营的需要，会产生相应的差旅费用，而招待费则是差旅费用中的开支款项之一。招待费是在企业经营管理等活动中接待应酬所产生的支出费用，包括在业务洽谈、产品推销、对外联络、公关交往、会议接待以及来宾接待等活动中发生的如业务往来的宴请、来往接送的交通费和油费、洽谈时的茶水饮料、年节礼品的赠送以及工作餐等费用。当员工向财务人员申请费用报销时，财务人员需要制作招待费用统计表来统计相关的支出明细。

本实例主要介绍“招待费用统计表”的制作流程和具体方法。

效果欣赏

“招待费用统计表”的最终效果如图2-35所示。

招待费用统计表						
序号	部门	申请人	费用明细	费用产生时间		金额（元）
				申请时间	报销时间	
1	业务部	李国义	宴请合作商	2021-08-10	2021-08-12	864
2	后勤部	周成	接送客户的油费	2021-08-01	2021-08-15	900
3	管理部	涂与非	赠送客户纪念品	2021-09-20	2021-09-25	1000
4	业务部	张青	接待的茶水饮料	2021-09-20	2021-09-25	436
审核签字：					合计（元）：	3200

图 2-35　招待费用统计表

技术点睛

1. 创建招待费用统计表，输入标题以及表头等内容，调整工作表的行高与列宽，设置表格格式。

2. 在招待费用统计表中，通过“数据验证”功能设置表格权限，使表格中的招待费用只能输入指定范围内的金额。

3. 设置招待费用统计表的日期格式，并计算出招待费用总额。

2.2.1　创建招待费用统计表

扫码看教学视频

在Excel中创建招待费用统计表，首先需要在空白的工作簿中修改工作表的名称，然后在工作表中输入招待费用统计表的标题和表头等内容，并对工作表的表格格式进行相应的设置。下面介绍具体的操作方法。

STEP 01 在Excel中，新建一个空白工作簿，在底部工作表的名称上双击鼠标左键，选择工作表的名称，将工作表的名称改为“招待费用统计表”，如图2-36所示。

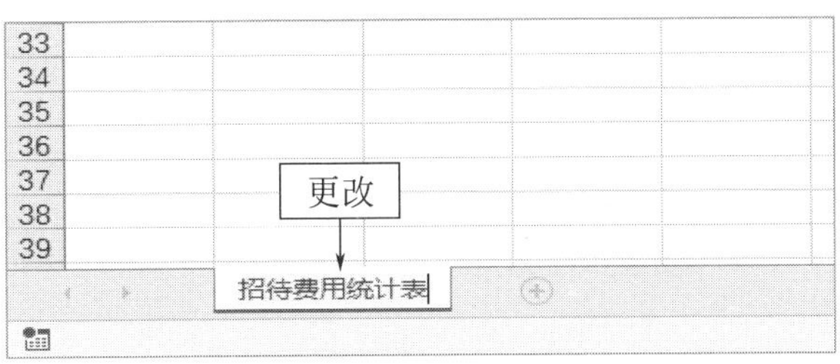

图 2-36　更改工作表的名称

STEP 02 在工作表中输入相应的标题、表头等内容，效果如图2-37所示。

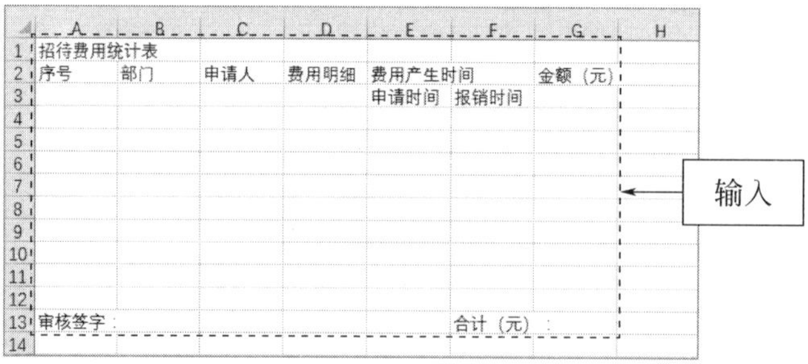

图2-37　输入相应内容

STEP 03 执行操作后，调整工作表的行高与列宽，效果如图2-38所示。

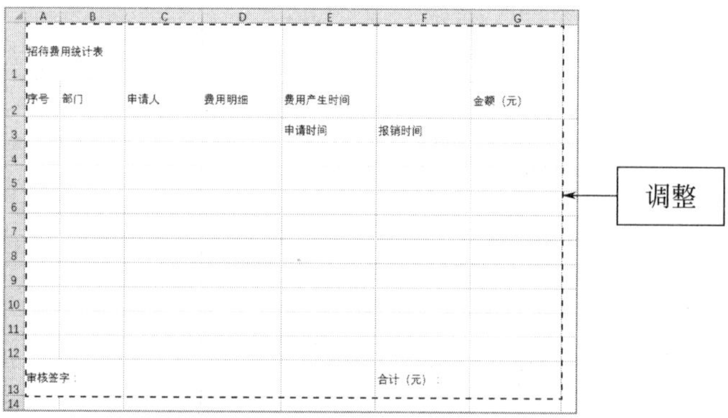

图2-38　调整工作表的行高与列宽

STEP 04 在“开始”功能区的“对齐方式”面板中，调整工作表的表格格式，效果如图2-39所示。

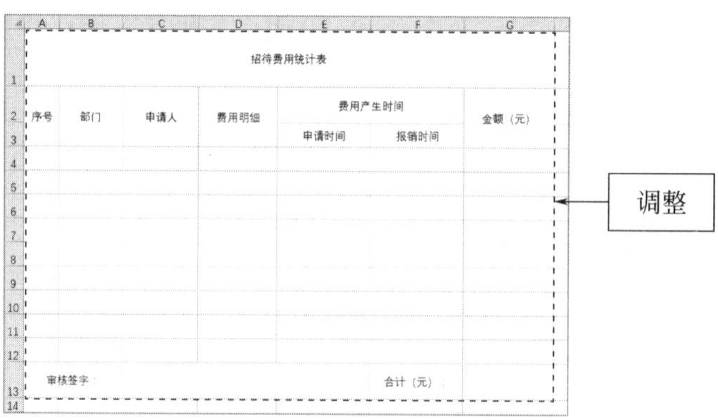

图2-39　调整工作表的表格格式

STEP 05 在“开始”功能区的“字体”面板中，调整工作表的字体格式，效果如图2-40所示。

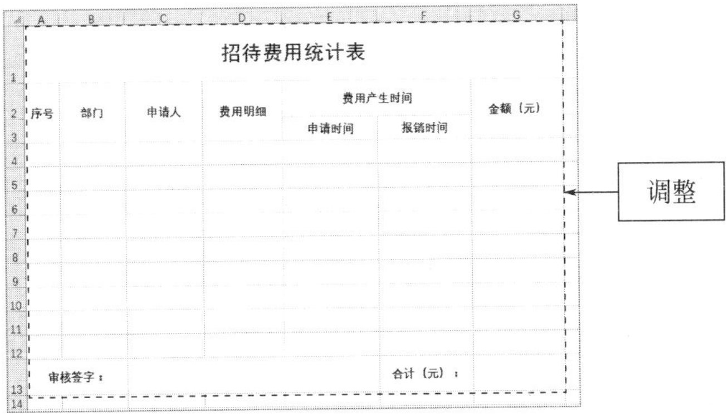

图2-40　调整工作表的字体格式

STEP 06 执行上述操作后，为工作表添加边框线，效果如图2-41所示。

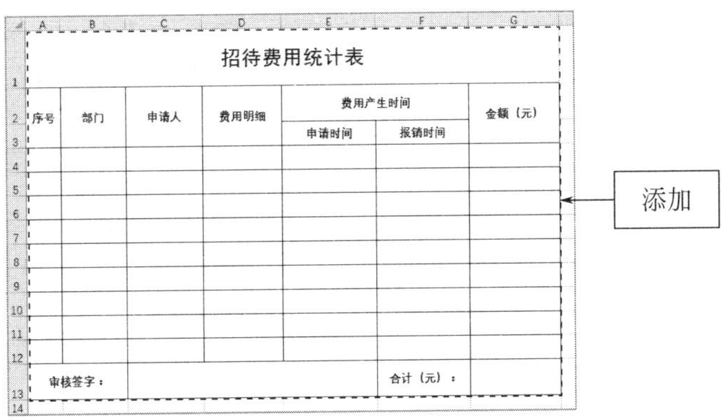

图2-41　为工作表添加边框线

2.2.2　通过数据验证功能输入招待费用

扫码看教学视频

在招待费用统计表中输入招待费用时，需要注意报销金额。很多人报销费用时，会累积招待费用一次性报销，但一般企业都有着明确的规定，每次报销的金额应在规定的范围之内，以防超出预算金额。通过“数据验证”功能可以设置输入权限，当输入的金额数据超出指定的范围后，会弹出警告提示框，提示用户输入错误。下面介绍具体的操作方法。

STEP 01 在工作表中选择G4:G12单元格区域，效果如图2-42所示。

STEP 02 在“数据”功能区的“数据工具”面板中，单击“数据验证”按钮，如图2-43所示。

图2-42 选择G4:G12单元格区域

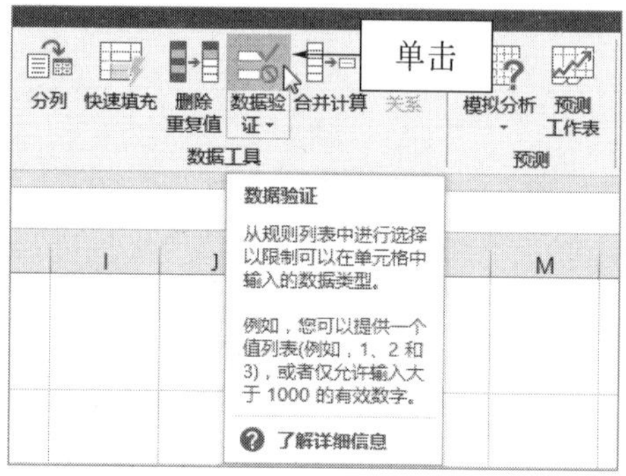

图2-43 单击“数据验证”按钮

STEP 03 弹出“数据验证”对话框，如图2-44所示。

STEP 04 ❶单击“允许”下方的下拉按钮；❷在弹出的列表框中选择“整数”选项，如图2-45所示。

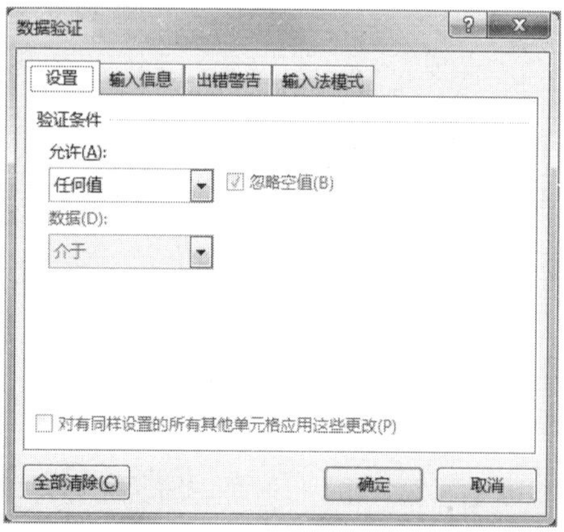

图2-44 弹出“数据验证”对话框

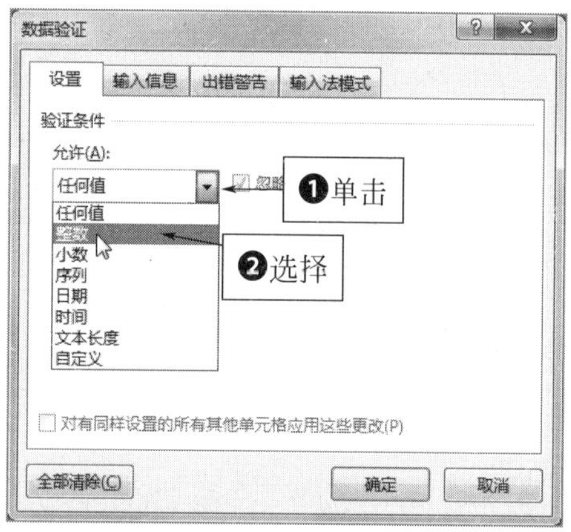

图2-45 选择“整数”选项

STEP 05 执行操作后，❶在“最小值”下方的文本框中输入10；❷在“最大值”下方的文本框中输入1000，如图2-46所示。

STEP 06 ❶切换至“出错警告”选项卡；❷单击“样式”下方的下拉按钮；❸在弹出的列表框中选择“警告”选项，如图2-47所示。

图2-46　输入相应数值

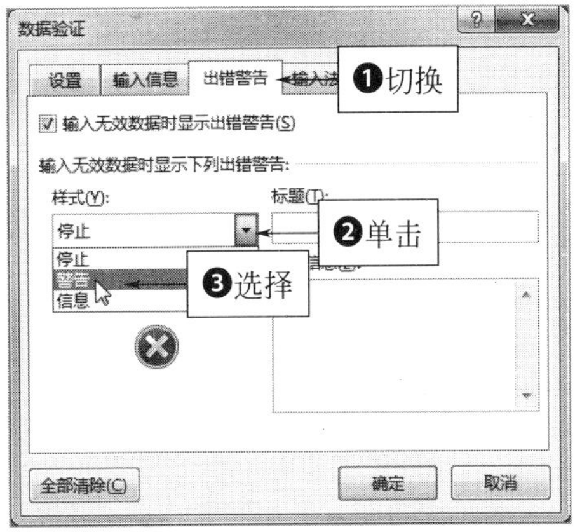

图2-47　选择“警告”选项

STEP 07　执行操作后，❶在“错误信息”下方的文本框中输入“请填写10～1000以内的数额”；❷单击“确定”按钮，如图2-48所示。

STEP 08　返回工作表，可以在单元格中进行输入验证，❶在G4单元格中输入1；❷按回车键确认后弹出警告提示框，如图2-49所示。

图2-48　单击“确定”按钮

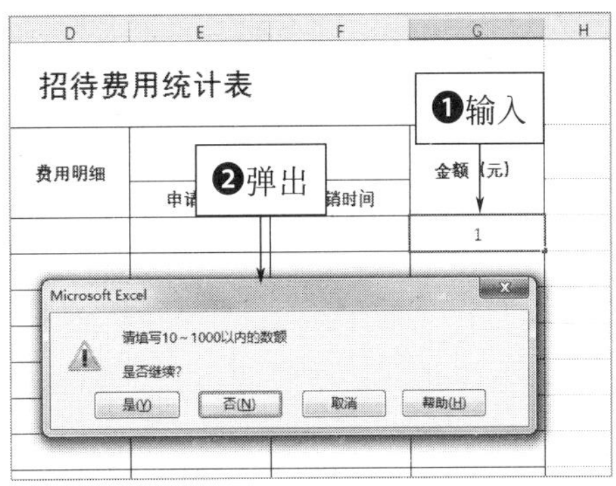

图2-49　弹出警告提示框

专家提醒

在弹出的警告提示框中，单击“是”按钮，即可保留当前输入的数据；单击“否”按钮，即可修改输入的数据；单击“取消”按钮，即可撤销并重新输入数据信息。

STEP 09 执行操作后，即可在工作表中输入相应的表单内容，效果如图2-50所示。

招待费用统计表						
序号	部门	申请人	费用明细	费用产生时间		金额（元）
				申请时间	报销时间	
1	业务部	李国义	宴请合作商	2021/8/10	2021/8/12	864
2	后勤部	周成	接送客户的油费	2021/8/1	2021/8/15	900
3	管理部	涂与非	赠送客户纪念品	2021/9/20	2021/9/25	1000
4	业务部	张青	接待的茶水饮料	2021/9/20	2021/9/25	436
审核签字：				合计（元）：		

图 2-50　输入相应的表单内容

扫码看教学视频

2.2.3 设置招待费用统计表的日期格式

在招待费用统计表中输入表单内容后，需要设置统一的日期格式。下面介绍具体的操作方法。

STEP 01 在工作表中，选择E4:F12单元格区域，效果如图2-51所示。

招待费用统计表						
序号	部门	申请人	费用明细	费用产生时间		金额（元）
				申请时间	报销时间	
1	业务部	李国义	宴请合作商	2021/8/10	2021/8/12	864
2	后勤部	周成	接送客户的油费	2021/8/1	2021/8/15	900
3	管理部	涂与非	赠送客户纪念品	2021/9/20	2021/9/25	1000
4	业务部	张青	接待的茶水饮料	2021/9/20	2021/9/25	436
审核签字：				合计（元）：		

选择

图 2-51　选择 E4:F12 单元格区域

STEP 02 按【Ctrl＋1】组合键，弹出“设置单元格格式”对话框，❶在“数字”选项卡的“分类”列表中选择“日期”选项；❷在“类型”下方的下拉列表框中选择2012-03-14选项；❸单击“确定”按钮，如图2-52所示。

STEP 03 返回工作表后，即可设置工作表中的日期格式，效果如图2-53所示。

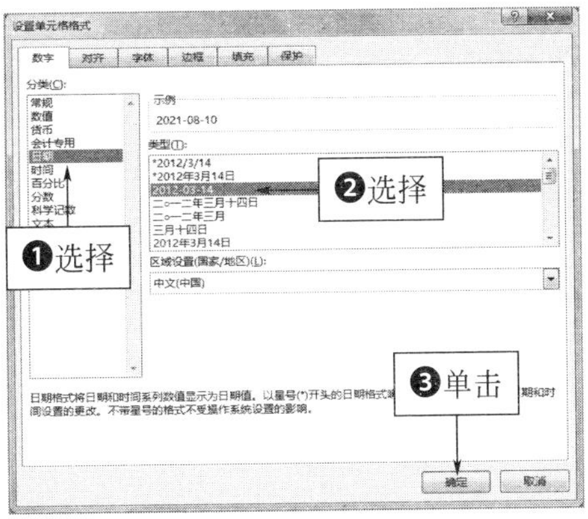

图 2-52　单击“确定”按钮

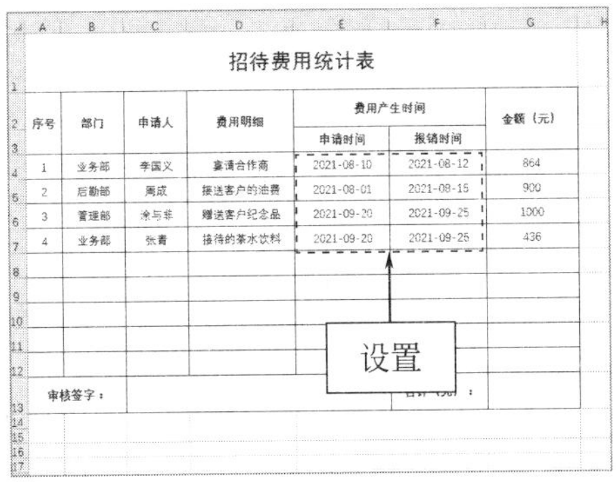

图 2-53　日期格式设置效果

STEP 04 选择G13单元格，在其中输入公式：=SUM(G4:G12)，如图2-54所示。

STEP 05 按回车键确认，即可计算统计表中的总金额，效果如图2-55所示。

图 2-54　输入相应的表单内容

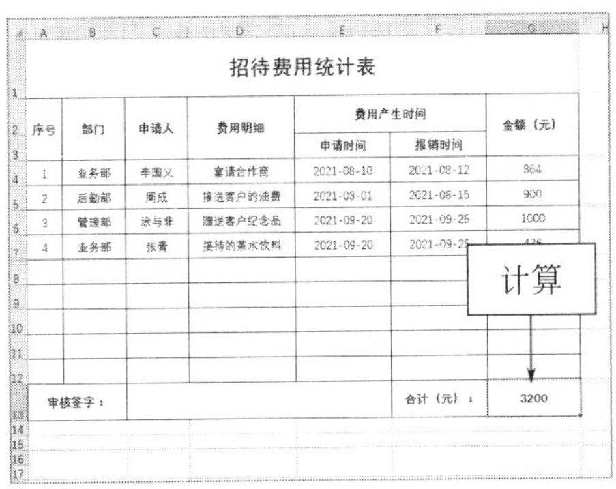

图 2-55　计算统计表中的总金额

2.3 制作日常费用汇总表

企业经营几乎每天都会产生费用支出，包括办公费、物业费、邮寄费、聚餐费、电话费、水电费、差旅费、维修费、人工费以及办公用品采购费等，财务人员需要做好日常费用的管理和汇总统计工作，以便于企业管控支出，降低运营成本。

本实例主要介绍“日常费用汇总表”的制作流程和具体方法。

效果欣赏

“日常费用汇总表”的最终效果如图2-56所示。

日常费用汇总表

序号	日期	部门	费用明细	金额（元）
1	11月1日	业务部	接待合作方	298
2	11月1日	行政部	办公打印纸	660
3	11月2日	销售部	招待客户	320
4	11月3日	后勤部	运输油费	1000
5	11月4日	策划部	商场活动	3000
6	11月4日	人事部	招聘费用	2500
7	11月7日	业务部	差旅费	1782
8	11月7日	销售部	交通费	470
9	11月8日	策划部	活动礼品	2800
10	11月10日	生产部	易耗品消费	380
11	11月11日	人事部	培训费用	540
12	11月12日	行政部	福利礼品	2000
13	11月15日	业务部	洽谈接待	300
14	11月15日	销售部	招待客户	240
15	11月16日	行政部	饮水机	120
16	11月17日	销售部	交通费	150
17	11月19日	业务部	话费	1320
18	11月20日	销售部	住宿费	800
19	11月25日	行政部	室内绿植	260
20	11月25日	业务部	商务宴请	760
汇总：				19700

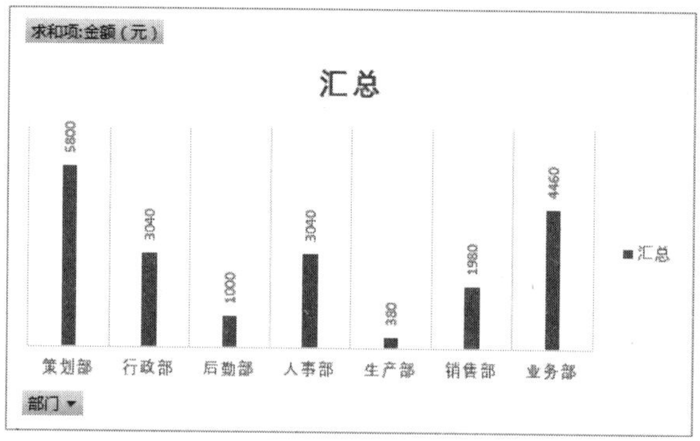

图2-56　日常费用汇总表

技术点睛

1.创建日常费用汇总表，输入表单内容，调整工作表的行高与列宽，设置表格格式。

2.在Excel中，单击菜单栏中的“视图”命令，在“视图”功能区中使用“冻结窗格”功能冻结日常费用汇总表的表头。

3.在Excel中，利用数据透视图，以图表的形式对日常费用汇总表中的数据进行分析。

扫码看教学视频

2.3.1　创建日常费用汇总表

在Excel中创建日常费用汇总表，可以详细地将企业日常经营中产生的支出明细一一记录下来。下面介绍创建日常费用汇总表的操作方法。

STEP 01 在Excel中，创建一个名称为“日常费用汇总表”的工作表，并在工作表中输入相应的表单内容，效果如图2-57所示。

	A	B	C	D	E
1	日常费用汇总表				
2	序号	日期	部门	费用明细	金额（元）
3	1	11月1日	业务部	接待合作方	298
4	2	11月1日	行政部	办公打印纸	660
5	3	11月2日	销售部	招待客户	320
6	4	11月3日	后勤部	运输油费	1000
7	5	11月4日	策划部	商场活动	3000
8	6	11月4日	人事部	招聘费用	2500
9	7	11月7日	业务部	差旅费	1782
10	8	11月7日	销售部	交通费	470
11	9	11月8日	策划部	活动礼品	2800
12	10	11月10日	生产部	易耗品消费	380
13	11	11月11日	人事部	培训费用	540
14	12	11月12日	行政部	福利礼品	2000
15	13	11月15日	业务部	洽谈接待	300
16	14	11月15日	销售部	招待客户	240
17	15	11月16日	行政部	饮水机	120
18	16	11月17日	销售部	交通费	150
19	17	11月19日	业务部	话费	1320
20	18	11月20日	销售部	住宿费	800
21	19	11月25日	行政部	室内绿植	260
22	20	11月25日	业务部	商务宴请	760
23	汇总：				

图2-57 输入表单内容

STEP 02 在工作表中调整行高、列宽、对齐方式以及字体格式等，并为工作表添加边框线，效果如图2-58所示。

STEP 03 选择E23单元格，按【Alt+=】组合键快速求和，计算日常费用汇总表中的总金额，效果如图2-59所示。

	A	B	C	D	E
1	日常费用汇总表				
2	序号	日期	部门	费用明细	金额（元）
3	1	11月1日	业务部	接待合作方	298
4	2	11月1日	行政部	办公打印纸	660
5	3	11月2日	销售部	招待客户	320
6	4	11月3日	后勤部	运输油费	1000
7	5	11月4日	策划部	商场活动	3000
8	6	11月4日	人事部	招聘费用	2500
9	7	11月7日	业务部	差旅费	1782
10	8	11月7日	销售部	交通费	470
11	9	11月8日	策划部	活动礼品	2800
12	10	11月10日	生产部	易耗品消费	380
13	11	11月11日	人事部	培训费用	540
14	12	11月12日	行政部	福利礼品	2000
15	13	11月15日	业务部	洽谈接待	300
16	14	11月15日	销售部	招待客户	240
17	15	11月16日	行政部	饮水机	120
18	16	11月17日	销售部	交通费	150
19	17	11月19日	业务部	话费	1320
20	18	11月20日	销售部	住宿费	800
21	19	11月25日	行政部	室内绿植	260
22	20	11月25日	业务部	商务宴请	760
23	汇总：				

图2-58 调整表格格式效果

	A	B	C	D	E
1	日常费用汇总表				
2	序号	日期	部门	费用明细	金额（元）
3	1	11月1日	业务部	接待合作方	298
4	2	11月1日	行政部	办公打印纸	660
5	3	11月2日	销售部	招待客户	320
6	4	11月3日	后勤部	运输油费	1000
7	5	11月4日	策划部	商场活动	3000
8	6	11月4日	人事部	招聘费用	2500
9	7	11月7日	业务部	差旅费	1782
10	8	11月7日	销售部	交通费	470
11	9	11月8日	策划部	活动礼品	2800
12	10	11月10日	生产部	易耗品消费	380
13	11	11月11日	人事部	培训费用	540
14	12	11月12日	行政部	福利礼品	2000
15	13	11月15日	业务部	洽谈接待	300
16	14	11月15日	销售部	招待客户	240
17	15	11月16日	行政部	饮水机	120
18	16	11月17日	销售部	交通费	150
19	17	11月19日	业务部	话费	1320
20	18	11月20日	销售部	住宿费	800
21	19	11月25日	行政部	室内绿植	260
22	20	11月25日	业务部	商务宴请	760
23	汇总：				19700

计算

图2-59 计算日常费用汇总表中的总金额

2.3.2 冻结日常费用汇总表表头窗格

扫码看教学视频

在Excel中，当工作表中的数据内容比较多时，滑动页面后，会发现工作表的表头被隐藏起来了，这不利于用户查看表格内容。下面介绍使用“冻结窗格”功能固定表头的方法，方便用户查看表头所对应的数据。

STEP 01 在工作表中，选择B3单元格，如图2-60所示。

STEP 02 ❶在菜单栏中单击“视图”命令；❷在“视图”功能区的“窗口”面板中单击“冻结窗格”下拉按钮；❸在弹出的列表框中选择“冻结窗格”选项，如图2-61所示。

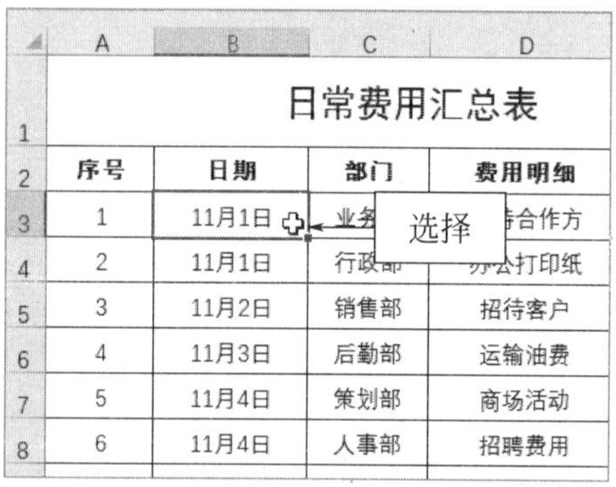

图2-60 选择B3单元格

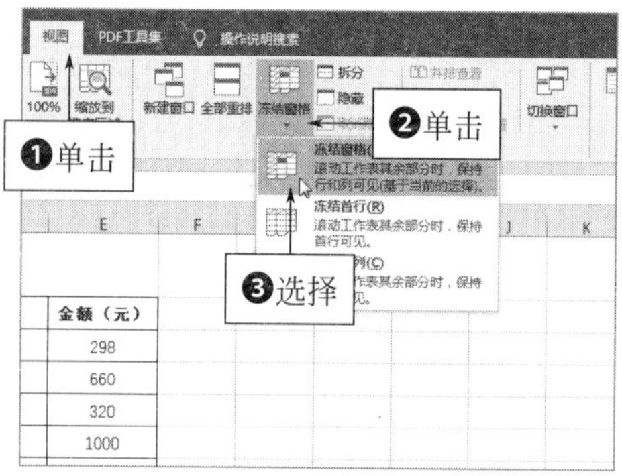

图2-61 选择“冻结窗格”选项

STEP 03 执行操作后，即可冻结工作表的表头，滚动鼠标滚轮，将显示下方的表格数据，效果如图2-62所示。

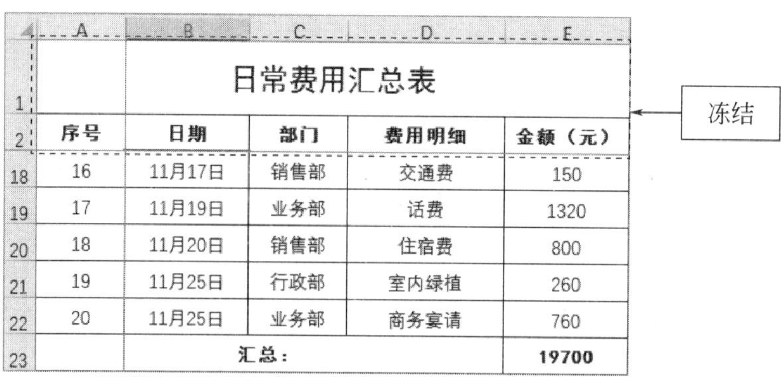

图2-62 冻结工作表的表头效果

2.3.3　使用图表分析日常费用汇总表

在Excel中，用图表的方式来表示表格中的数据信息，可以帮助用户根据图表中的比例关系和趋势变化对数据进行清晰分析和推测，让用户可以更有效率地处理表格数据。下面向大家介绍在Excel中创建数据透视图的方法，帮助用户使用图表分析日常费用汇总表中各部门的总费用。

扫码看教学视频

STEP 01　在工作表中，选择A2:E22单元格区域，效果如图2-63所示。

STEP 02　在“插入”功能区的“图表”面板中，单击“数据透视图”按钮，如图2-64所示。

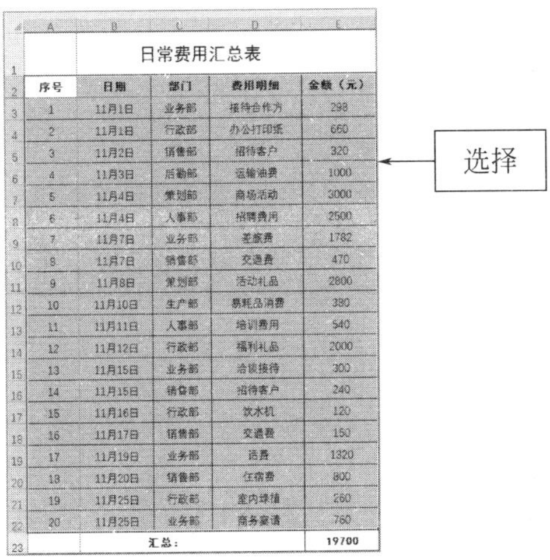

图2-63　选择A2:E22单元格区域

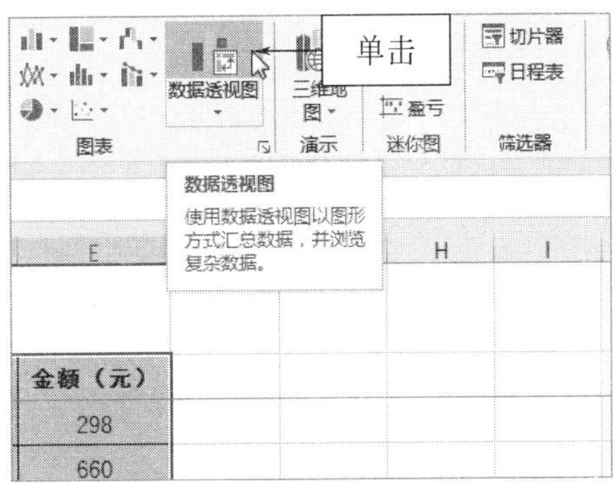

图2-64　单击“数据透视图”按钮

STEP 03　弹出“创建数据透视图”对话框，单击“确定”按钮，如图2-65所示。

STEP 04　系统自动新建一个工作表，在界面右侧会弹出“数据透视图字段”面板，如图2-66所示。

STEP 05　在“数据透视图字段”面板中，❶依次选中“部门”和“金额（元）”复选框；❷选中的字段会自动添加到下方对应的区域中，如图2-67所示。

STEP 06　在工作表中，即可生成数据透视表和数据透视图，效果如图2-68所示。

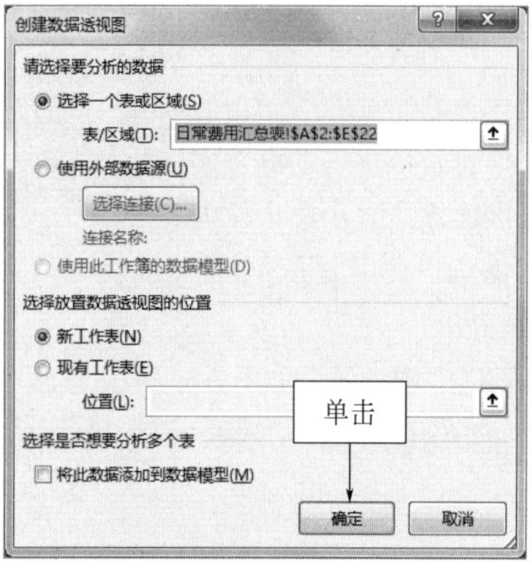

图 2-65　单击“确定”按钮

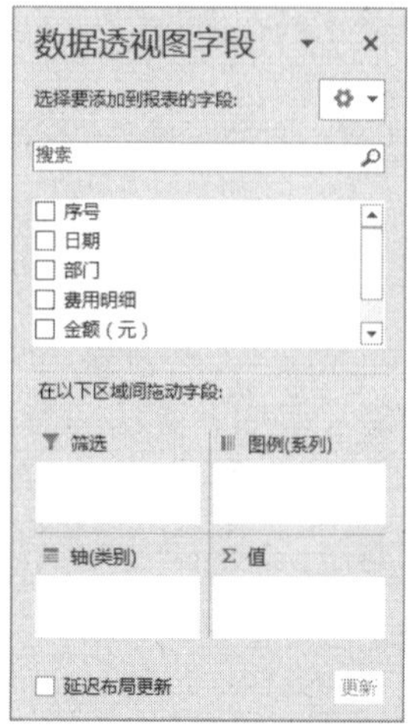

图 2-66　弹出“数据透视图字段”面板

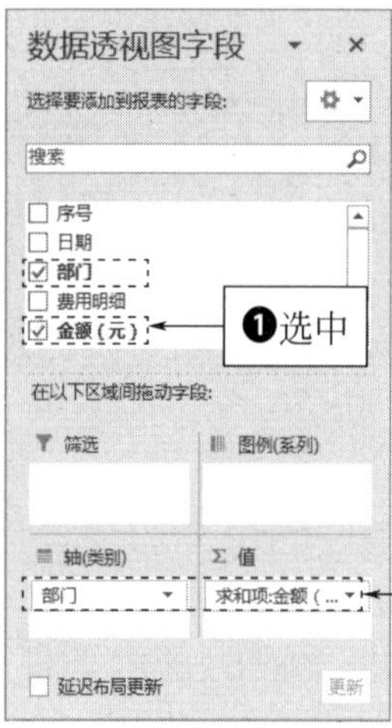

图 2-67　自动添加字段

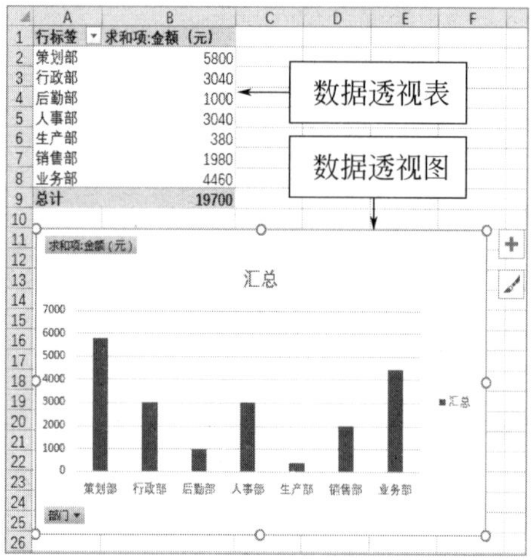

图 2-68　生成数据透视表和数据透视图

STEP 07 ❶切换至“设计”功能区；❷在“图表样式”面板中选择“样式2”，如图2-69所示。

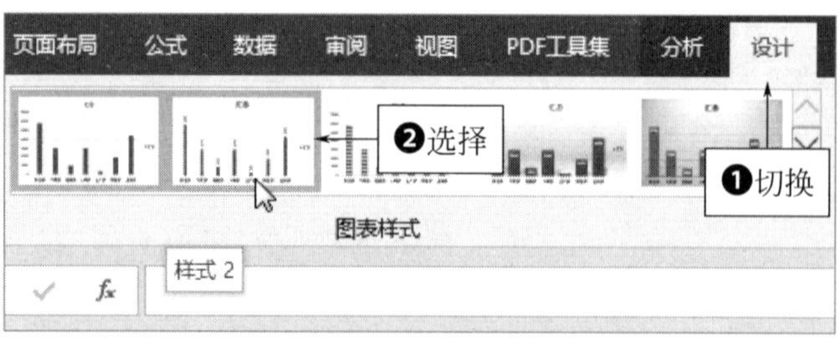

图 2-69　选择“样式 2”图表样式

STEP 08 执行操作后，即可调整图表样式，效果如图2-70所示。

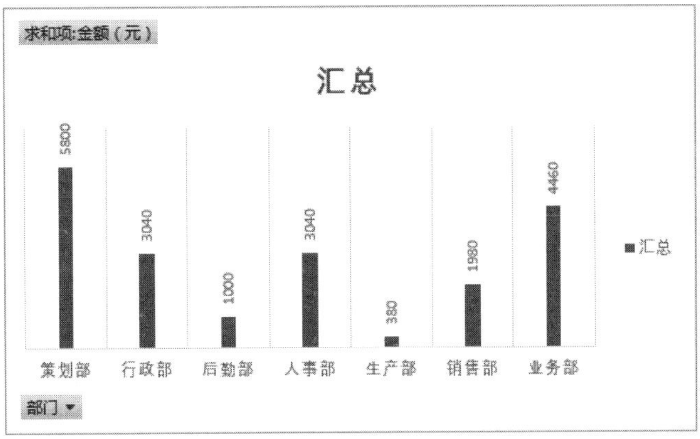

图 2-70 调整图表样式效果

第3章

工资：薪资数据的管理与分析

员工薪资是企业必须支付的人力成本，也是企业吸引和留住优秀人才的有效途径，因此在管理和分析员工薪资时不能出任何纰漏。本章主要提供了薪资数据管理与分析的相关表格，并详细介绍了使用Excel 2016软件制作员工工资管理表、员工工资条以及从多角度分析工资数据的技巧，希望读者熟练掌握本章内容。

3.1 创建员工工资管理表

企业员工的工资通常是由基本工资、福利补贴、绩效奖金、全勤奖金以及加班费等构成，财务人员需要了解企业薪酬的组成结构和相关的制度，才能在创建员工工资管理表、填制员工工资明细时不出差错。

本实例主要介绍“员工工资管理表”的制作流程和具体方法。

效果欣赏

“员工工资管理表”的最终效果如图 3-1 所示。

员工工资管理表												
序号	工号	部门	姓名	职位	基本工资	福利补贴	绩效奖金	全勤奖金	加班费	应发工资	社保代扣	实发工资
1	1001	管理部	周海燕	文员	3000	800	200	0	0	4000	310	3690
2	1002	管理部	李连	助理	3000	800	200	50	0	4050	310	3740
3	1003	管理部	罗玉凤	文员	3000	800	200	50	0	4050	310	3740
4	1004	销售部	常远	普工	2000	800	1500	50	300	4650	310	4340
5	1005	销售部	简晓玲	普工	2000	800	800	50	0	3650	310	3340
6	1006	销售部	曾梦	普工	2000	800	200	0	0	3000	310	2690
7	1007	销售部	张倩	普工	2000	800	900	0	200	3900	310	3590
8	1008	业务部	安琪儿	普工	2000	800	1200	50	0	4050	310	3740
9	1009	业务部	罗拉	普工	2000	800	1700	50	350	4900	310	4590
10	1010	业务部	李可	普工	2000	800	1500	50	200	4550	310	4240

图 3-1　员工工资管理表

技术点睛

1. 在 Excel 中，创建员工工资管理表，输入员工工资明细数据。
2. 在 Excel 中，设置工作表中数据的格式。
3. 使用 Excel 的 SUM 函数公式，统计员工工资总额。

3.1.1 创建员工工资管理表

扫码看教学视频

创建员工工资管理表，首先需要新建一个空白工作簿，将相关的表头内容输入到表格中，包括序号、工号、部门、姓名、基本工资、福利补贴、绩效奖金、应发工资以及实发工资等，然后再输入对应的员工工资明细数据。下面介绍在 Excel 中创建员工工资管理表的操作方法。

STEP 01 打开Excel软件，在“开始”界面中，单击“空白工作簿”缩略图，如图3-2所示。

STEP 02 进入新建的工作表中，在底部工作表的名称上单击鼠标右键，在弹出的快捷菜单中选择“重命名”选项，如图3-3所示。

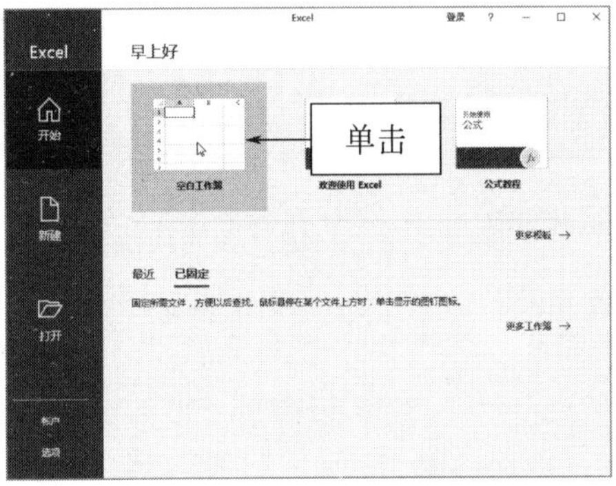

图3-2 单击“空白工作簿”缩略图

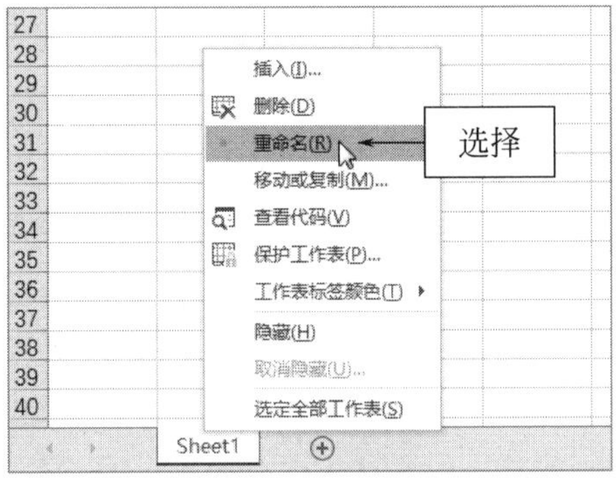

图3-3 选择“重命名”选项

STEP 03 执行操作后，将工作表的名称改为“员工工资管理表”，如图3-4所示。

STEP 04 在工作表中输入相关的表头内容，效果如图3-5所示。

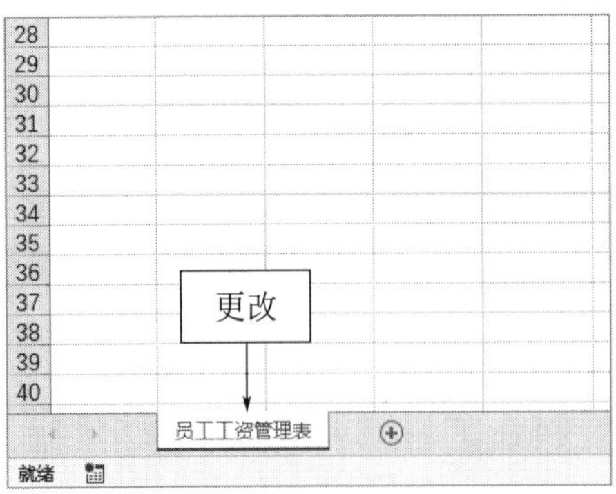

图3-4 更改工作表的名称

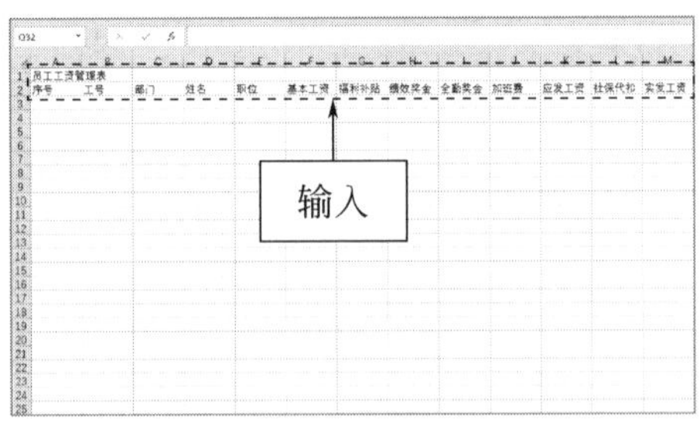

图3-5 输入表头内容

STEP 05 输入完成后，调整表格的行高与列宽，效果如图3-6所示。

STEP 06 执行操作后，在表头下方输入对应的员工工资明细数据，如图3-7所示。

图 3-6　调整表格的行高与列宽

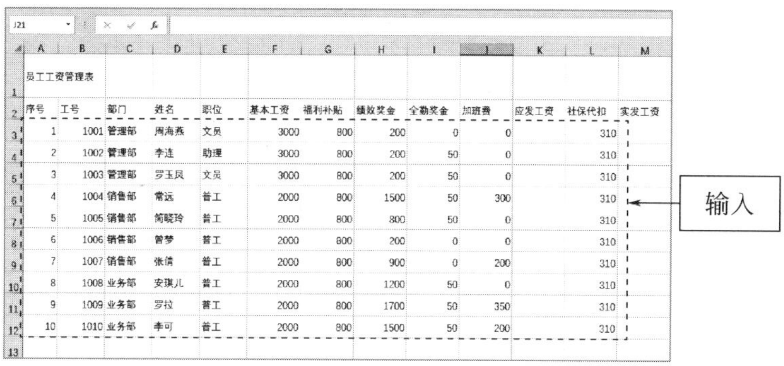

图 3-7　在表头下方输入对应的员工工资明细数据

STEP 07　❶选择A2:M12单元格区域；❷在“开始”功能区的“字体”面板中单击“边框”下拉按钮▼；❸在弹出的列表框中选择“所有框线”选项，如图3-8所示。

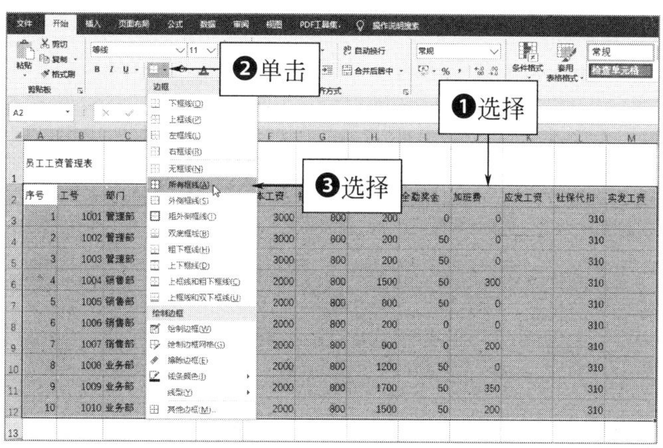

图 3-8　选择“所有框线”选项

STEP 08 执行操作后，为创建的工作表添加边框线，效果如图3-9所示。

图3-9 为工作表添加边框线

3.1.2 设置员工工资管理表的格式

扫码看教学视频

员工工资管理表创建完成后，需要进行格式设置。下面介绍设置工作表格式的操作方法。

STEP 01 在工作表中，❶选择A1:M1单元格区域；❷在“开始”功能区的“对齐方式”面板中单击“合并后居中”按钮，如图3-10所示。

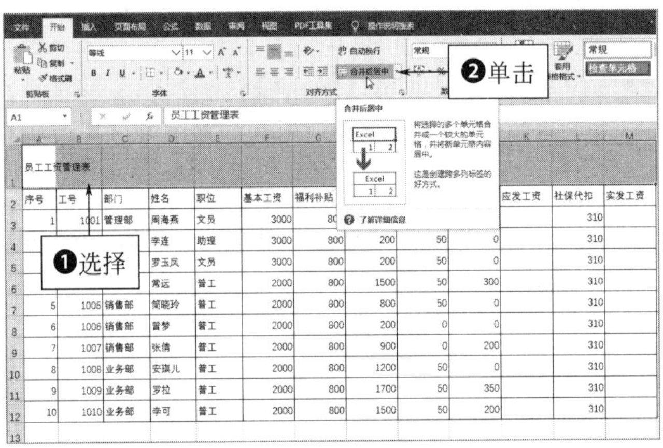

图3-10 单击“合并后居中”按钮

STEP 02 在功能区的“字体”面板中，❶单击“字号”下拉按钮；❷在弹出的下拉列表中选择20，如图3-11所示。

STEP 03 ❶选择A2:M12单元格区域；❷在“开始”功能区的“对齐方式”面板中单击“居中”按钮，如图3-12所示。

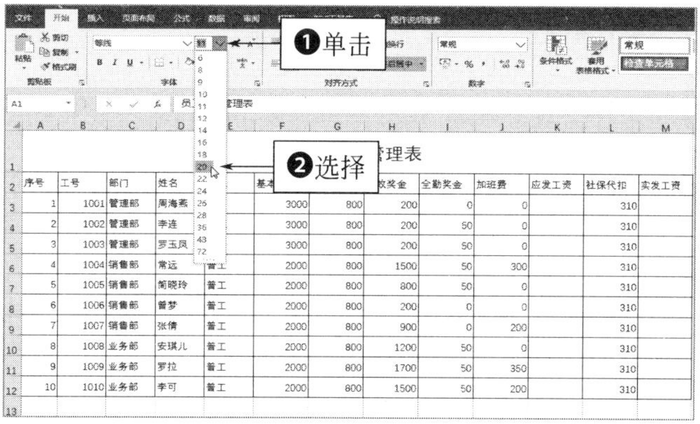

图 3-11　选择字号 20

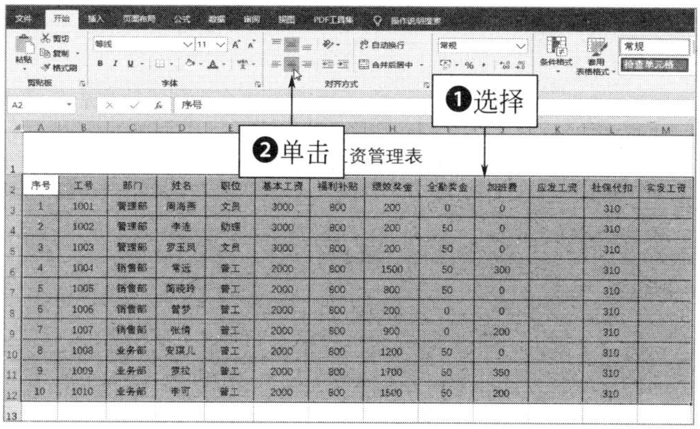

图 3-12　单击“居中”按钮

STEP 04 ❶选择A2:M2单元格区域；❷在“开始”功能区的“字体”面板中单击“加粗”按钮**B**，如图3-13所示。

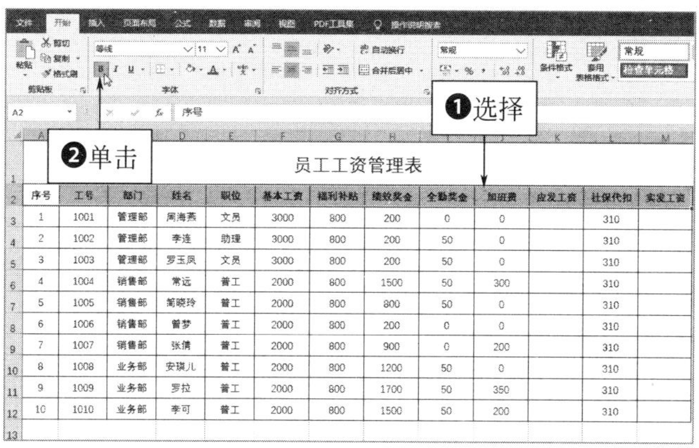

图 3-13　单击“加粗”按钮

扫码看教学视频

3.1.3 汇总员工工资总额

设置好工作表的格式后，需要将员工工资总额汇总出来。首先要将员工的应发工资总额算出来，然后在应发工资中减去公司代扣的社保费用，即可计算出员工的实发工资。下面介绍具体的操作方法。

STEP 01 在工作表中，❶选择K2:K12单元格区域；❷在“编辑栏”中输入计算公式:=SUM(F3:J3)，如图3-14所示。

图3-14 输入计算公式（1）

STEP 02 按【Ctrl＋Enter】组合键确认，即可批量计算应发工资，如图3-15所示。

图3-15 批量计算应发工资

STEP 03 ❶选择M2:M12单元格区域；❷在“编辑栏”中输入计算公式:=K3-L3，如图3-16所示。

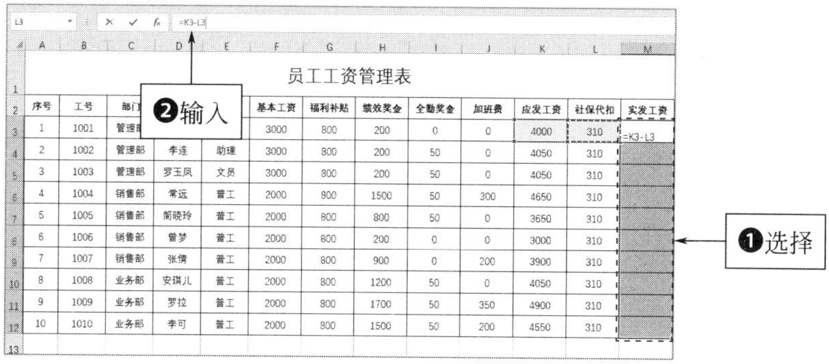

图 3-16　输入计算公式（2）

STEP 04　按【Ctrl + Enter】组合键确认，即可批量计算实发工资，如图3-17所示。

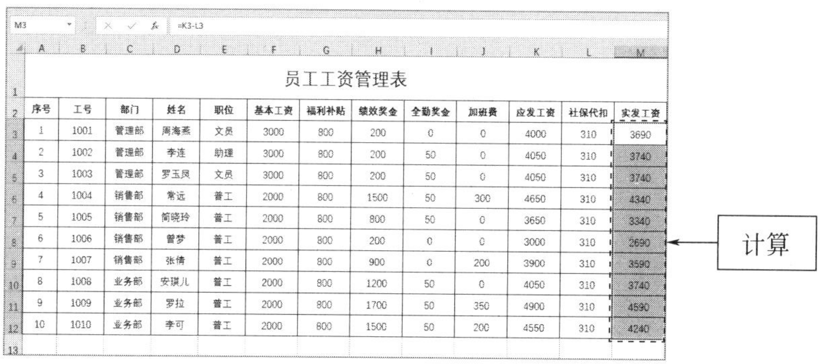

图 3-17　批量计算实发工资

3.2 生成员工工资条

“员工工资条”的数据与“员工工资管理表”的数据一致。在发放工资的当日，财务人员可以将制作的工资条打印出来交给人力资源部门，员工可以去人力资源部门领取自己的工资条，在工资条上可以清楚地看到自己的工资明细。

本实例主要介绍“员工工资条”的制作流程和具体方法。

效果欣赏

“员工工资条”的最终效果如图3-18所示。

员工工资条

序号	工号	部门	姓名	职位	基本工资	福利补贴	绩效奖金	全勤奖金	加班费	应发工资	社保代扣	实发工资
1	1001	管理部	周海燕	文员	3000	800	200	0	0	4000	310	3690
序号	工号	部门	姓名	职位	基本工资	福利补贴	绩效奖金	全勤奖金	加班费	应发工资	社保代扣	实发工资
2	1002	管理部	李连	助理	3000	800	200	50	0	4050	310	3740
序号	工号	部门	姓名	职位	基本工资	福利补贴	绩效奖金	全勤奖金	加班费	应发工资	社保代扣	实发工资
3	1003	管理部	罗玉凤	文员	3000	800	200	50	0	4050	310	3740
序号	工号	部门	姓名	职位	基本工资	福利补贴	绩效奖金	全勤奖金	加班费	应发工资	社保代扣	实发工资
4	1004	销售部	常远	普工	2000	800	1500	50	300	4650	310	4340
序号	工号	部门	姓名	职位	基本工资	福利补贴	绩效奖金	全勤奖金	加班费	应发工资	社保代扣	实发工资
5	1005	销售部	简晓玲	普工	2000	800	800	50	0	3650	310	3340
序号	工号	部门	姓名	职位	基本工资	福利补贴	绩效奖金	全勤奖金	加班费	应发工资	社保代扣	实发工资
6	1006	销售部	曾梦	普工	2000	800	200	0	0	3000	310	2690
序号	工号	部门	姓名	职位	基本工资	福利补贴	绩效奖金	全勤奖金	加班费	应发工资	社保代扣	实发工资
7	1007	销售部	张倩	普工	2000	800	900	0	200	3900	310	3590
序号	工号	部门	姓名	职位	基本工资	福利补贴	绩效奖金	全勤奖金	加班费	应发工资	社保代扣	实发工资
8	1008	业务部	安琪儿	普工	2000	800	1200	50	0	4050	310	3740
序号	工号	部门	姓名	职位	基本工资	福利补贴	绩效奖金	全勤奖金	加班费	应发工资	社保代扣	实发工资
9	1009	业务部	罗拉	普工	2000	800	1700	50	350	4900	310	4590
序号	工号	部门	姓名	职位	基本工资	福利补贴	绩效奖金	全勤奖金	加班费	应发工资	社保代扣	实发工资
10	1010	业务部	李可	普工	2000	800	1500	50	200	4550	310	4240

图 3-18　员工工资条

技术点睛

1.新建一个工作表，在工作表内创建“员工工资条”工作表的表头。

2.运用Excel的VLOOKUP函数，跨工作表引用数据制作工资条。

3.在Excel的“打印”界面中，预览并打印员工工资条。

扫码看教学视频

3.2.1　创建员工工资条的表头

员工工资条既能保证员工自身利益，也能作为员工领取薪资的一个凭证。下面介绍创建“员工工资条”工作表表头的具体操作方法。

STEP 01 以上一个效果文件为例，在“员工工资管理表”的右侧单击“新工作表”按钮⊕，如图3-19所示。

STEP 02 执行操作后，即可创建一个新的工作表，将工作表的名称修改为“员工工资条”，如图3-20所示。

STEP 03 在表中输入员工工资条的表头信息，并适当调整表格的行高和列宽，效果如图3-21所示。

STEP 04 设置A1:M1单元格区域的“对齐方式”为“合并后居中”、“字体”为“黑体”、“字号”为“16”；设置A2:M2单元格区域的“对齐方式”为“居中”≡、“字体”为“加粗”**B**，效果如图3-22所示。

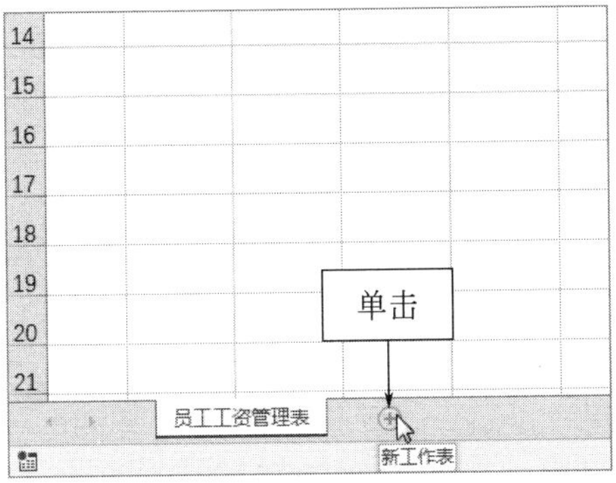

图 3-19 单击“新工作表”按钮

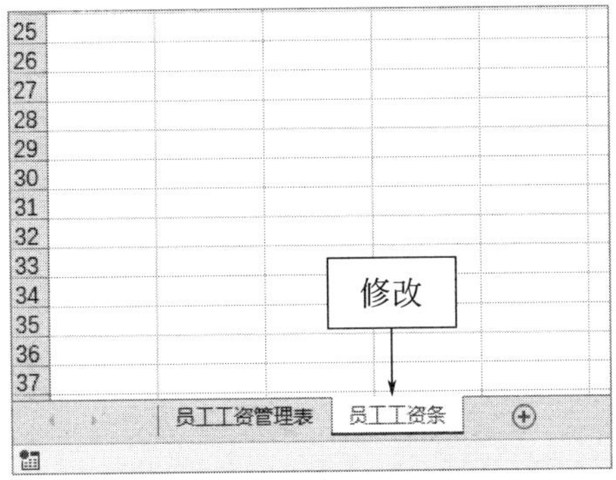

图 3-20 修改工作表名称

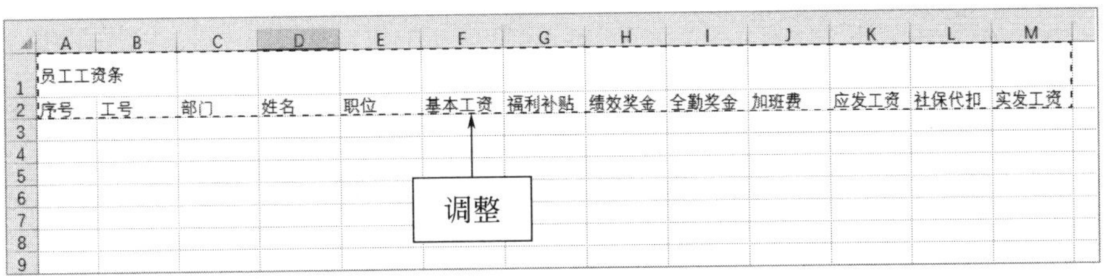

图 3-21 输入表头信息并调整行高和列宽

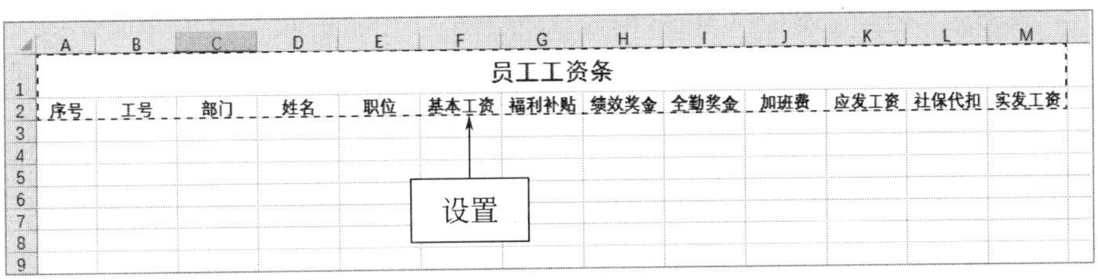

图 3-22 设置单元格格式后的效果

3.2.2 跨工作表引用数据制作工资条

扫码看教学视频

“员工工资条”是在“员工工资管理表”的基础上制作的，在制作“员工工资条”的时候可以直接引用“员工工资管理表”中的数据。下面介绍跨工作表引用数据制作工资条的具体操作方法。

STEP 01 在工作表中选择A3单元格，❶在单元格中输入数字1；❷选择B3单元格并在单元格中输入公式:=VLOOKUP($A3，员工工资管理表!$A$3:$N$12，COLUMN()，0)，如图3-23所示。

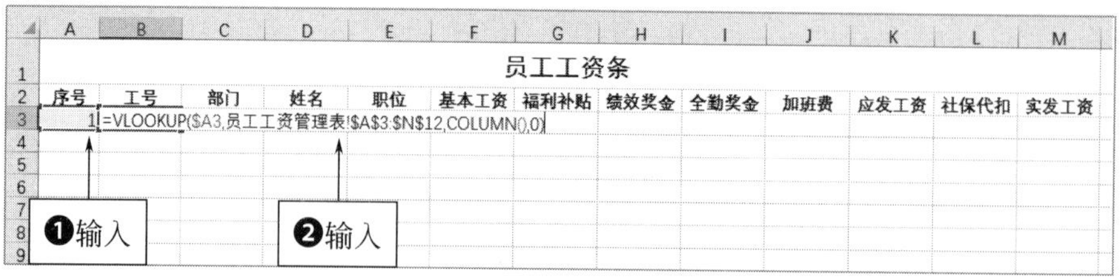

图 3-23　输入公式

STEP 02 按【Enter】键确认，此时B3单元格中显示数据1001，如图3-24所示。

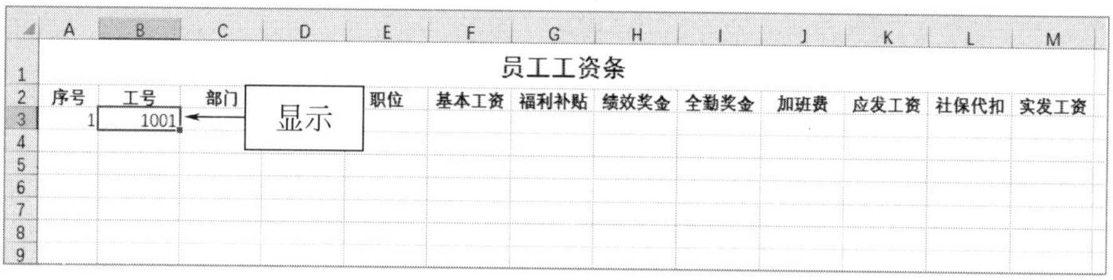

图 3-24　显示数据

STEP 03 将鼠标指针移至B3单元格右下角，当指针呈现**+**形状时，按住鼠标左键并向右拖曳至M3单元格，释放鼠标左键，即可填充第1行员工工资条的相应数据信息，效果如图3-25所示。

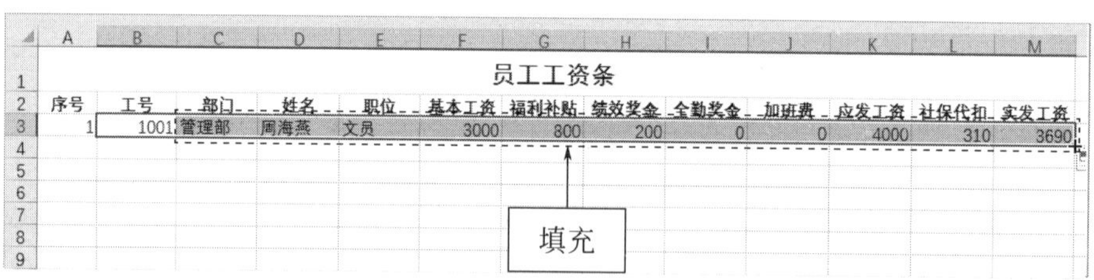

图 3-25　填充第 1 行员工工资条的相应数据信息

STEP 04 选择A2:M4单元格区域，添加框线效果，并设置单元格中相应的对齐方式，将鼠标指针移至M4单元格右下角，用上述方法填充其他员工工资条的信息，效果如图3-26所示。至此，完成跨工作表引用数据制作工资条的操作。

员工工资条												
序号	工号	部门	姓名	职位	基本工资	福利补贴	绩效奖金	全勤奖金	加班费	应发工资	社保代扣	实发工资
1	1001	管理部	周海燕	文员	3000	800	200	0	0	4000	310	3690
序号	工号	部门	姓名	职位	基本工资	福利补贴	绩效奖金	全勤奖金	加班费	应发工资	社保代扣	实发工资
2	1002	管理部	李连	助理	3000	800	200	50	0	4050	310	3740
序号	工号	部门	姓名	职位	基本工资	福利补贴	绩效奖金	全勤奖金	加班费	应发工资	社保代扣	实发工资
3	1003	管理部	罗玉凤	文员	3000	800	200	50	0	4050	310	3740
序号	工号	部门	姓名	职位	基本工资	福利补贴	绩效奖金	全勤奖金	加班费	应发工资	社保代扣	实发工资
4	1004	销售部	常远	普工	2000	800	1500	50	300	4650	310	4340
序号	工号	部门	姓名	职位	基本工资	福利补贴	绩效奖金	全勤奖金	加班费	应发工资	社保代扣	实发工资
5	1005	销售部	简晓玲	普工	2000	800	800	50	0	3650	310	3340
序号	工号	部门	姓名	职位	基本工资	福利补贴	绩效奖金	全勤奖金	加班费	应发工资	社保代扣	实发工资
6	1006	销售部	曾梦	普工	2000	800	200	0	0	3000	310	2690
序号	工号	部门	姓名	职位	基本工资	福利补贴	绩效奖金	全勤奖金	加班费	应发工资	社保代扣	实发工资
7	1007	销售部	张倩	普工	2000	800	900	0	200	3900	310	3590
序号	工号	部门	姓名	职位	基本工资	福利补贴	绩效奖金	全勤奖金	加班费	应发工资	社保代扣	实发工资
8	1008	业务部	安琪儿	普工	2000	800	1200	50	0	4050	310	3740
序号	工号	部门	姓名	职位	基本工资	福利补贴	绩效奖金	全勤奖金	加班费	应发工资	社保代扣	实发工资
9	1009	业务部	罗拉	普工	2000	800	1700	50	350	4900	310	4590
序号	工号	部门	姓名	职位	基本工资	福利补贴	绩效奖金	全勤奖金	加班费	应发工资	社保代扣	实发工资
10	1010	业务部	李可	普工	2000	800	1500	50	200	4550	310	4240

图3-26　填充其他员工工资条领取表的信息

3.2.3　预览并打印员工工资条

在Excel中，用户可以将制作好的员工工资条打印出来。下面介绍打印员工工资条的操作方法。

扫码看教学视频

STEP 01 在工作表的菜单栏中，单击"文件"命令，如图3-27所示。

STEP 02 进入"开始"界面，在左侧单击"打印"命令，进入"打印"界面，如图3-28所示。

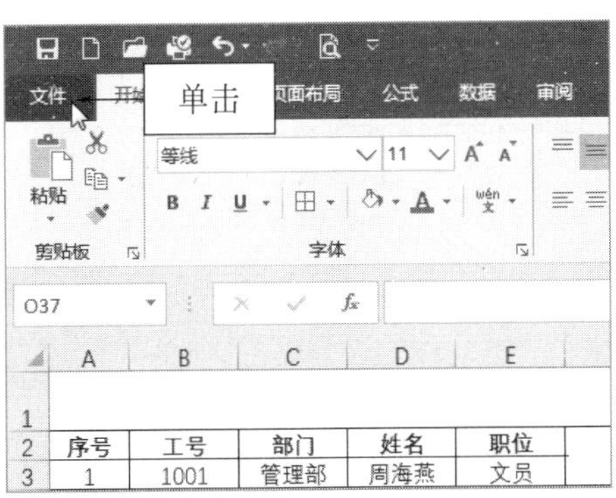

图3-27　单击"文件"命令

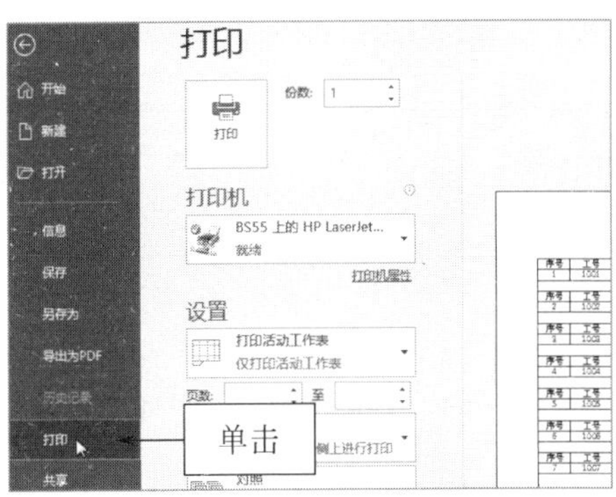

图3-28　单击"打印"命令

STEP 03 在“打印”界面的右侧可以预览查看需要打印的内容，如图3-29所示。通常软件默认的设置是纵向打印，可以看到员工工资条在纵向打印的设置下打印不完整。

STEP 04 在“设置”选项区中，❶单击“纵向”右侧的下拉按钮▼；❷在弹出的列表框中选择“横向”选项，如图3-30所示。

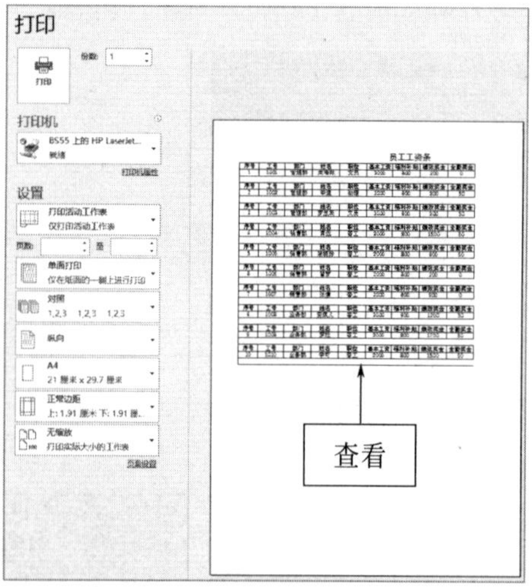

图3-29　预览查看打印内容

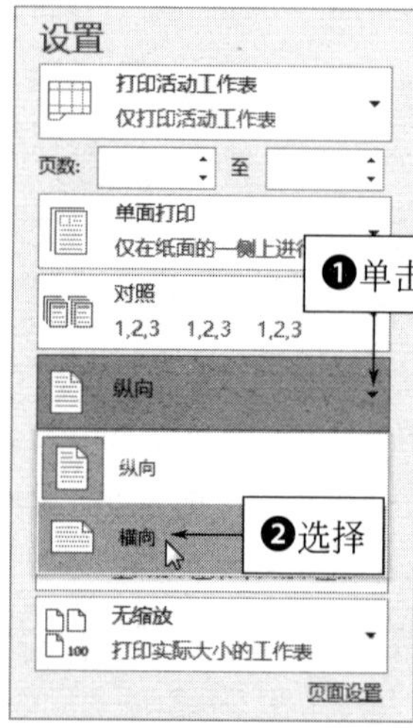

图3-30　选择“横向”选项

STEP 05 在预览页面右下角，单击“显示边距”按钮⊞，如图3-31所示。

STEP 06 执行操作后，即可在预览区域中显示页边距，如图3-32所示。

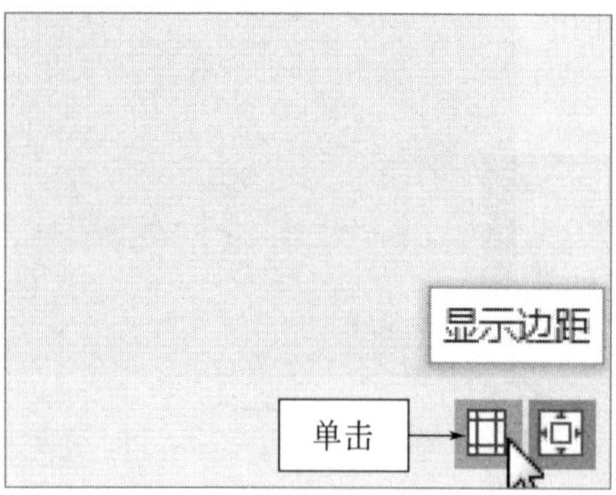

图3-31　单击“显示边距”按钮

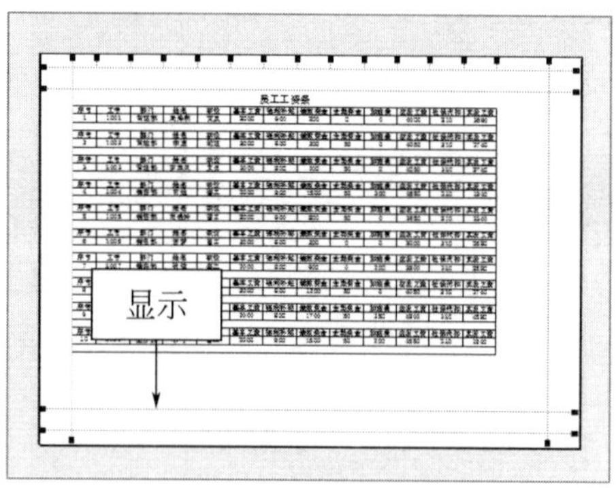

图3-32　显示页边距

STEP 07 将鼠标移至页边距的线上，此时鼠标将变成✚显示，拖曳页边距的线，即可调整工作表的打印位置，效果如图3-33所示。

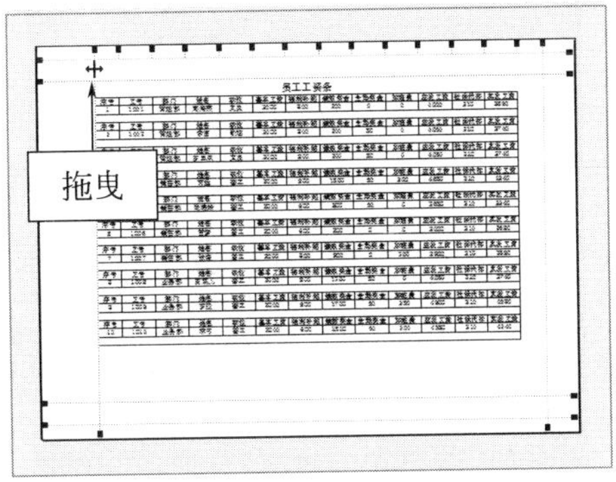

图 3-33　拖曳页边距的线

STEP 08　调整完成后，❶设置"份数"参数为3，表示打印3份；❷单击"打印"按钮，即可开始打印员工工资条，如图3-34所示。

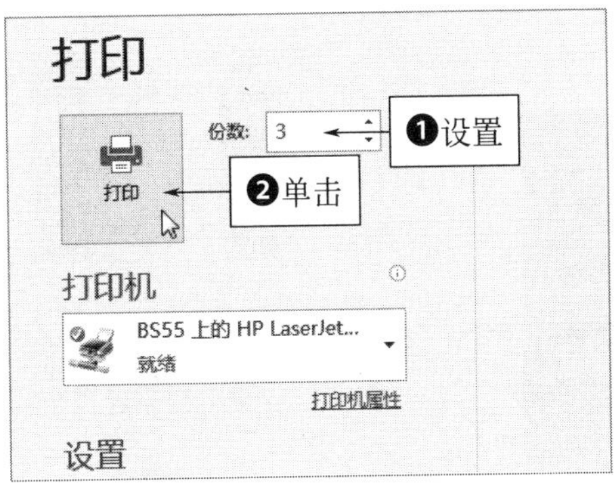

图 3-34　单击"打印"按钮

3.3 多角度分析工资数据

工资数据不仅仅是一份简简单单的工资条，员工工资的背后，呈现的是员工的业绩绩效、工作能力等。作为一名优秀的财务人员，要善于分析工资数据，了解企业内部的薪资趋势和特点，对员工工资进行复盘和汇总，从而为企业的薪资制度提供有效的建议和解决方案。

要想从多角度分析员工工资数据，可以从员工工资管理表着手。员工工资管理表中统计了员工的工资明细，用户可以合理运用Excel中的筛选、数据透视表、数据透视图、图表以及分类汇总等功能来分析数据。

效果欣赏

多角度分析工资数据的最终效果如图3-35所示。

员工工资管理表

序号	工号	部门	姓名	职位	基本工资	福利补贴	绩效奖金	全勤奖金	加班费	应发工资	社保代扣	实发工资
4	1004	销售部	常远	普工	2000	800	1500	50	300	4650	310	4340
8	1008	业务部	安琪儿	普工	2000	800	1200	50	0	4050	310	3740
9	1009	业务部	罗拉	普工	2000	800	1700	50	350	4900	310	4590
10	1010	业务部	李可	普工	2000	800	1500	50	200	4550	310	4240

筛选分析工资数据

行标签	求和项:实发工资
管理部	11170
销售部	13960
业务部	12570
总计	**37700**

使用数据透视表分析工资数据

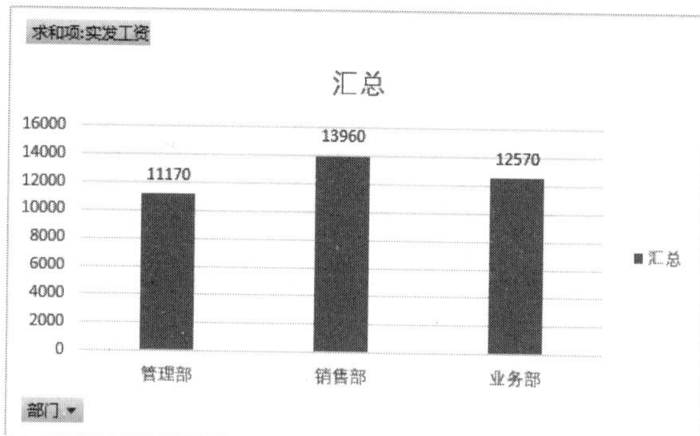

使用数据透视图分析工资数据

图3-35　多角度分析工资数据

技术点睛

1. 在“员工工资管理表”中，使用“筛选”功能分析员工工资数据。
2. 在Excel中，使用数据透视表分析员工工资数据。
3. 在Excel中，使用数据透视图分析员工工资数据。

扫码看教学视频

3.3.1　筛选分析员工工资数据

在Excel中，可以使用“筛选”功能来查看员工的工资数据，以及分析普工职位中业绩较好的员工有哪些。下面介绍具体的操作方法。

STEP 01 以3.1中“员工工资管理表”的效果文件为例，在工作表的名称上单击鼠标右键，在弹出的快捷菜单中，选择“移动或复制”选项，如图3-36所示。

STEP 02 弹出“移动或复制工作表”对话框，❶在“下列选定工作表之前”选项区中选择“(移至最后)”选项；❷选中“建立副本”复选框；❸单击“确定”按钮，如图3-37所示。

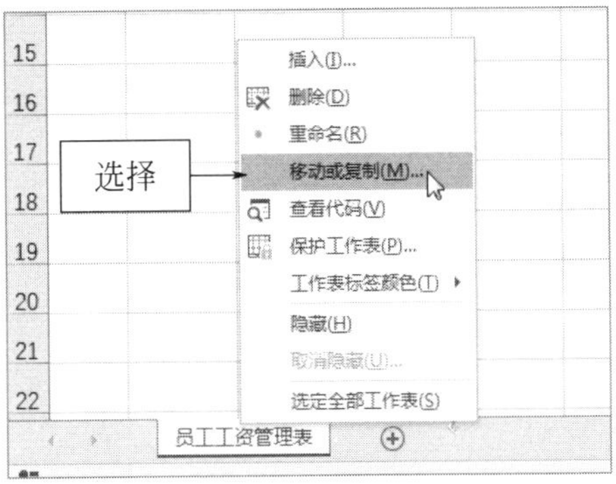

图3-36　选择“移动或复制”选项

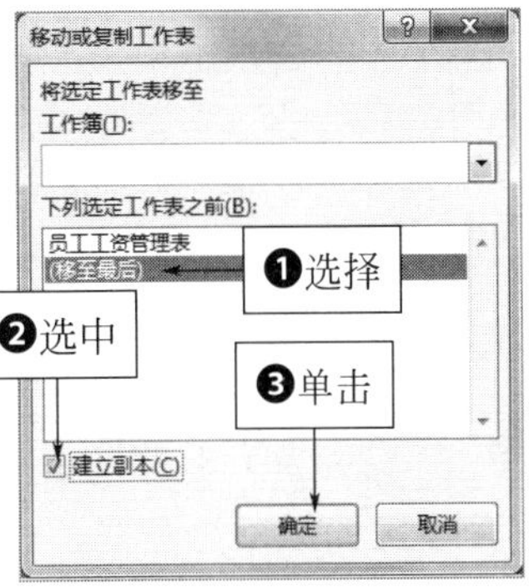

图3-37　单击“确定”按钮（1）

STEP 03 执行操作后，即可复制一个“员工工资管理表（2）”工作表，将复制的工作表重新命名为“筛选分析”，效果如图3-38所示。

STEP 04 在工作表的表头中选择任意一个单元格，❶切换至“数据”功能区；❷在“排序和筛选”面板中单击“筛选”按钮，如图3-39所示。

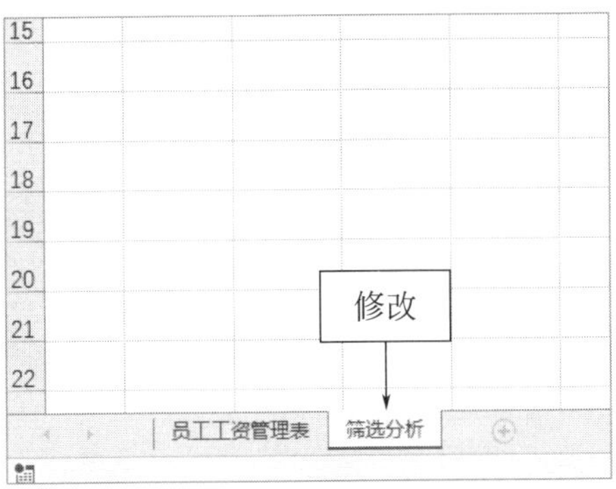

图3-38　重新命名复制的工作表

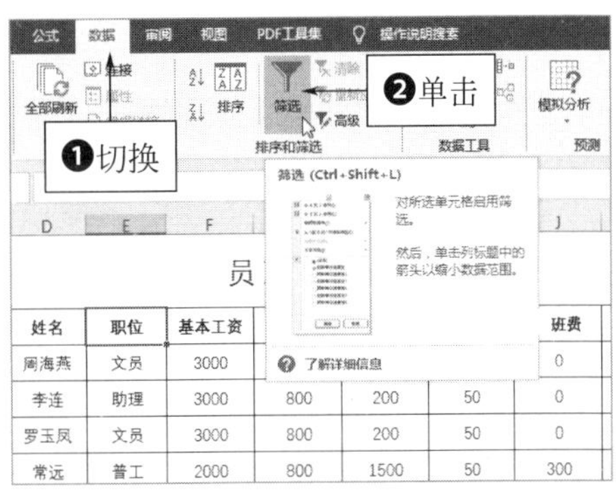

图3-39　单击“筛选”按钮

STEP 05 执行操作后，即可在表头单元格中生成一个下拉按钮▼，调整表头行高为55，使表头内容和下拉按钮都能完整显示，效果如图3-40所示。

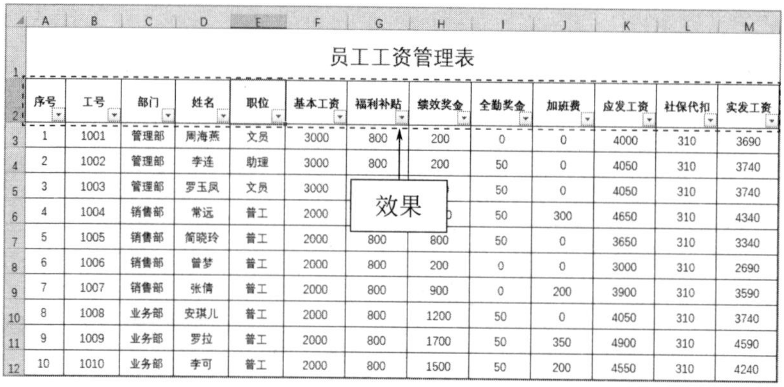

员工工资管理表												
序号	工号	部门	姓名	职位	基本工资	福利补贴	绩效奖金	全勤奖金	加班费	应发工资	社保代扣	实发工资
1	1001	管理部	周海燕	文员	3000	800	200	0	0	4000	310	3690
2	1002	管理部	李连	助理	3000	800	200	50	0	4050	310	3740
3	1003	管理部	罗玉凤	文员	3000	[illegible]	[illegible]	50	0	4050	310	3740
4	1004	销售部	常远	普工	2000	[illegible]	[illegible]	50	300	4650	310	4340
5	1005	销售部	简晓玲	普工	2000	800	800	50	0	3650	310	3340
6	1006	销售部	曾梦	普工	2000	800	200	0	0	3000	310	2690
7	1007	销售部	张倩	普工	2000	800	900	0	200	3900	310	3590
8	1008	业务部	安琪儿	普工	2000	800	1200	50	0	4050	310	3740
9	1009	业务部	罗拉	普工	2000	800	1700	50	350	4900	310	4590
10	1010	业务部	李可	普工	2000	800	1500	50	200	4550	310	4240

图 3-40　添加下拉按钮并调整表头行高后的效果

专家提醒

表头中的下拉按钮▾虽然是通过单击“筛选”按钮才生成的，但它不仅可以筛选数据，还可以用来排序。

STEP 06　❶单击“职位”单元格中的下拉按钮▾；❷在弹出的列表框中取消选中“(全选)”复选框；❸再选中“普工”复选框；❹单击“确定”按钮，如图3-41所示。

STEP 07　执行操作后，即可在工作表中筛选出职位是普工的员工工资数据，效果如图3-42所示。

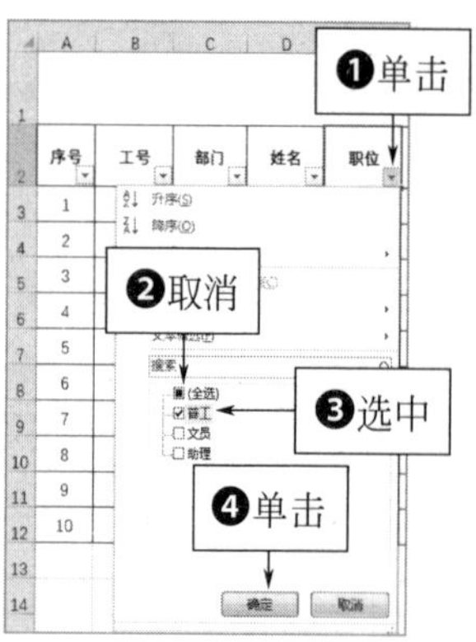

图 3-41　单击“确定”按钮（2）

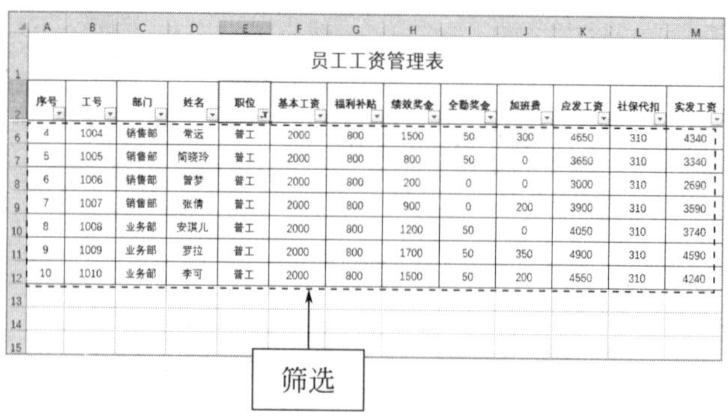

员工工资管理表												
序号	工号	部门	姓名	职位	基本工资	福利补贴	绩效奖金	全勤奖金	加班费	应发工资	社保代扣	实发工资
4	1004	销售部	常远	普工	2000	800	1500	50	300	4650	310	4340
5	1005	销售部	简晓玲	普工	2000	800	800	50	0	3650	310	3340
6	1006	销售部	曾梦	普工	2000	800	200	0	0	3000	310	2690
7	1007	销售部	张倩	普工	2000	800	900	0	200	3900	310	3590
8	1008	业务部	安琪儿	普工	2000	800	1200	50	0	4050	310	3740
9	1009	业务部	罗拉	普工	2000	800	1700	50	350	4900	310	4590
10	1010	业务部	李可	普工	2000	800	1500	50	200	4550	310	4240

图 3-42　筛选出职位是普工的员工工资数据

STEP 08　❶单击“绩效奖金”单元格中的下拉按钮▾；❷在弹出的列表框中选择“数字筛选”下的“大于或等于”选项，如图3-43所示。

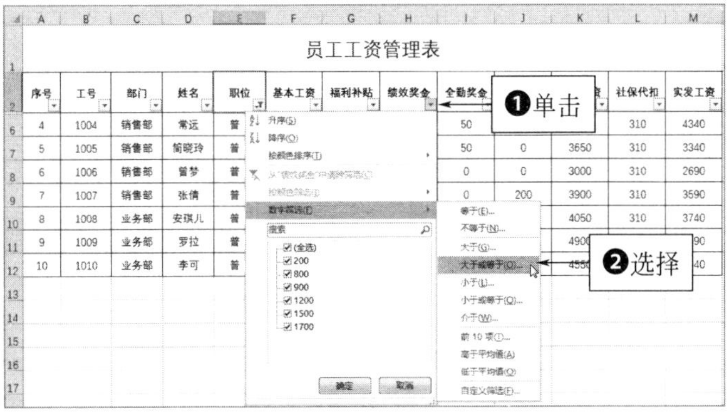

图3-43　选择“大于或等于”选项

STEP 09　弹出“自定义自动筛选方式”对话框，❶在“大于或等于”右侧的文本框中输入条件参数1000；❷单击“确定”按钮，如图3-44所示。

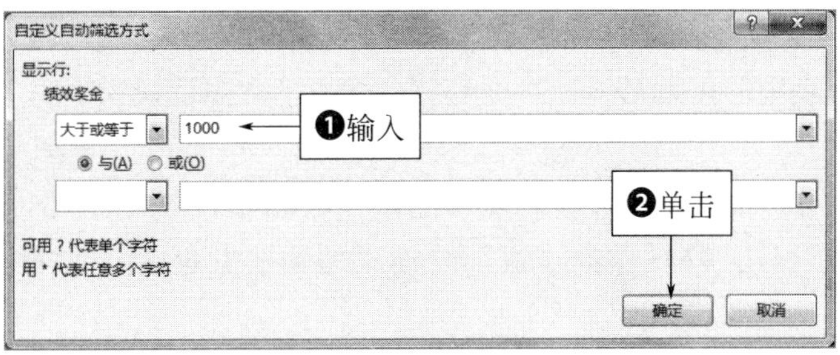

图3-44　单击“确定”按钮（3）

STEP 10　执行操作后，即可在工作表中筛选出普工职位中绩效奖金在1000以上的员工工资数据，效果如图3-45所示。

图3-45　筛选出普工职位中绩效奖金在1000以上的员工工资数据

3.3.2 使用数据透视表分析工资数据

扫码看教学视频

在Excel中，使用数据透视表可以快速统计各部门的员工工资总额、分析各部门的人力资源成本数据。下面介绍使用数据透视表分析工资数据的操作方法。

STEP 01 在“员工工资管理表”中选中任意一个单元格，在“插入”功能区的“表格”面板中，单击“数据透视表”按钮，如图3-46所示。

STEP 02 弹出“创建数据透视表”对话框，选中“新工作表”单选按钮，如图3-47所示。

STEP 03 单击“确定”按钮，系统会自动新建一个工作表，选择数据透视表中的单元格，在界面右侧会弹出“数据透视表字段”面板，如图3-48所示。

图 3-46 单击“数据透视表”按钮

STEP 04 在“数据透视表字段”面板中，❶依次选中“部门”和“实发工资”复选框；❷选中的字段会自动添加到下方对应的区域中，如图3-49所示。

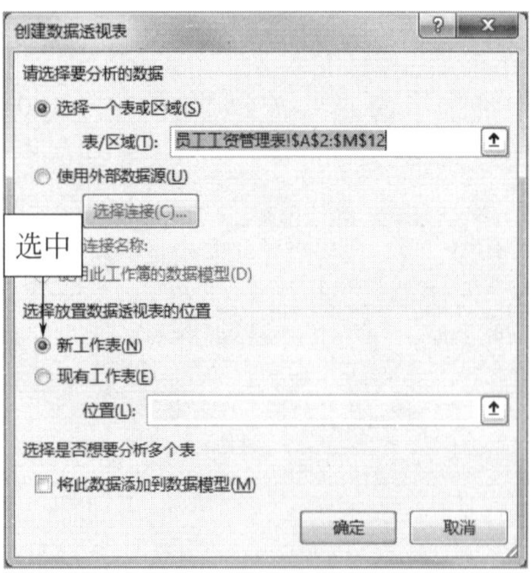

图 3-47 选中“新工作表”单选按钮

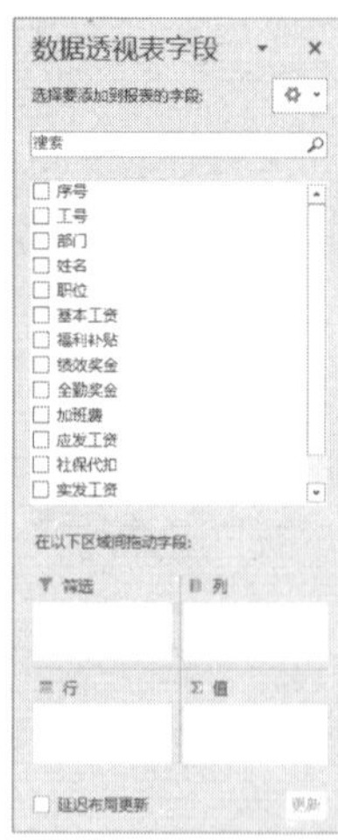

图 3-48 弹出“数据透视表字段”面板

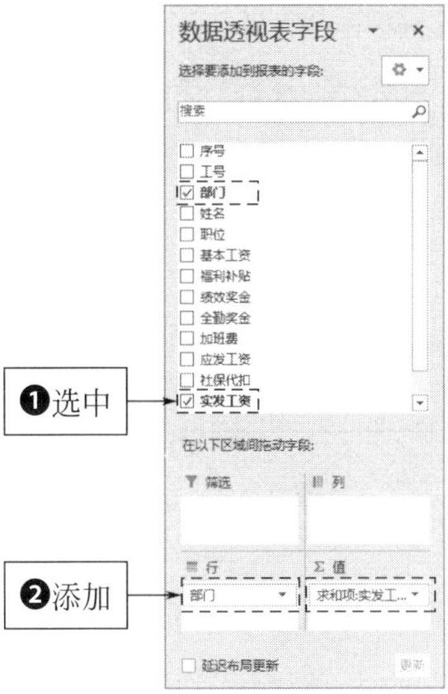

图 3-49　自动添加字段

STEP 05　执行操作后，即可以数据表的方式统计分析各部门的员工工资数据，效果如图3-50所示。

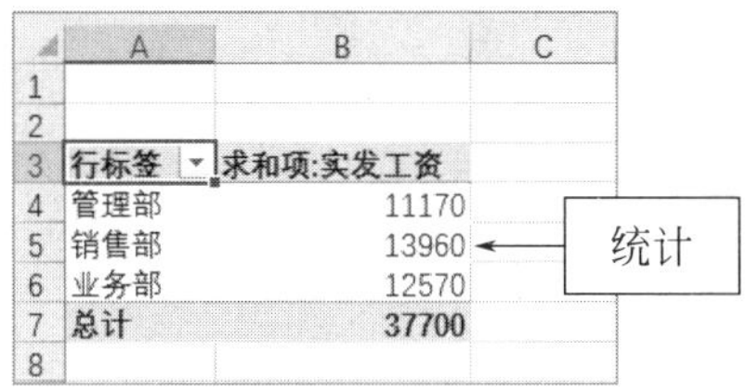

	A	B	C
1			
2			
3	行标签	求和项:实发工资	
4	管理部	11170	
5	销售部	13960	
6	业务部	12570	
7	总计	37700	
8			

图 3-50　统计分析各部门的员工工资数据

3.3.3　使用图表分析工资数据

在Excel中，可以插入与数据透视表中数据相绑定的数据透视图，用图表的方式来分析员工工资数据。下面介绍具体的操作方法。

扫码看教学视频

STEP 01　以3.3.2节中的效果图为基础，在“分析”功能区的“工具”面板中，单击“数据透视图”按钮，如图3-51所示。

STEP 02　弹出“插入图表”对话框，保持默认选择的“簇状柱形图”，单击“确定”按钮，如图3-52所示。

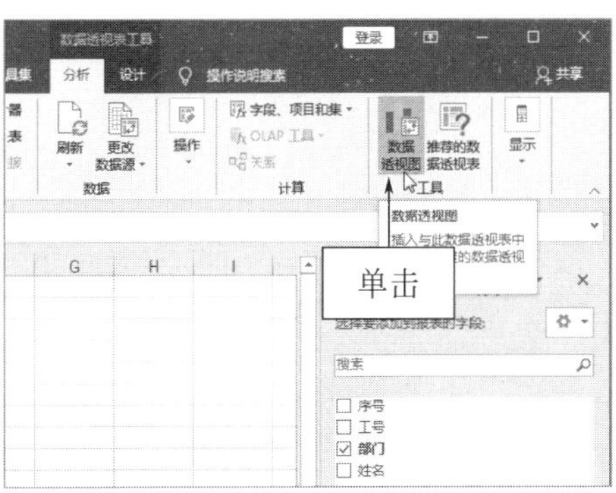

图 3-51　单击“数据透视图”按钮

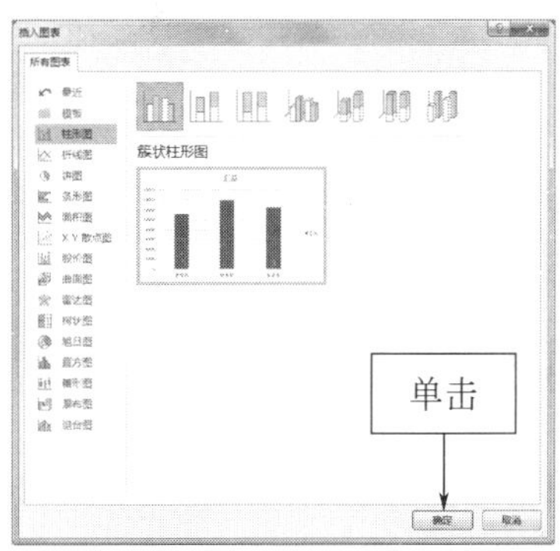

图 3-52　单击“确定”按钮

STEP 03 执行操作后，即可创建一个数据透视图，效果如图3-53所示。

STEP 04 ❶单击图表右侧的“图表元素”按钮；❷在弹出的列表框中选中“数据标签”复选框，如图3-54所示。

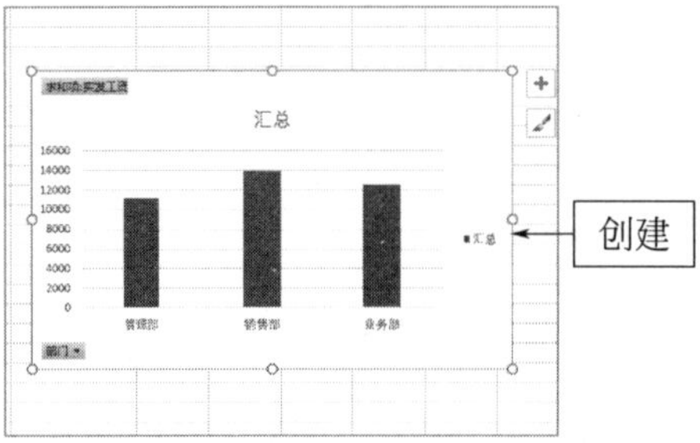

图3-53 创建一个数据透视图

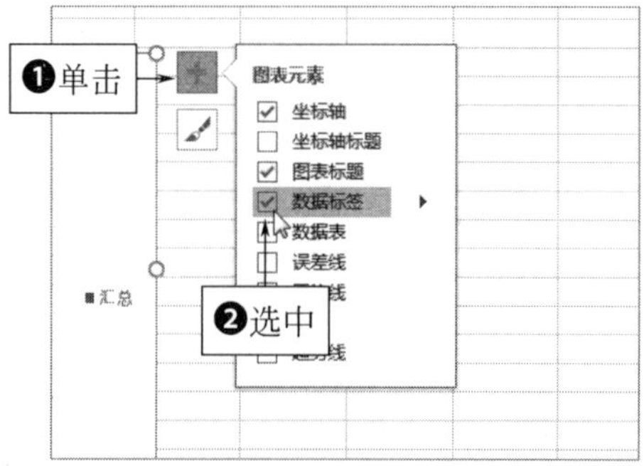

图3-54 选中“数据标签”复选框

STEP 05 执行操作后，即可在图表的图柱上显示各部门的员工工资汇总数据，效果如图3-55所示。

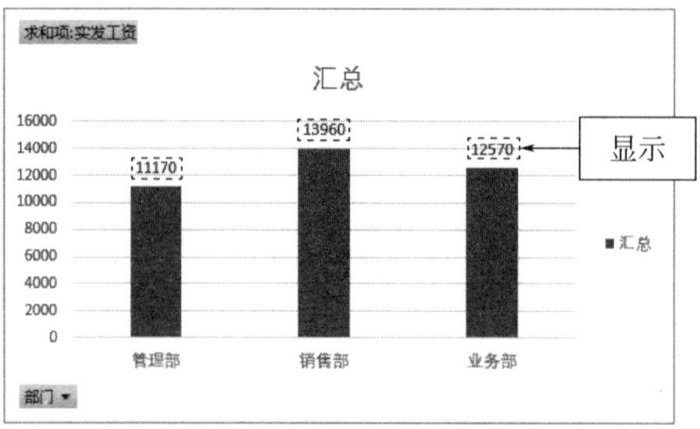

图3-55 在图表上显示汇总数据

第4章

记账：日常凭证的填制与汇总

记账凭证是会计专业术语，是财务部门用来登记账簿、记录经济业务与账单明细的记账依据，财务人员需要严格按照规定的格式和内容进行记账凭证的填制。本章主要提供了记账凭证的相关表格，详细介绍了使用Excel 2016软件填制记账凭证、汇总记账凭证以及登记日记账的技巧，希望读者熟练掌握本章内容。

4.1 填制记账凭证

填制记账凭证是财务人员的重要工作之一。记账凭证是财务人员作为记账依据的凭证，可以用来填制收款和付款明细、登记账簿，以及对收货单、发货单、收据、支票等原始凭证进行汇总统计。填制记账凭证要在原始凭证审核无误后进行，其次记账凭证的内容要完整、分类要正确，且记账凭证的编号应该连续，以确保填制内容不会出错。

本实例主要介绍“记账凭证”的制作流程和具体方法。

效果欣赏

“记账凭证”的最终效果如图4-1所示。

记 账 凭 证

凭证编号：000001　　填制日期：2021/10/20

内容摘要	科目代码	科目名称	借方金额	贷方金额
给员工购买的福利礼品	1510	管理费用	¥ 2,300.00	
给员工购买的福利礼品	1201	库存现金		¥ 2,300.00
合计			¥ 2,300.00	¥ 2,300.00

财务主管：　记账：　出纳：　审核：

图4-1　记账凭证

技术点睛

1. 在Excel中，创建记账凭证工作表，输入标题、表头等内容，调整工作表的行高与列宽，设置表格格式。

2. 在记账凭证工作表中，设置单元格的数字格式。

3. 在记账凭证工作表中，填制记账凭证相关内容。

4.1.1　创建记账凭证

扫码看教学视频

记账凭证通常包括凭证编号、填制日期、内容摘要、科目代码、科目名称、借方金额、贷方金额以及财务主管、记账、出纳、审核等有关人员的签名或盖章等内容。在Excel中创建记账凭证，应具备以上所述的基本信息。下面介绍具体的操作方法。

STEP 01　在Excel中，创建一个名称为“记账凭证”的工作表，并在工作表中输入相应的标题和表头等内容，效果如图4-2所示。

图4-2　输入表单内容

STEP 02　在工作表中调整行高、列宽、对齐方式以及字体格式等，并为工作表添加边框线和背景颜色，效果如图4-3所示。

图4-3　调整表格格式效果

4.1.2 设置单元格的数字格式

扫码看教学视频

记账凭证工作表创建完成后，应根据需要，为单元格中的数字设置相应的格式。例如，凭证编号大都是以0开头的一串数字，当单元格为默认的格式时，直接输入以0开头的编号后，只会显示0以后的数字，不会完整地显示编号，因此用户需要重新设置单元格的数字格式。下面向大家介绍在记账凭证工作表中设置单元格数字格式的具体操作方法。

STEP 01 在工作表中，选择C2单元格，如图4-4所示。

STEP 02 按【Ctrl＋1】组合键，弹出“设置单元格格式”对话框，❶在“数字”选项卡的“分类”列表中选择“自定义”选项；❷在“类型”下方的文本框中输入000000，如图4-5所示。

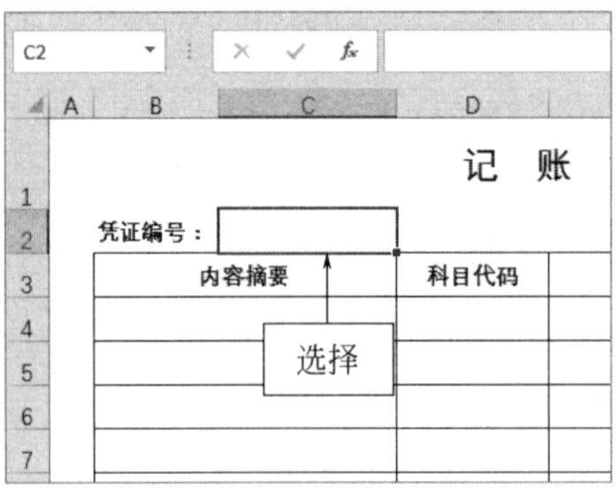

图4-4 选择C2单元格

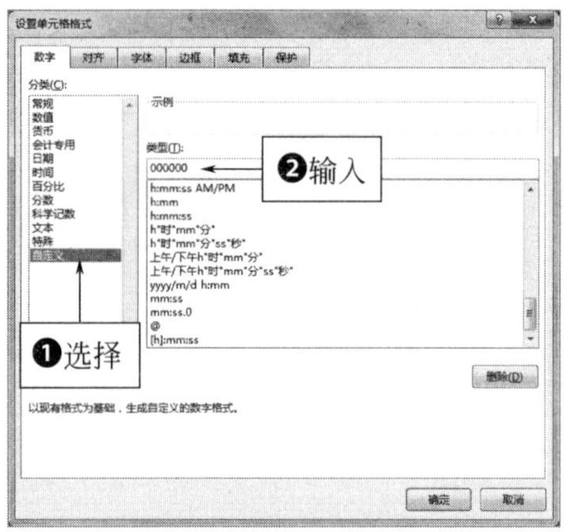

图4-5 输入000000

专家提醒

在“类型”下方的文本框中输入相应内容，会以现有格式为基础，生成自定义的数字格式。例如，在文本框中输入0000，返回工作表，在单元格中输入1，按回车键确认后，单元格会自动生成以0开头的数字0001；在单元格中输入15，则会生成数字0015。

STEP 03 单击“确定”按钮，返回工作表，在C2单元格中输入以0开头的凭证编号，效果如图4-6所示。

STEP 04 在工作表中，选择G2单元格，在其中输入日期10/20，如图4-7所示。

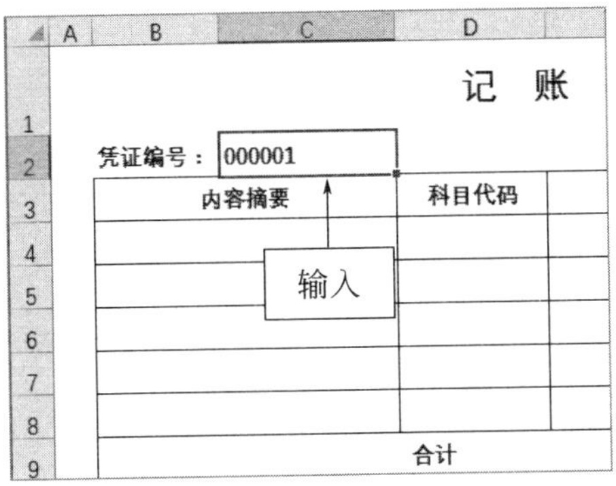

图 4-6 输入以 0 开头的凭证编号

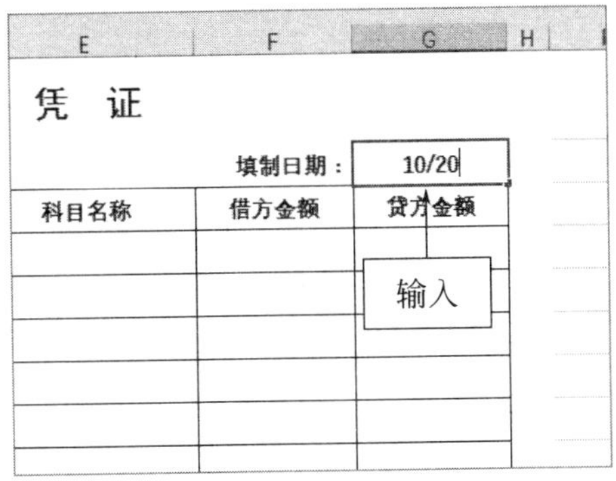

图 4-7 输入日期

STEP 05 按回车键确认后，单元格中的日期会自动变为“10月20日”，效果如图4-8所示。

STEP 06 在“开始”功能区的“数字”面板中，❶单击“数字格式”下拉按钮；❷在弹出的列表框中选择“短日期”选项，如图4-9所示。

图 4-8 自动更改日期格式

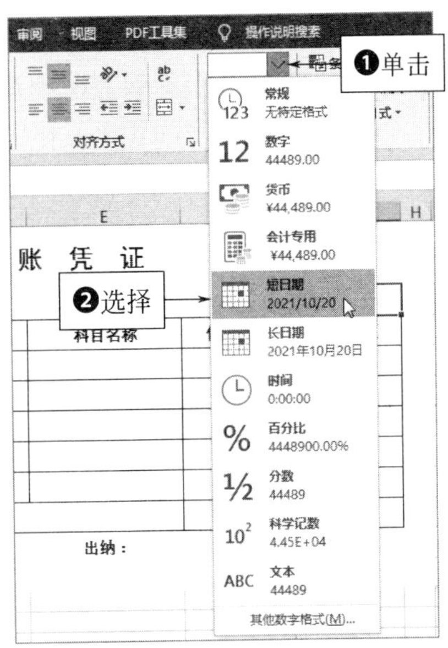

图 4-9 选择“短日期”选项

STEP 07 执行操作后，G2单元格中的日期会变为2021/10/20，效果如图4-10所示。

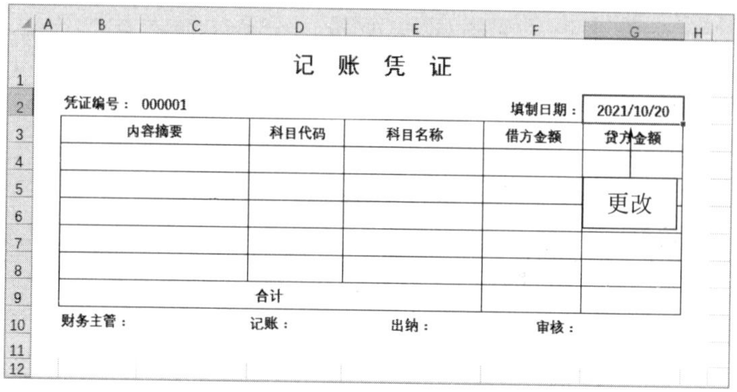

图 4-10　更改日期格式效果

专家提醒

如果用户需要填制的日期格式不需要显示年份，可以调出“设置单元格格式”对话框，在“数字”选项卡的“分类”列表中选择“日期”选项，在“类型”下方的列表框中选择一个不显示年份的日期值即可。

STEP 08　在工作表中，选择F4:G9单元格区域，如图4-11所示。

STEP 09　在“开始”功能区的“数字”面板中，❶单击“数字格式”下拉按钮；❷在弹出的列表框中选择“会计专用”选项，如图4-12所示。执行操作后，即可将F4:G9单元格区域的数字设置为会计专用格式。

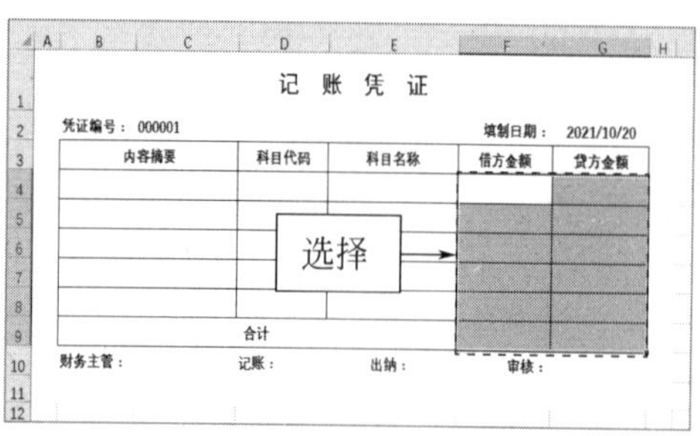

图 4-11　选择 F4:G9 单元格区域

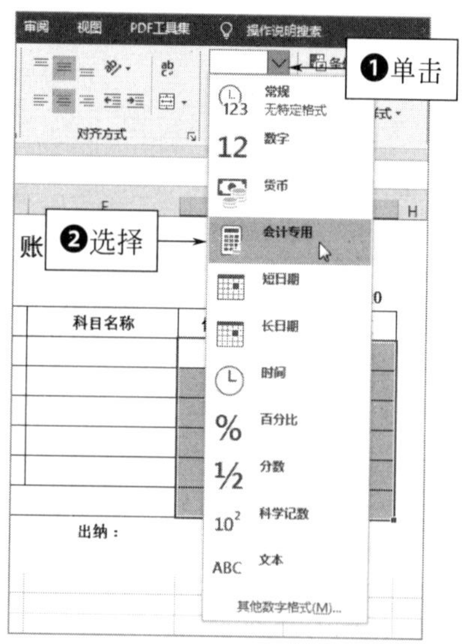

图 4-12　选择“会计专用”选项

4.1.3　填制记账凭证相关内容

扫码看教学视频

单元格的数据格式设置完成后，即可根据审核通过的原始凭证在记账凭证工作表中填制相关内容，并对借方金额和贷方金额进行求和统计。下面介绍具体的操作方法。

STEP 01　在工作表中，输入对应的内容摘要、科目代码、科目名称、借方金额以及贷方金额等，效果如图4-13所示。

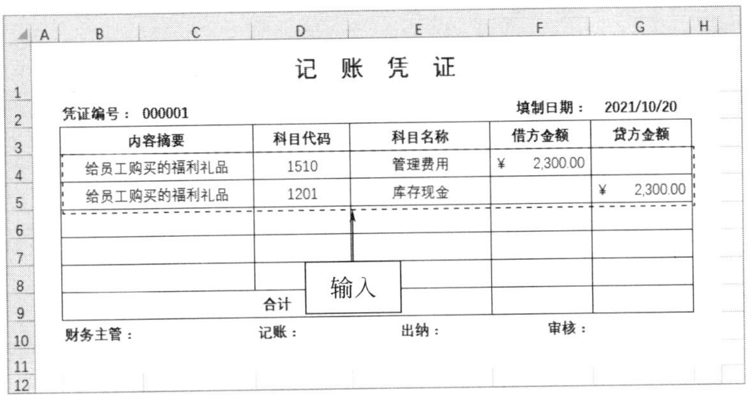

图4-13　输入对应的相关内容

STEP 02　选择F9:G9单元格区域，按【Alt＋=】组合键，即可快速求和，效果如图4-14所示。

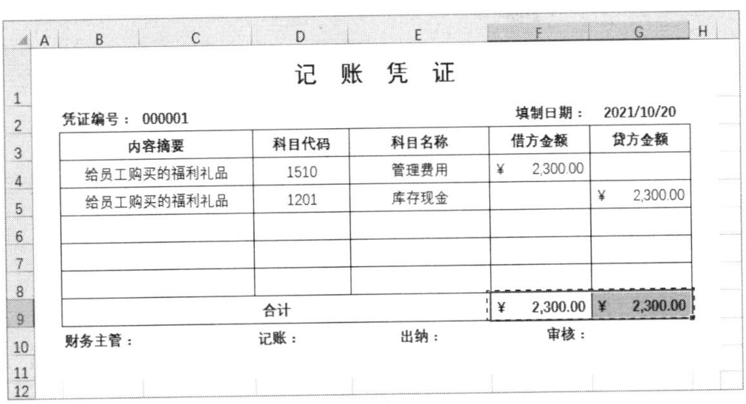

图4-14　快速求和

4.2 汇总记账凭证

填制记账凭证后，财务人员需要将各个记账凭证单汇总到新的工作表中，即记账凭证汇总表，此表有利于财务部门在月底或年底的时候做总账分析报告，因此汇总记账凭证对于财务人员来说也非常重要。

本实例主要介绍“记账凭证汇总表”的制作流程和具体方法。

效果欣赏

“记账凭证汇总表”的最终效果如图4-15所示。

记账凭证汇总表						
凭证编号	**填制日期**	**内容摘要**	**科目代码**	**科目名称**	**借方金额**	**贷方金额**
000001	2021/10/20	给员工购买的福利礼品	1510	管理费用	¥ 2,300.00	
000001	2021/10/20	给员工购买的福利礼品	1201	库存现金		¥ 2,300.00
000015	2021/10/25	购买不锈钢原材料	1120	原材料采购	¥ 35,000.00	
000015	2021/10/25	购买不锈钢原材料	1008	应缴税费	¥ 1,050.00	
000015	2021/10/25	购买不锈钢原材料	1203	银行存款		¥ 36,050.00
合计					**¥36,050.00**	**¥36,050.00**
财务主管：		**记账：**		**出纳：**	**审核：**	

图4-15 记账凭证汇总表

技术点睛

1.在Excel中，创建记账凭证汇总表，输入标题、表头等内容，调整工作表的行高与列宽，设置表格格式。

2.在记账凭证汇总表中，填制各个记账凭证工作表中的内容，并进行统计计算处理。

3.在记账凭证汇总表中的空单元格区域处，通过插入形状的方法绘制斜线。

4.2.1　创建记账凭证汇总表

扫码看教学视频

记账凭证汇总表是以记账凭证表中的数据为原始凭证编制而成，因此记账凭证表中具备的基本信息，记账凭证汇总表同样需要具备。下面介绍创建记账凭证汇总表的操作方法。

STEP 01 在Excel中，创建一个名称为“记账凭证汇总表”的工作表，并在工作表中输入相应的标题和表头等内容，效果如图4-16所示。

图4-16　输入表单内容

STEP 02 在工作表中调整行高、列宽、对齐方式以及字体格式等，并为工作表添加边框线、调整单元格数据格式，效果如图4-17所示。

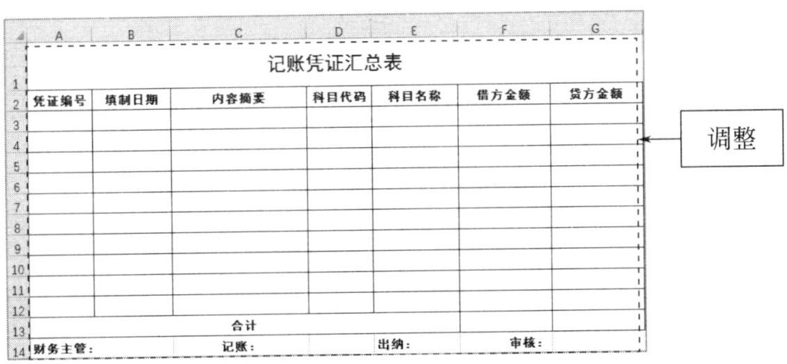

图4-17　调整表格格式效果

4.2.2　统计各个记账凭证

扫码看教学视频

创建记账凭证汇总表后，即可在其中填制各个记账凭证工作表中的内容，并使用【Alt＋=】组合键进行合计计算。下面介绍具体的操作方法。

STEP 01 在工作表中，输入对应的凭证编号、填制日期、内容摘要、科目代码、科目名称、借方金额以及贷方金额等，效果如图4-18所示。

图 4-18　输入对应的相关内容

STEP 02 选择F13:G13单元格区域，按【Alt＋=】组合键，即可快速求和，效果如图4-19所示。

图 4-19　快速求和

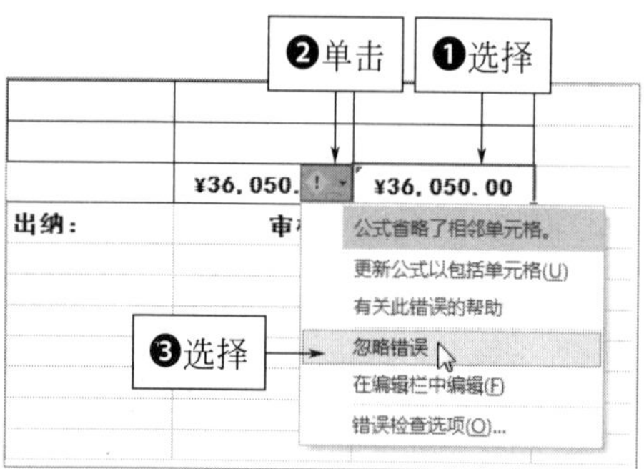

图 4-20　选择“忽略错误”选项

STEP 03 在G13单元格中左上角有一个三角形的图标◤，❶选择G13单元格；❷单击单元格左侧的下三角按钮 ! ▾；❸在弹出的列表框中选择“忽略错误”选项，如图4-20所示。

STEP 04 执行上述操作后，即可将G13单元格中的三角形图标清除，效果如图4-21所示。

记账凭证汇总表						
凭证编号	填制日期	内容摘要	科目代码	科目名称	借方金额	贷方金额
000001	2021/10/20	给员工购买的福利礼品	1510	管理费用	¥ 2,300.00	
000001	2021/10/20	给员工购买的福利礼品	1201	库存现金		¥ 2,300.00
000015	2021/10/25	购买不锈钢原材料	1120	原材料采购	¥ 35,000.00	
000015	2021/10/25	购买不锈钢原材料	1008	应缴税费	¥ 1,050.00	
000015	2021/10/25	购买不锈钢原材料	1203	银行存款		¥ 36,050.00
合计					¥36,050.00	¥36,050.00
财务主管：		记账：		出纳：	审核：	

图4-21　清除三角形图标效果

4.2.3　在空表格区域绘制斜线

当工作表中的内容填制完成后，在剩余的空白单元格区域上，可以绘制一条斜线，表示不再使用该单元格区域。下面介绍具体的操作方法。

扫码看教学视频

STEP 01　在“插入”功能区的“插图”面板中，❶单击“形状”下拉按钮；❷在弹出的列表框中单击“线条”选项区中的“直线”按钮，如图4-22所示。

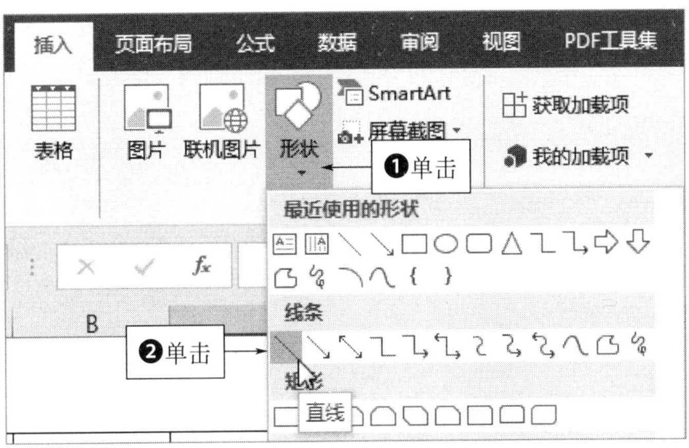

图4-22　单击“直线”按钮

STEP 02　此时鼠标指针呈十形状，在工作表中移动鼠标指针确认线条的起始点，如图4-23所示。

图 4-23　移动鼠标指针确认线条的起始点

STEP 03　在确认的起始点位置处，按住鼠标左键并拖曳，在结束位置处释放鼠标左键，即可绘制线条，效果如图4-24所示。

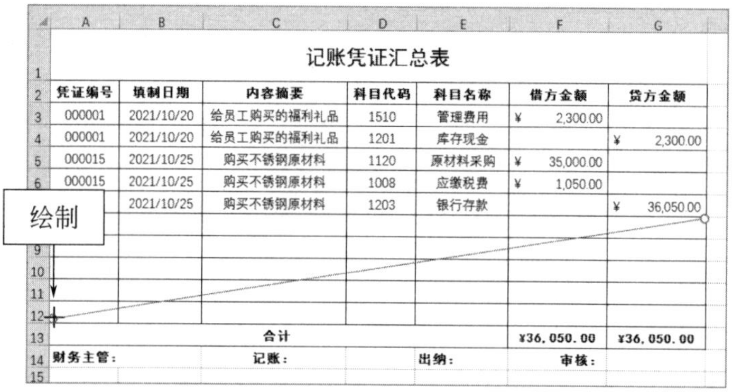

图 4-24　绘制线条

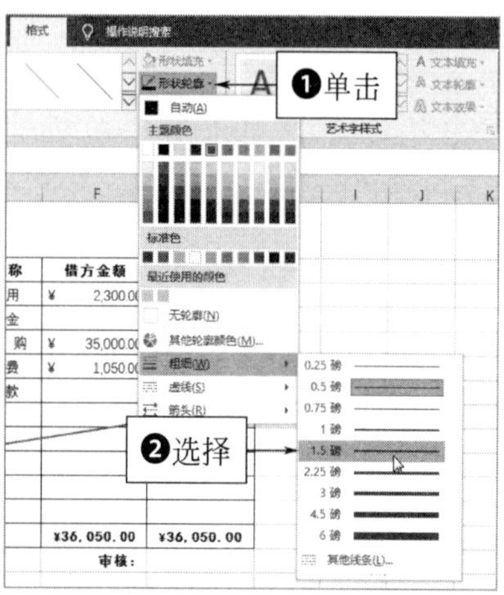

图 4-25　选择“1.5 磅”选项

STEP 04　在“格式”功能区的“形状样式”面板中，❶单击“形状轮廓”下拉按钮；❷在弹出的列表框中选择“粗细”下的“1.5磅”选项，如图4-25所示。

STEP 05　执行操作后，即可设置线条的轮廓粗细，最终效果如图4-26所示。

	A	B	C	D	E	F	G
1	记账凭证汇总表						
2	凭证编号	填制日期	内容摘要	科目代码	科目名称	借方金额	贷方金额
3	000001	2021/10/20	给员工购买的福利礼品	1510	管理费用	¥ 2,300.00	
4	000001	2021/10/20	给员工购买的福利礼品	1201	库存现金		¥ 2,300.00
5	000015	2021/10/25	购买不锈钢原材料	1120	原材料采购	¥ 35,000.00	
6	000015	2021/10/25	购买不锈钢原材料	1008	应缴税费	¥ 1,050.00	
7	000015	2021/10/25	购买不锈钢原材料	1203	银行存款		¥ 36,050.00
8							
9							
10							
11							
12							
13	合计					¥36,050.00	¥36,050.00
14	财务主管：		记账：		出纳：	审核：	
15							

图 4-26　最终效果

4.3 ／ 登记日记账

日记账是按时间顺序一笔一笔登记的某一类型的经济业务，例如现金日记账、银行存款日记账等。和记账凭证汇总表一样，日记账中登记的账目也来源于记账凭证。日记账可以用来看账、报账和用账，因此在登记日记账时，务必要做到按时逐笔登记、数字真实、摘要简明、内容完备、不漏记、重记以及错记。

本实例主要介绍“现金日记账”的制作流程和具体方法。

效果欣赏

“现金日记账”的最终效果如图4-27所示。

现金日记账							
日期	凭证编号	凭证类型	内容摘要	科目名称	借方金额	贷方金额	结存金额
2021/10/1			期初余额				¥ 10,000.00
2021/10/1	000013	现付	购买办公室绿植	管理费用		¥ 350.00	¥ 9,650.00
2021/10/2	000014	现付	业务张三借差旅费	其他应收款		¥ 1,250.00	¥ 8,400.00
2021/10/3	000015	现收	业务张三交回差旅费余款	其他应收款	¥ 250.00		¥ 8,650.00
2021/10/4	000016	现付	购买铝原材料	原材料采购		¥ 5,000.00	¥ 3,650.00
2021/10/5	000017	现收	半成品出售	营业收入	¥ 2,000.00		¥ 5,650.00
2021/10/6	000018	现收	废料出售	营业外收入	¥ 500.00		¥ 6,150.00
汇总					¥ 2,750.00	¥ 6,600.00	¥ 6,150.00

图 4-27　现金日记账

技术点睛

1.在Excel中，创建现金日记账工作表，输入标题、表头等内容，调整工作表的行高与列宽，设置表格格式，并输入日记账数据内容。

2.在现金日记账工作表中汇总计算结存金额，并设置货币的字体、颜色等格式。

3.在Excel中，为现金日记账工作表设置边框。

4.3.1 输入日记账数据内容

扫码看教学视频

制作现金日记账，可以反映出企业现金的增减变化，提高财务工作的质量，还能正确计算现金收付和结存状况。制作现金日记账，首先要创建现金日记账工作表，待工作表创建完成后，即可在其中输入日记账数据内容。下面介绍具体的操作方法。

STEP 01 在Excel中，创建一个名称为“现金日记账”的工作表，并在工作表中输入相应的标题和表头等内容，效果如图4-28所示。

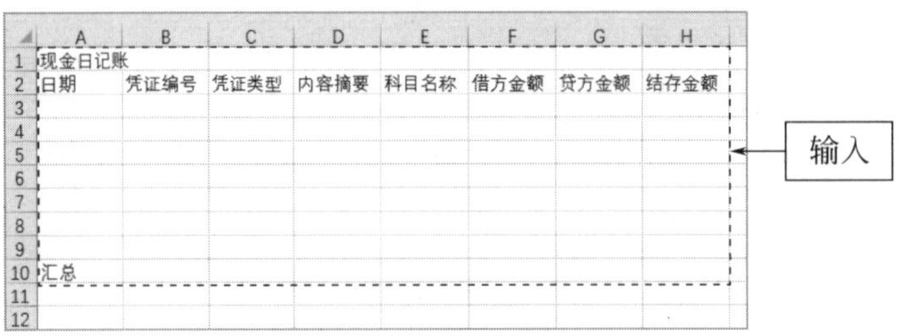

图4-28 输入表单内容

STEP 02 执行操作后，在工作表中调整行高、列宽、对齐方式以及字体格式等，效果如图4-29所示。

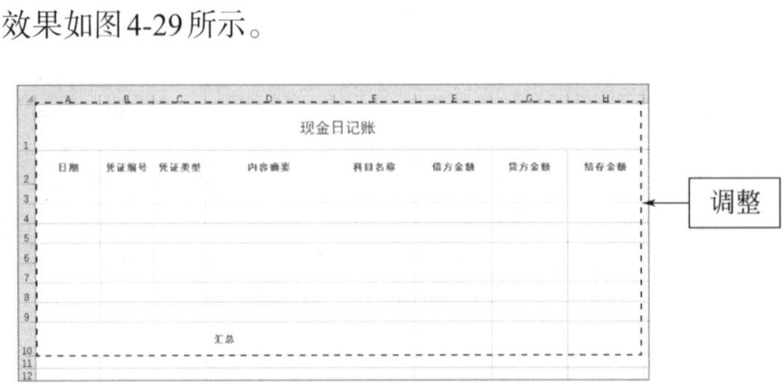

图4-29 调整表格格式效果

STEP 03　在工作表中输入日记账数据内容，效果如图4-30所示。

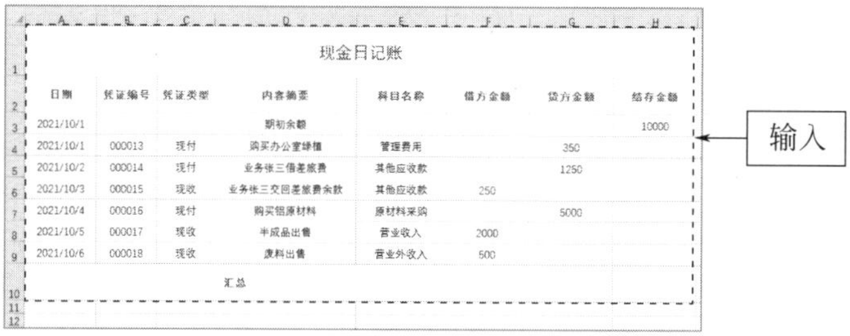

图4-30　输入日记账数据内容

4.3.2　设置货币的字体格式

现金日记账工作表创建完成后，即可在工作表中汇总计算借方金额、贷方金额以及结存金额，为表格中的货币金额设置会计专用的格式，并设置字体格式、颜色等。下面介绍具体的操作方法。

扫码看教学视频

STEP 01　在工作表中，选择F4:G10单元格区域，效果如图4-31所示。

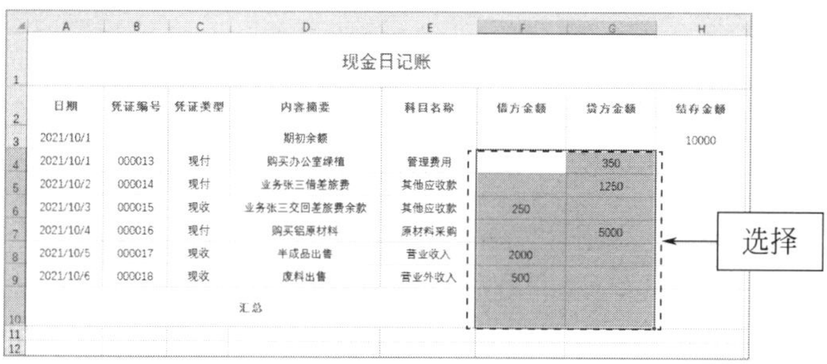

图4-31　选择F4:G10单元格区域

STEP 02　按【Alt+=】组合键，即可快速求和，汇总计算借方金额和贷方金额，效果如图4-32所示。

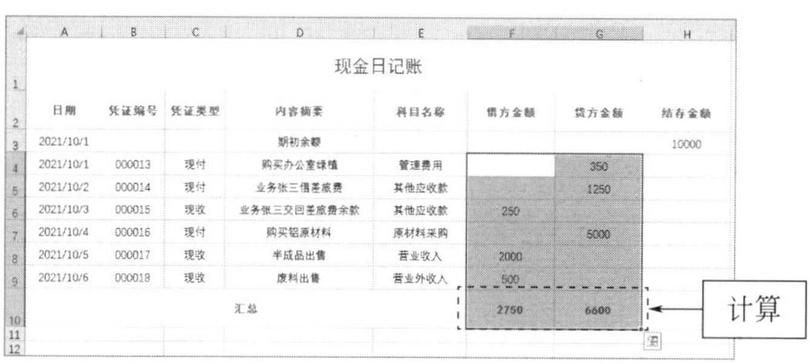

图4-32　汇总计算借方金额和贷方金额

专家提醒

计算结存金额的公式如下：
结存金额=期初余额-贷方金额+借方金额

STEP 03 选择H4:H9单元格区域，如图4-33所示。

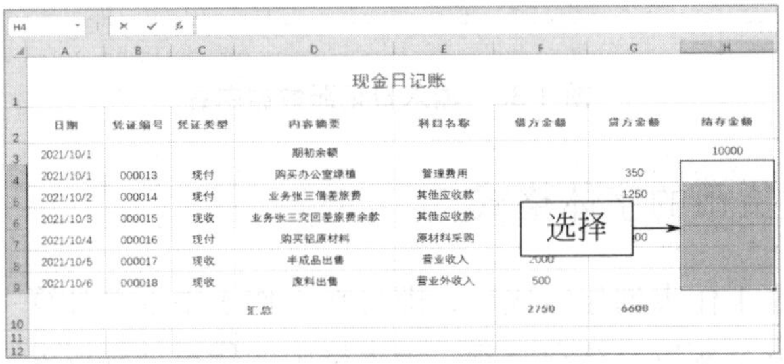

图 4-33 选择 H4:H9 单元格区域

STEP 04 在编辑栏中输入公式:=H3–G4+F4，如图4-34所示。

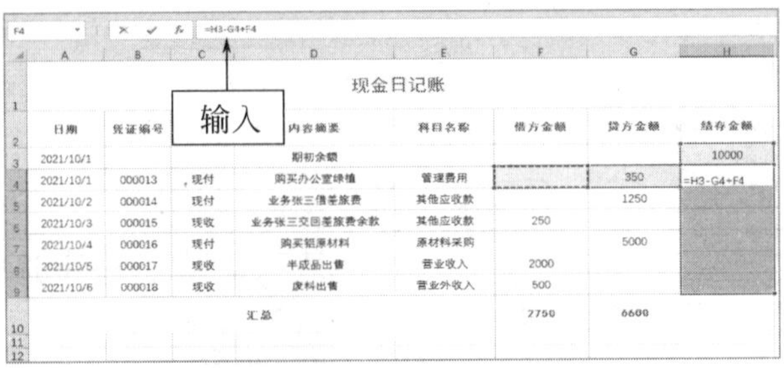

图 4-34 输入公式（1）

STEP 05 按【Ctrl＋Enter】组合键确认，即可批量计算结存金额，如图4-35所示。

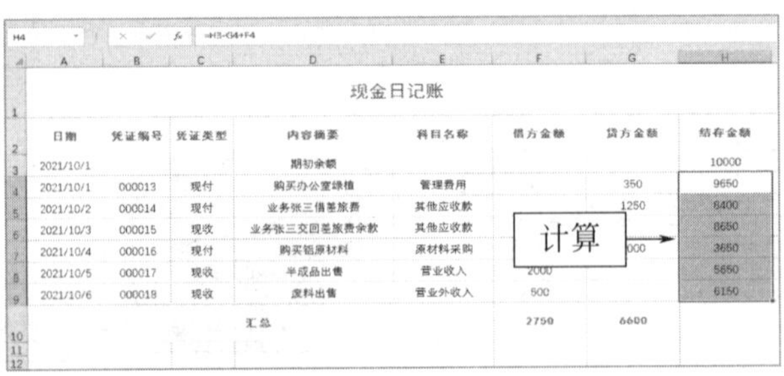

图 4-35 批量计算结存金额

STEP 06 选择H10单元格，在其中输入公式:=H3–G10+F10，如图4-36所示。

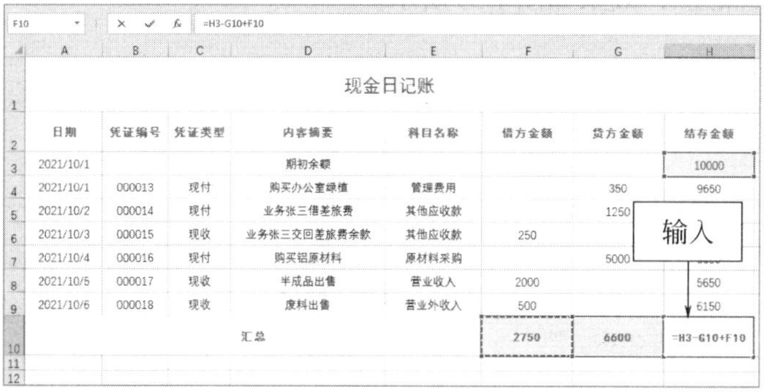

图4-36　输入公式（2）

STEP 07 按回车键确认，即可计算出结果，效果如图4-37所示。

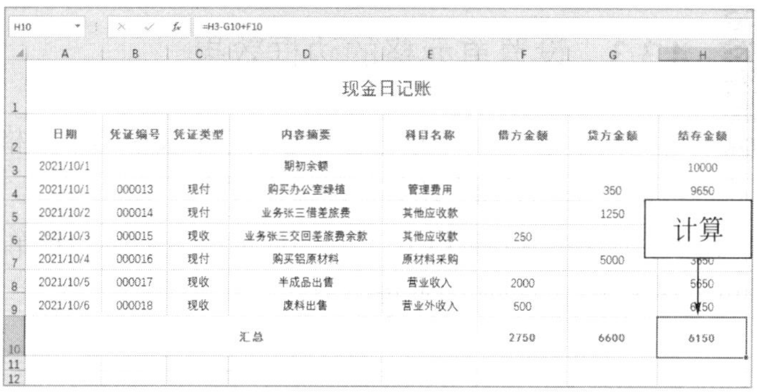

图4-37　计算结果

STEP 08 选择F3:H10单元格区域，设置单元格数字格式为“会计专用”，效果如图4-38所示。

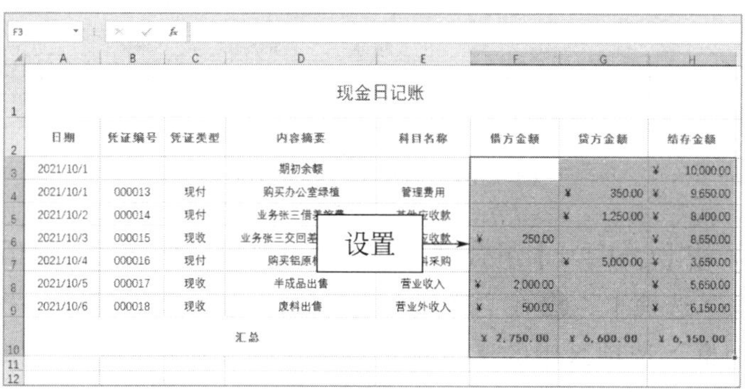

图4-38　设置单元格为“会计专用”数字格式效果

STEP 09 选择F3:H9单元格区域，设置单元格中的字体为“加粗”、“字体颜色”为“深红”，效果如图4-39所示。

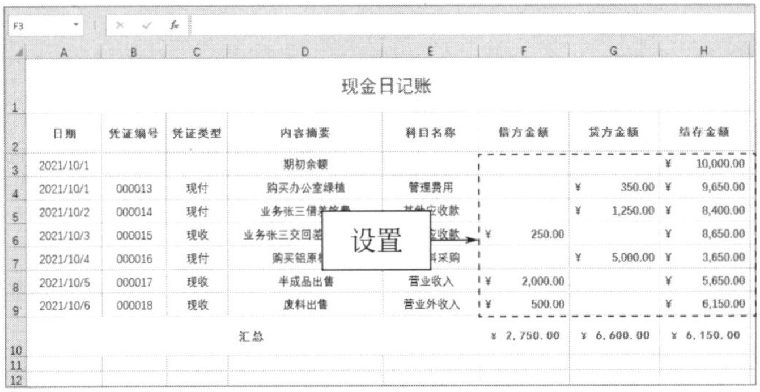

图 4-39　设置单元格中的字体效果

扫码看教学视频

4.3.3　设置单元格的边框效果

接下来，可以为现金日记账工作表中的单元格设置相应的边框效果。下面介绍具体的操作方法。

STEP 01 在工作表中，按住【Ctrl】键的同时，选择A2:H2单元格区域和A10:H10单元格区域，效果如图4-40所示。

图 4-40　选择相应单元格区域

STEP 02 按【Ctrl＋1】组合键，弹出“设置单元格格式”对话框，❶切换至“边框”选项卡；❷在“样式”选项区中选择第2列最后一个线条样式；❸在“边框”选项区中的文本预览草图左侧分别单击第1个和第3个按钮，表示添加双上框线和双下框线，如图4-41所示。

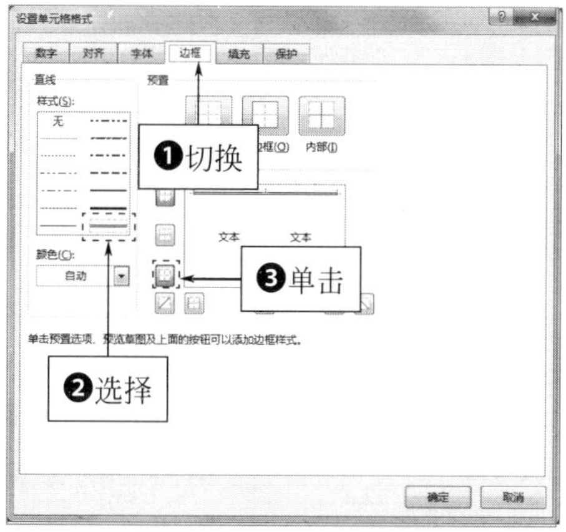

图4-41　设置边框效果（1）

STEP 03　单击“确定”按钮，返回工作表查看边框添加效果，如图4-42所示。

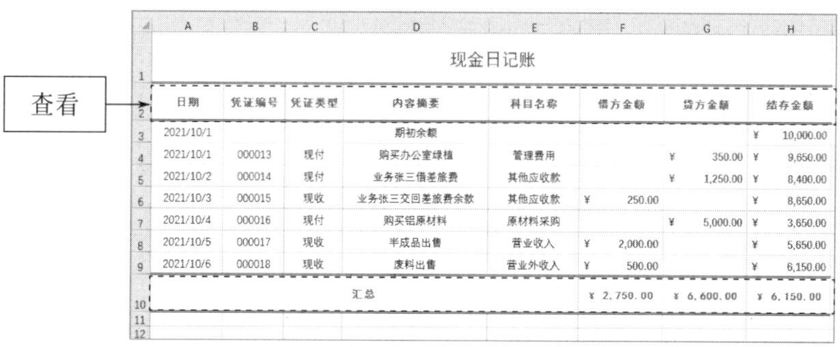

图4-42　查看边框添加效果（1）

STEP 04　选择A4:H8单元格区域，如图4-43所示。

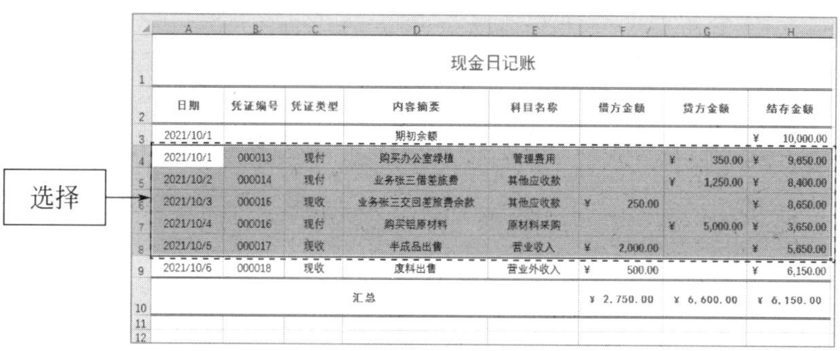

图4-43　选择A4:H8单元格区域

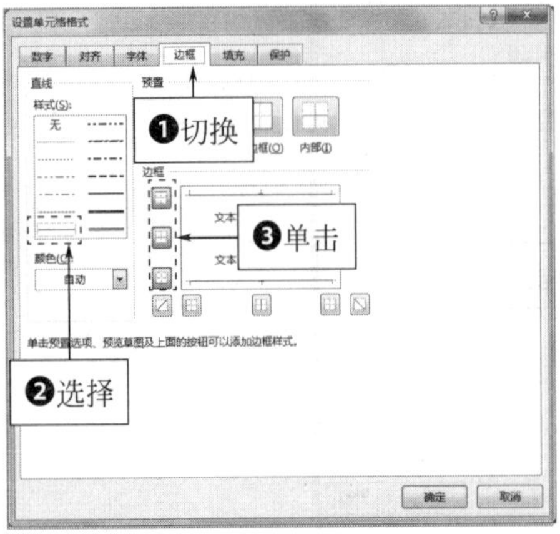

图 4-44　设置边框效果（2）

STEP 05　按【Ctrl＋1】组合键，弹出“设置单元格格式”对话框，❶切换至“边框”选项卡；❷在“样式”选项区中选择第1列最后一个线条样式；❸在“边框”选项区中的文本预览草图左侧分别单击第1个、第2个和第3个按钮，表示添加上、中、下框线，如图4-44所示。

STEP 06　单击“确定”按钮，返回工作表查看单元格边框添加效果，如图4-45所示。

现金日记账

日期	凭证编号	凭证类型	内容摘要	科目名称	借方金额	贷方金额	结存金额
2021/10/1			期初余额				¥ 10,000.00
2021/10/1	000013	现付	购买办公室绿植	管理费用		¥ 350.00	¥ 9,650.00
2021/10/2	000014	现付	业务张三借差旅费	其他应收款		¥ 1,250.00	¥ 8,400.00
2021/10/3	000015	现收	业务张三交回差旅费余款	其他应收款	¥ 250.00		¥ 8,650.00
2021/10/4	000016	现付	购买铝原材料	原材料采购		¥ 5,000.00	¥ 3,650.00
2021/10/5	000017	现收	半成品出售	营业收入	¥ 2,000.00		¥ 5,650.00
2021/10/6	000018	现收	废料出售	营业外收入	¥ 500.00		¥ 6,150.00
汇总					¥ 2,750.00	¥ 6,600.00	¥ 6,150.00

图 4-45　查看边框添加效果（2）

STEP 07　选择F2:H10单元格区域，如图4-46所示。

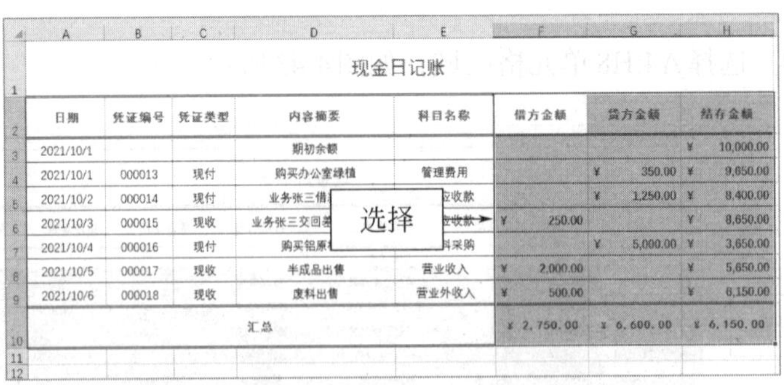

图 4-46　选择 F2:H10 单元格区域

STEP 08　按【Ctrl＋1】组合键，弹出“设置单元格格式”对话框，❶切换至“边框”选项卡；❷在“样式”选项区中选择第1列最后一个线条样式；

❸在“边框”选项区中的文本预览草图下方分别单击第2个和第3个按钮，表示添加左侧和中间的框线，如图4-47所示。

STEP 09 单击“确定”按钮，返回工作表查看单元格边框添加效果，如图4-48所示。

STEP 10 执行上述操作后，选择A1:H10单元格区域，设置单元格背景“填充颜色”为“蓝色，个性色5，淡色80%”，效果如图4-49所示。

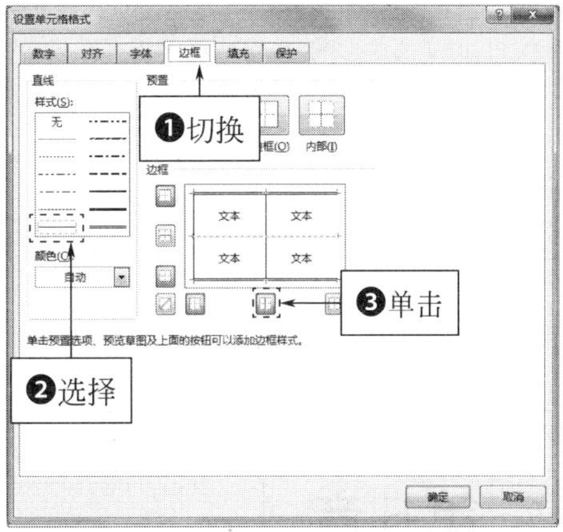

图4-47　设置边框效果（3）

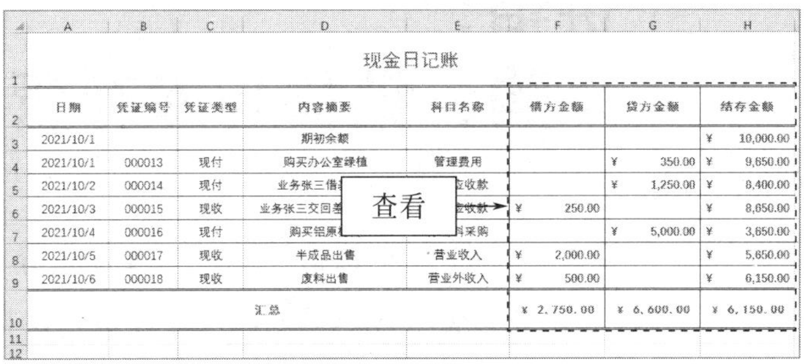

图4-48　查看边框添加效果（3）

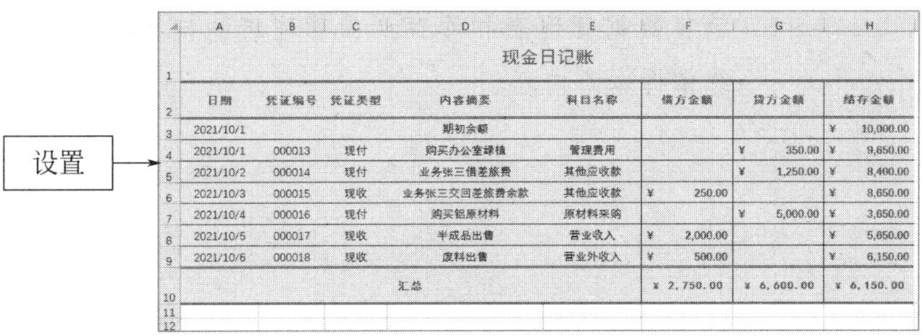

图4-49　设置单元格背景颜色效果

专家提醒

本书案例中的编号、科目代码、科目名称等皆为虚构的，旨在举例说明，大家在参考制作表单时，请根据自身实际情况，对照国家规定的、真实的编号和代码来制作。

第5章

进销：采购、销售与库存管理

对于企业内部的采购、销售和库存等进项和销项，也是财务管理的一部分，做好进销存数据管理能够提高企业管理效率。本章主要提供了进销存管理的相关表格，并详细介绍了使用Excel 2016软件制作采购项目管理表、销售数据管理表和库存产品管理表的技巧，希望读者熟练掌握本章内容。

5.1 采购项目管理

采购项目管理是指对企业计划的采购项目进行制定、执行与控制的管理过程。财务人员需要对采购申请、采购订货、采购退货、收货入库、购货发票以及供应商等采购流程和资金流向过程进行有效控制和跟踪，方便日后对账、核查，同时也能帮助企业完善物资供应管理系统。

本实例主要介绍“采购项目管理表”的制作流程和具体方法。

效果欣赏

“采购项目管理表”的最终效果如图 5-1 所示。

采购项目管理表							
日期	订单编号	供应商	产品名称	数量	单位	单价	金额
11月1日	11010001	方达	USB550-480	2	pcs	243	486
11月2日	11020002	丘瑞	USB470-553	6	pcs	76	456
11月5日	11050003	众泰	USB571-889	5	pcs	460	2300
11月7日	11070004	中润	USB550-480	3	pcs	240	720
11月8日	11080005	方达	USB532-112	3	pcs	330	990
11月10日	11100006	众泰	USB532-112	4	pcs	325	1300
11月15日	11150007	中润	USB430-503	10	pcs	35	350
11月19日	11190008	丘瑞	USB470-553	6	pcs	76	456
11月22日	11220009	中润	USB550-480	5	pcs	240	1200
11月25日	11250010	众泰	USB571-889	2	pcs	460	920
11月29日	11290011	方达	USB532-112	3	pcs	325	975

行标签	求和项:金额
⊟方达	**2451**
USB532-112	1965
USB550-480	486
⊟丘瑞	**912**
USB470-553	912
⊟中润	**2270**
USB430-503	350
USB550-480	1920
⊟众泰	**4520**
USB532-112	1300
USB571-889	3220
总计	**10153**

图 5-1　采购项目管理表

技术点睛

1. 在 Excel 中，创建采购项目管理表，输入表单内容，调整工作表的行高与列宽，设置表格格式。

2. 在采购项目管理表中，使用公式计算采购金额。

3. 在 Excel 中，使用“数据透视表”功能，分类汇总从各供应商处所采购的产品和总金额等数据。

5.1.1 制作采购项目管理表

扫码看教学视频

采购项目管理以采购订单为源头，与供应商商定价格后，确认订单、发货、到货、检验以及入库，对采购全过程进行精准管控，采购完成后，即可制作采购项目管理表，将采购明细填制在内。在Excel中创建采购项目管理表，需包含日期、订单编号、供应商、产品名称、数量、单位、单价以及金额等基本信息。下面介绍具体的操作方法。

STEP 01 在Excel中，创建一个名称为“采购项目管理表”的工作表，并在工作表中输入相应的表单内容，效果如图5-2所示。

	A	B	C	D	E	F	G	H
1	采购项目管理表							
2	日期	订单编号	供应商	产品名称	数量	单位	单价	金额
3	11月1日	11010001	方达	USB550-480	2	pcs	243	
4	11月2日	11020002	丘瑞	USB470-553	6	pcs	76	
5	11月5日	11050003	众泰	USB571-889	5	pcs	460	
6	11月7日	11070004	中润	USB550-480	3	pcs	240	
7	11月8日	11080005	方达	USB532-112	3	pcs	330	
8	11月10日	11100006	众泰	USB532-112	4	pcs	325	
9	11月15日	11150007	中润	USB430-503	10	pcs	35	
10	11月19日	11190008	丘瑞	USB470-553	6	pcs	76	
11	11月22日	11220009	中润	USB550-480	5	pcs	240	
12	11月25日	11250010	众泰	USB571-889	2	pcs	460	
13	11月29日	11290011	方达	USB532-112	3	pcs	325	
14								
15								
16								

图5-2　输入表单内容

STEP 02 在工作表中调整行高、列宽、对齐方式以及字体格式等，并为工作表添加边框线，效果如图5-3所示。

	A	B	C	D	E	F	G	H
1	采购项目管理表							
2	日期	订单编号	供应商	产品名称	数量	单位	单价	金额
3	11月1日	11010001	方达	USB550-480	2	pcs	243	
4	11月2日	11020002	丘瑞	USB470-553	6	pcs	76	
5	11月5日	11050003	众泰	USB571-889	5	pcs	460	
6	11月7日	11070004	中润	USB550-480	3	pcs	240	
7	11月8日	11080005	方达	USB532-112	3	pcs	330	
8	11月10日	11100006	众泰	USB532-112	4	pcs	325	
9	11月15日	11150007	中润	USB430-503	10	pcs	35	
10	11月19日	11190008	丘瑞	USB470-553	6	pcs	76	
11	11月22日	11220009	中润	USB550-480	5	pcs	240	
12	11月25日	11250010	众泰	USB571-889	2	pcs	460	
13	11月29日	11290011	方达	USB532-112	3	pcs	325	
14								

图5-3　调整表格格式效果

5.1.2　使用公式计算采购金额

在Excel中创建好采购项目管理表后，即可使用公式在工作表中将采购金额计算出来。下面介绍具体的操作方法。

扫码看教学视频

STEP 01　在工作表中，选择H3单元格，如图5-4所示。

采购项目管理表							
日期	订单编号	供应商	产品名称	数量	单位	单价	金额
11月1日	11010001	方达	USB550-480	2	pcs	243	
11月2日	11020002	丘瑞	USB470-553	6	pcs	76	
11月5日	11050003	众泰	USB571-889	5	pcs	460	
11月7日	11070004	中润	USB550-480	3	pcs	240	
11月8日	11080005	方达	USB532-112	3	pcs	330	
11月10日	11100006	众泰	USB532-112	4	pcs	325	
11月15日	11150007	中润	USB430-503	10	pcs	35	
11月19日	11190008	丘瑞	USB470-553	6	pcs	76	
11月22日	11220009	中润	USB550-480	5	pcs	240	
11月25日	11250010	众泰	USB571-889	2	pcs	460	
11月29日	11290011	方达	USB532-112	3	pcs	325	

图 5-4　选择 H3 单元格

STEP 02　在单元格中输入公式:=E3*G3，如图5-5所示。

采购项目管理表							
日期	订单编号	供应商	产品名称	数量	单位	单价	金额
11月1日	11010001	方达	USB550-480	2	pcs	243	=E3*F3
11月2日	11020002	丘瑞	USB470-553	6	pcs	76	
11月5日	11050003	众泰	USB571-889	5	pcs	460	
11月7日	11070004	中润	USB550-480	3	pcs	240	
11月8日	11080005	方达	USB532-112	3	pcs	330	
11月10日	11100006	众泰	USB532-112	4	pcs	325	
11月15日	11150007	中润	USB430-503	10	pcs	35	
11月19日	11190008	丘瑞	USB470-553	6	pcs	76	
11月22日	11220009	中润	USB550-480	5	pcs	240	
11月25日	11250010	众泰	USB571-889	2	pcs	460	
11月29日	11290011	方达	USB532-112	3	pcs	325	

图 5-5　在单元格中输入公式

专家提醒

在Excel工作表中输入公式时，其中的“*”表示计算符号“×”；“/”表示计算符号“÷”。

STEP 03 按回车键确认，即可计算出第1个订单的采购金额，如图5-6所示。

采购项目管理表							
日期	订单编号	供应商	产品名称	数量	单位	单价	金额
11月1日	11010001	方达	USB550-480	2	pcs	243	486
11月2日	11020002	丘瑞	USB470-553	6	pcs	76	
11月5日	11050003	众泰	USB571-889	5	pcs	460	
11月7日	11070004	中润	USB550-480	3	pcs	240	
11月8日	11080005	方达	USB532-112	3	pcs	330	
11月10日	11100006	众泰	USB532-112	4	pcs	325	
11月15日	11150007	中润	USB430-503	10	pcs	35	
11月19日	11190008	丘瑞	USB470-553	6	pcs	76	
11月22日	11220009	中润	USB550-480	5	pcs	240	
11月25日	11250010	众泰	USB571-889	2	pcs	460	
11月29日	11290011	方达	USB532-112	3	pcs	325	

计算

图5-6 计算出第1个订单的采购金额

STEP 04 将鼠标指针移至H3单元格的右下角，当指针呈✚形状时，按住鼠标左键并向下拖曳至H13单元格，释放鼠标左键，即可填充公式，计算出全部订单的采购金额，效果如图5-7所示。

采购项目管理表							
日期	订单编号	供应商	产品名称	数量	单位	单价	金额
11月1日	11010001	方达	USB550-480	2	pcs	243	486
11月2日	11020002	丘瑞	USB470-553	6	pcs	76	456
11月5日	11050003	众泰	USB571-889	5	pcs	460	2300
11月7日	11070004	中润	USB550-480	3	pcs	240	720
11月8日	11080005	方达	USB532-112	3	pcs	330	990
11月10日	11100006	众泰	USB532-112	4	[illegible]	25	1300
11月15日	11150007	中润	USB430-503	10	pcs	35	350
11月19日	11190008	丘瑞	USB470-553	6	pcs	76	456
11月22日	11220009	中润	USB550-480	5	pcs	240	1200
11月25日	11250010	众泰	USB571-889	2	pcs	460	920
11月29日	11290011	方达	USB532-112	3	pcs	325	975

计算

图5-7 计算出全部订单的采购金额

5.1.3　分类汇总采购项目数据

扫码看教学视频

在Excel中，使用“插入”功能区的“数据透视表”功能，可以对采购项目管理表中的数据进行分类汇总，既能查看各个供应商的采购总额，也能查看购买的产品总数量和总金额等。下面向大家介绍在Excel工作表中分类汇总采购项目数据的具体操作方法。

STEP 01 在工作表中选择A2:H13单元格区域，效果如图5-8所示。

日期	订单编号	供应商	产品名称	数量	单位	单价	金额
11月1日	11010001	方达	USB550-480	2	pcs	243	486
11月2日	11020002	丘瑞	USB470-553	6	pcs	76	456
11月5日	11050003	众泰	USB571-889	5	pcs	460	2300
11月7日	11070004	中润	USB550-480	3	pcs	240	720
11月8日	11080005	方达	USB532-112	3	pcs	330	990
11月10日	11100006	众泰	USB532-112	4	pcs	325	1300
11月15日	11150007	中润	USB430-503	10	pcs	35	350
11月19日	11190008	丘瑞	USB470-553	6	pcs	76	456
11月22日	11220009	中润	USB550-480	5	pcs	240	1200
11月25日	11250010	众泰	USB571-889	2	pcs	460	920
11月29日	11290011	方达	USB532-112	3	pcs	325	975

图 5-8　选择 A2:H13 单元格区域

STEP 02 在“插入”功能区的“表格”面板中，单击“数据透视表”按钮，如图5-9所示。

STEP 03 弹出“创建数据透视表”对话框，单击“确定”按钮，如图5-10所示。

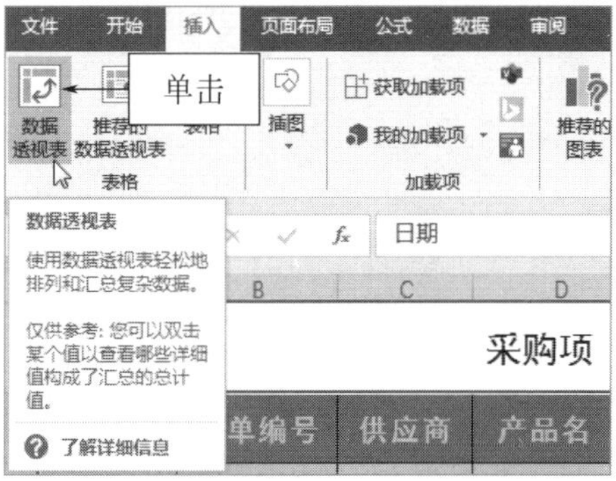

图 5-9　单击“数据透视表”按钮

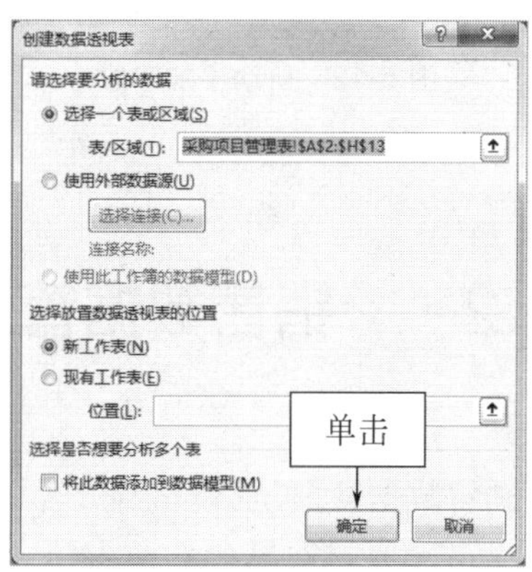

图 5-10　单击“确定”按钮

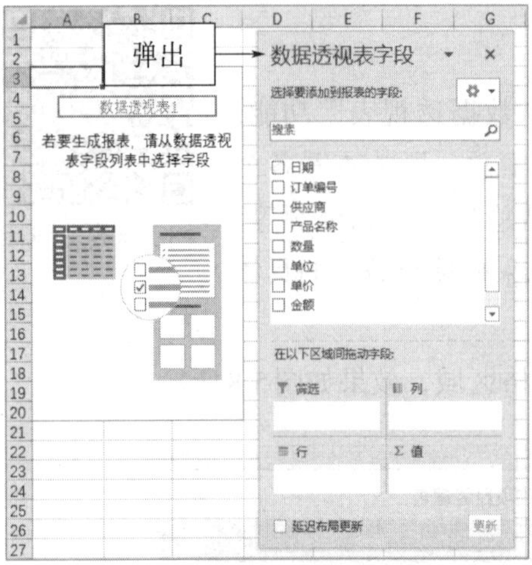

图 5-11　弹出“数据透视表字段”面板

STEP 04 系统自动新建一个工作表，在界面中会弹出“数据透视表字段”面板，如图 5-11 所示。

STEP 05 在“数据透视表字段”面板中，❶依次选中“供应商”“产品名称”和“金额”复选框；❷选中的字段会自动添加到下方对应的区域中，如图 5-12 所示。

STEP 06 在工作表中，即可生成相应的数据透视表，分类汇总在各个供应商处所购买的产品和总金额等数据，效果如图 5-13 所示。

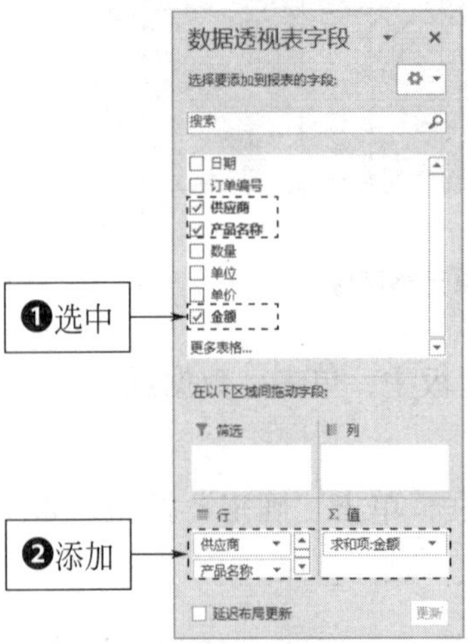

图 5-12　自动添加字段

	A	B
1		
2		
3	行标签	求和项:金额
4	⊟方达	2451
5	USB532-112	1965
6	USB550-480	486
7	⊟丘瑞	912
8	USB470-553	912
9	⊟中润	2270
10	USB430-503	350
11	USB550-480	1920
12	⊟众泰	4520
13	USB532-112	1300
14	USB571-889	3220
15	总计	10153
16		

图 5-13　分类汇总采购项目数据效果

5.2 ／ 销售数据管理

销售数据管理是指对企业产品销售的全过程进行有效控制、跟踪与分析等。财务人员需要对产品的销售报价、销售订单、发货退货、客户管理以及价格管理等数据进行统计和分析，既方便记账凭证的填制，同时也能帮助企业领导和有关部门及时掌握产品销售的相关数据和销售情况，从而制订生产计划和营销计划等，以实现企业整体的经营目标。

本实例主要介绍“销售数据管理表”的制作流程和具体方法。

效果欣赏

“销售数据管理表”的最终效果如图5-14所示。

销售数据管理表							
日期	订单编号	购买方	产品名称	数量	单位	单价	金额
11/1	110101	宗源	USB480	200	pcs	260	52000
11/3	110302	申铭	USB553	60	pcs	90	5400
11/5	110503	锐达	USB889	50	pcs	500	25000
11/7	110704	申铭	USB480	33	pcs	260	8580
11/10	111005	宗源	USB112	45	pcs	350	15750
11/14	111406	元蓝	USB112	34	pcs	350	11900
11/17	111707	元蓝	USB503	100	pcs	65	6500
11/18	111808	元蓝	USB553	86	pcs	90	7740
11/20	112009	锐达	USB880	75	pcs	300	22500
11/24	112410	申铭	USB889	200	pcs	500	100000
11/30	113011	宗源	USB112	130	pcs	350	45500

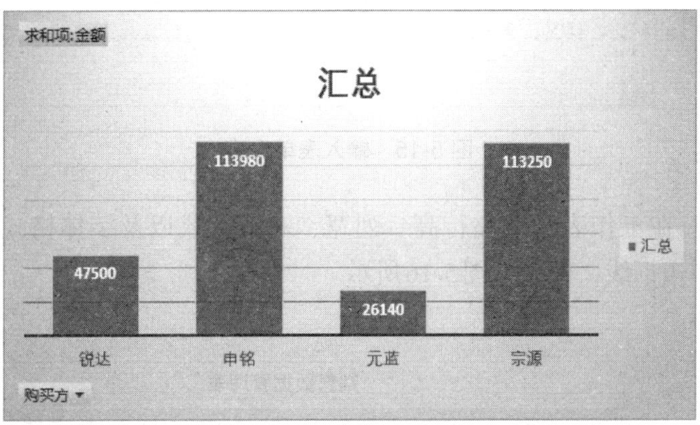

图5-14　销售数据管理表

技术点睛

1. 在Excel中，创建销售数据管理表，输入表单内容，调整工作表的行高与列宽，设置表格格式。

2. 在销售数据管理表中，使用公式计算销售总金额。

3. 在Excel中，使用“数据透视图”功能，以图表的形式展示销售数据管理表中的数据信息。

5.2.1　制作销售数据管理表

扫码看教学视频

销售数据管理的目的是提高销售额、增加企业盈利，因此统计与分析产品销售数据对财务人员来说是财务管理中非常重要的一环。财务人员需要制作销售数据管理表，将零散的销售明细单据汇总统计上去，再使用Excel中的功能进行数据分析。下面向大家介绍在Excel中制作销售数据管理表的操作方法。

STEP 01　在Excel中，创建一个名称为“销售数据管理表”的工作表，并在工作表中输入相应的表单内容，效果如图5-15所示。

	A	B	C	D	E	F	G	H
1	销售数据管理表							
2	日期	订单编号	购买方	产品名称	数量	单位	单价	金额
3	11/1	110101	宗源	USB480	200	pcs	260	
4	11/3	110302	申铭	USB553	60	pcs	90	
5	11/5	110503	锐达	USB889	50	pcs	500	
6	11/7	110704	申铭	USB480	33	pcs	260	
7	11/10	111005	宗源	USB112	45	pcs	350	
8	11/14	111406	元蓝	USB112	34	pcs	350	
9	11/17	111707	元蓝	USB503	100	pcs	65	
10	11/18	111808	元蓝	USB553	86	pcs	90	
11	11/20	112009	锐达	USB880	75	pcs	300	
12	11/24	112410	申铭	USB889	200	pcs	500	
13	11/30	113011	宗源	USB112	130	pcs	350	
14								
15								
16								

图 5-15　输入表单内容

STEP 02　在工作表中调整行高、列宽、对齐方式以及字体格式等，并为工作表添加边框线，效果如图5-16所示。

	A	B	C	D	E	F	G	H
1	销售数据管理表							
2	日期	订单编号	购买方	产品名称	数量	单位	单价	金额
3	11/1	110101	宗源	USB480	200	pcs	260	
4	11/3	110302	申铭	USB553	60	pcs	90	
5	11/5	110503	锐达	USB889	50	pcs	500	
6	11/7	110704	申铭	USB480	33	pcs	260	
7	11/10	111005	宗源	USB112	45	pcs	350	
8	11/14	111406	元蓝	USB112	34	pcs	350	
9	11/17	111707	元蓝	USB503	100	pcs	65	
10	11/18	111808	元蓝	USB553	86	pcs	90	
11	11/20	112009	锐达	USB880	75	pcs	300	
12	11/24	112410	申铭	USB889	200	pcs	500	
13	11/30	113011	宗源	USB112	130	pcs	350	
14								

图 5-16　调整表格格式效果

5.2.2　统计销售数据管理表

扫码看教学视频

在Excel中创建好销售数据管理表后，即可使用公式在工作表中将销售金额计算出来。下面介绍具体的操作方法。

STEP 01　在工作表中，选择H3单元格，如图5-17所示。

销售数据管理表							
日期	订单编号	购买方	产品名称	数量	单位	单价	金额
11/1	110101	宗源	USB480	200	pcs	260	
11/3	110302	申铭	USB553	60	pcs	90	
11/5	110503	锐达	USB889	50	pcs	500	
11/7	110704	申铭	USB480	33	pcs	260	
11/10	111005	宗源	USB112	45	pcs	350	
11/14	111406	元蓝	USB112	34	pcs	350	
11/17	111707	元蓝	USB503	100	pcs	65	
11/18	111808	元蓝	USB553	86	pcs	90	
11/20	112009	锐达	USB880	75	pcs	300	
11/24	112410	申铭	USB889	200	pcs	500	
11/30	113011	宗源	USB112	130	pcs	350	

图5-17　选择H3单元格

STEP 02　在单元格中输入公式:=E3*G3，如图5-18所示。

销售数据管理表							
日期	订单编号	购买方	产品名称	数量	单位	单价	金额
11/1	110101	宗源	USB480	200	pcs	260	=E3*G3
11/3	110302	申铭	USB553	60	pcs	90	
11/5	110503	锐达	USB889	50	pcs	500	
11/7	110704	申铭	USB480	33	pcs	260	
11/10	111005	宗源	USB112	45	pcs	350	
11/14	111406	元蓝	USB112	34	pcs	350	
11/17	111707	元蓝	USB503	100	pcs	65	
11/18	111808	元蓝	USB553	86	pcs	90	
11/20	112009	锐达	USB880	75	pcs	300	
11/24	112410	申铭	USB889	200	pcs	500	
11/30	113011	宗源	USB112	130	pcs	350	

图5-18　在单元格中输入公式

STEP 03　按回车键确认，即可计算出第1个订单的销售金额，如图5-19所示。

销售数据管理表

日期	订单编号	购买方	产品名称	数量	单位	单价	金额
11/1	110101	宗源	USB480	200	pcs	260	52000
11/3	110302	申铭	USB553	60	pcs	90	
11/5	110503	锐达	USB889	50	pcs	500	
11/7	110704	申铭	USB480	33	pcs	260	
11/10	111005	宗源	USB112	45	pcs	350	
11/14	111406	元蓝	USB112	34	pcs	350	
11/17	111707	元蓝	USB503	100	pcs	65	
11/18	111808	元蓝	USB553	86	pcs	90	
11/20	112009	锐达	USB880	75	pcs	300	
11/24	112410	申铭	USB889	200	pcs.	500	
11/30	113011	宗源	USB112	130	pcs	350	

计算

图 5-19　计算出第 1 个订单的销售金额

STEP 04 将鼠标指针移至H3单元格的右下角，当指针呈+形状时，按住鼠标左键并向下拖曳至H13单元格，释放鼠标左键，即可填充公式，计算出全部订单的销售金额，效果如图5-20所示。

销售数据管理表

日期	订单编号	购买方	产品名称	数量	单位	单价	金额
11/1	110101	宗源	USB480	200	pcs	260	52000
11/3	110302	申铭	USB553	60	pcs	90	5400
11/5	110503	锐达	USB889	50	pcs	500	25000
11/7	110704	申铭	USB480	33	pcs	260	8580
11/10	111005	宗源	USB112	45	pcs	350	15750
11/14	111406	元蓝	USB112	34			11900
11/17	111707	元蓝	USB503	100	pcs	65	6500
11/18	111808	元蓝	USB553	86	pcs	90	7740
11/20	112009	锐达	USB880	75	pcs	300	22500
11/24	112410	申铭	USB889	200	pcs	500	100000
11/30	113011	宗源	USB112	130	pcs	350	45500

计算

图 5-20　计算出全部订单的销售金额

扫码看教学视频

5.2.3　图表展示销售数据管理表

接下来，使用Excel中的“数据透视图”功能创建图表，用图表的形式展示销售数据管理表。下面介绍具体的操作方法。

STEP 01 在工作表中选择A2:H13单元格区域，效果如图5-21所示。

日期	订单编号	购买方	产品名称	数量	单位	单价	金额
11/1	110101	宗源	USB480	200	pcs	260	52000
11/3	110302	申铭	USB553	60	pcs	90	5400
11/5	110503	锐达	USB889	50	pcs	500	25000
11/7	110704	申铭	USB480	33	pcs	260	8580
11/10	111005	宗源	USB112	45	pcs	350	15750
11/14	111406	元蓝	USB112	34	pcs	350	11900
11/17	111707	元蓝	USB503	100	pcs	65	6500
11/18	111808	元蓝	USB553	86	pcs	90	7740
11/20	112009	锐达	USB880	75	pcs	300	22500
11/24	112410	申铭	USB889	200	pcs	500	100000
11/30	113011	宗源	USB112	130	pcs	350	45500

图5-21 选择A2:H13单元格区域

STEP 02 在“插入”功能区的“图表”面板中，单击“数据透视图”按钮，如图5-22所示。

STEP 03 弹出“创建数据透视图”对话框，单击“确定”按钮，如图5-23所示。

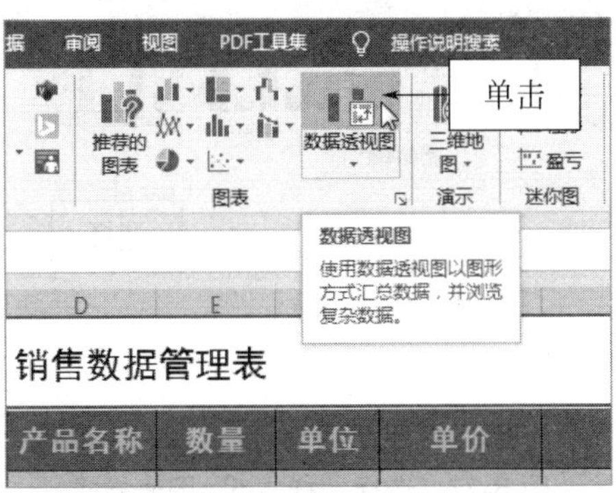

图5-22 单击“数据透视图”按钮

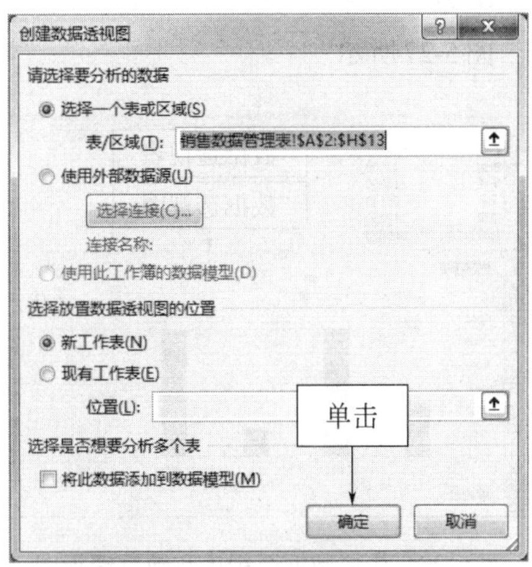

图5-23 单击“确定”按钮

STEP 04 系统自动新建一个工作表，在界面中会弹出“数据透视图字段”面板，如图5-24所示。

STEP 05 在“数据透视表字段”面板中，❶依次选中“购买方”和“金额”复选框；❷选中的字段会自动添加到下方对应的区域中，如图5-25所示。

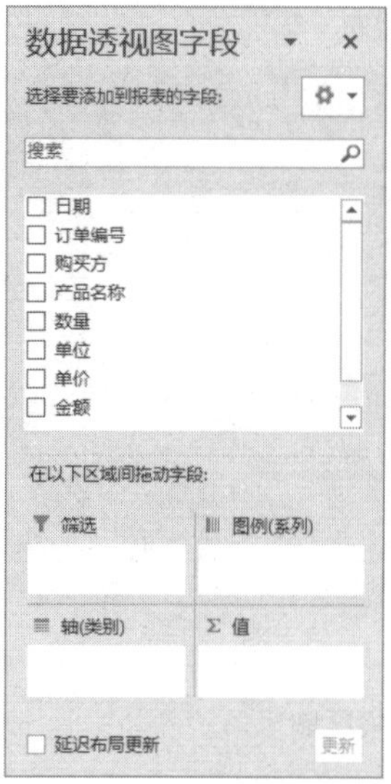

图5-24 弹出“数据透视表字段”面板

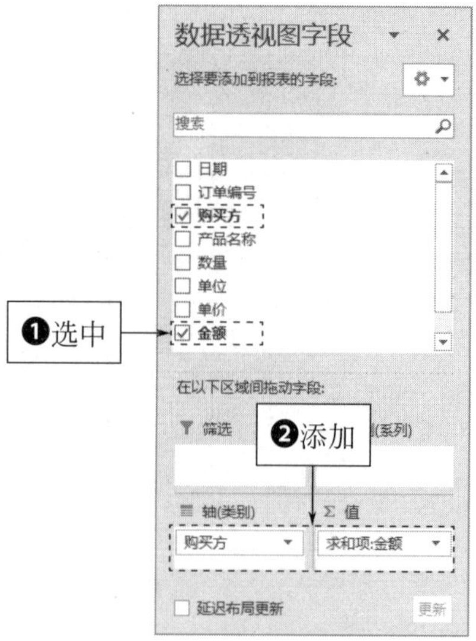

图5-25 自动添加字段

STEP 06 在工作表中，即可生成数据透视表和数据透视图，效果如图5-26所示。

STEP 07 在“设计”功能区的“图表样式”面板中，选择“样式5”，如图5-27所示。

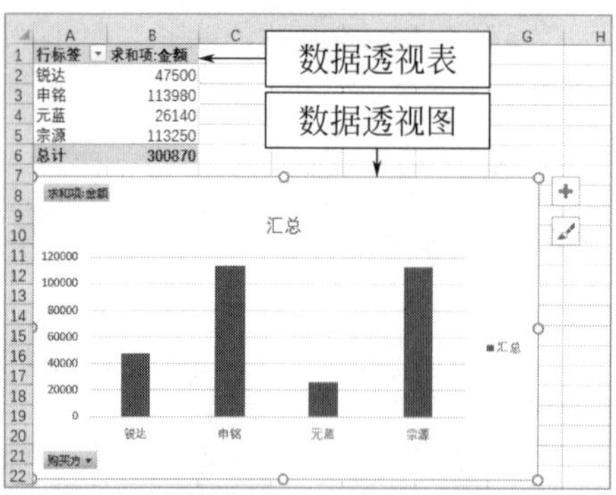

图5-26 生成数据透视表和数据透视图

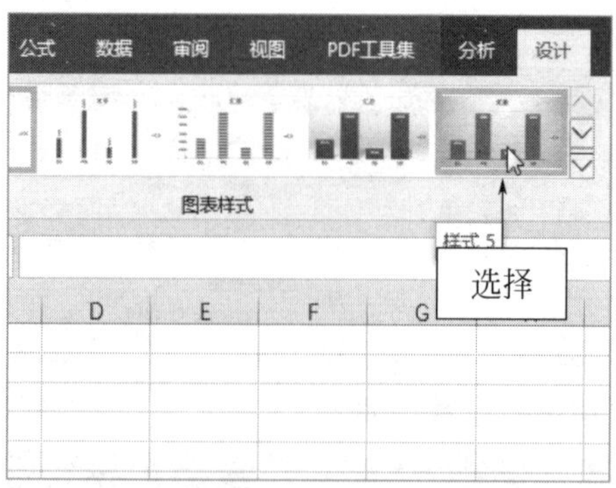

图5-27 选择“样式5”图表样式

STEP 08 执行操作后，即可调整图表样式，用图表展示销售数据，如图5-28所示。

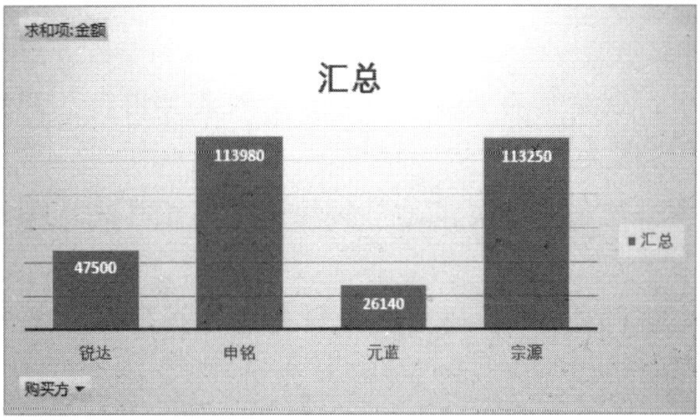

图 5-28　调整图表样式效果

5.3 库存产品管理

库存产品管理是指在产品出、入库的物流过程中对产品数量的管理。财务人员制作库存产品管理表是为了对产品入、出库时的数量和库存量进行统计，使企业领导和有关部门更好地掌握产品的库存状态，及时调整生产计划和销售计划，避免出现产品库存积压，占用企业资金，加重利息负担的情况。

本实例主要介绍“库存产品管理表”的制作流程和具体方法。

效果欣赏

“库存产品管理表”的最终效果如图5-29所示。

库存产品管理表

编号	产品名称	入库数量	出库数量	库存数量
21110105	USB112	20000	18500	1500
21110107	USB112	2000	1980	20
21110110	USB112	11000	10500	500
21110101	USB480	10000	9500	500
21110103	USB480	5000	4000	1000
21110112	USB480	5000	2200	2800
21110102	USB553	5000	3330	1670
21110106	USB553	1000	1000	0
21110109	USB553	9000	8700	300
21110113	USB553	2000	1050	950
21110104	USB889	8000	7900	100
21110108	USB889	3000	2900	100
21110111	USB889	10100	10000	100

库存产品管理表

编号	产品名称	入库数量	出库数量	库存数量
	USB480 汇总			4300
	USB553 汇总			2920
	USB112 汇总			2020
	USB889 汇总			300
	总计			9540

图 5-29　库存产品管理表

技术点睛

1.在Excel中，创建库存产品管理表，输入表单内容，调整工作表的行高与列宽，设置表格格式。

2.在Excel中，使用“分类汇总”功能，分类汇总统计库存产品管理表中的数据信息。

3.在库存产品管理表中，使用公式计算库存数量，并对库存产品进行排名统计。

扫码看教学视频

5.3.1 制作库存产品管理表

库存产品管理表主要用于记录产品入库和出库时的数量，并汇总统计库存量。下面向大家介绍在Excel中制作库存产品管理表的操作方法。

STEP 01 在Excel中，创建一个名称为“库存产品管理表”的工作表，并在工作表中输入相应的表单内容，效果如图5-30所示。

STEP 02 在工作表中调整行高、列宽、对齐方式以及字体格式等，并为工作表添加边框线，效果如图5-31所示。

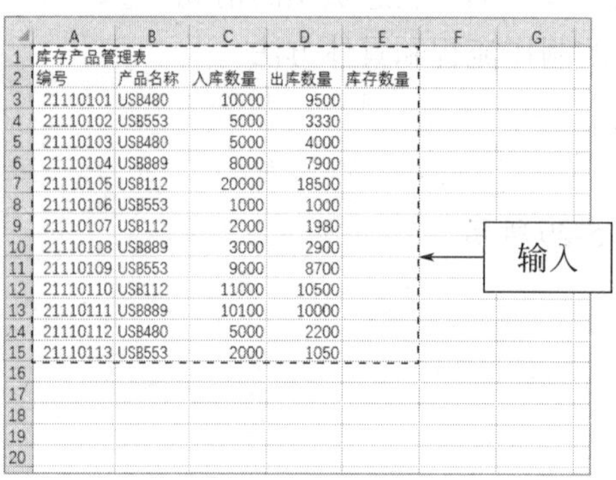
库存产品管理表

编号	产品名称	入库数量	出库数量	库存数量
21110101	USB480	10000	9500	
21110102	USB553	5000	3330	
21110103	USB480	5000	4000	
21110104	USB889	8000	7900	
21110105	USB112	20000	18500	
21110106	USB553	1000	1000	
21110107	USB112	2000	1980	
21110108	USB889	3000	2900	
21110109	USB553	9000	8700	
21110110	USB112	11000	10500	
21110111	USB889	10100	10000	
21110112	USB480	5000	2200	
21110113	USB553	2000	1050	

图5-30 输入表单内容

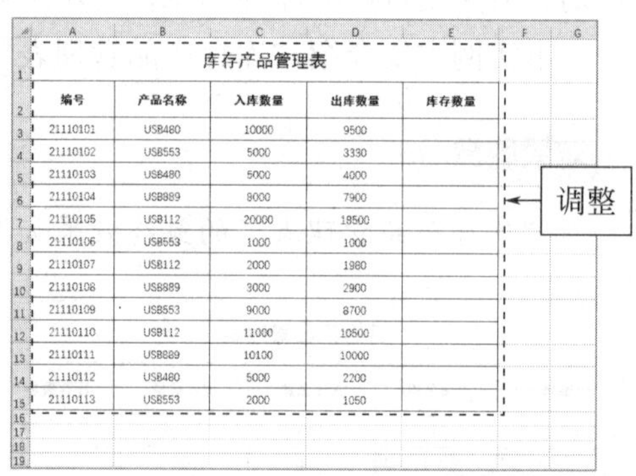

图5-31 调整表格格式效果

扫码看教学视频

5.3.2 分类汇总统计库存产品

在创建库存产品管理表后，需要对库存数量进行计算统计；然后使用Excel的“筛选”功能在表头上添加排序和筛选下拉按钮▾，对工作表中的数据进行排序或筛选操作；最后使用“分类汇总”功能分类汇总统计库存数据。下面向大家介绍在Excel中分类汇总统计库存产品的操作方法。

STEP 01 在Excel中，选择E3:E15单元格区域，如图5-32所示。

STEP 02 在编辑栏中输入公式:=C3–D3，效果如图5-33所示。

图5-32　选择E3:E15单元格区域

图5-33　输入公式

STEP 03 按【Ctrl＋Enter】组合键确认，即可批量计算产品库存数量，效果如图5-34所示。

STEP 04 执行操作后，选择A2:E2单元格区域，如图5-35所示。

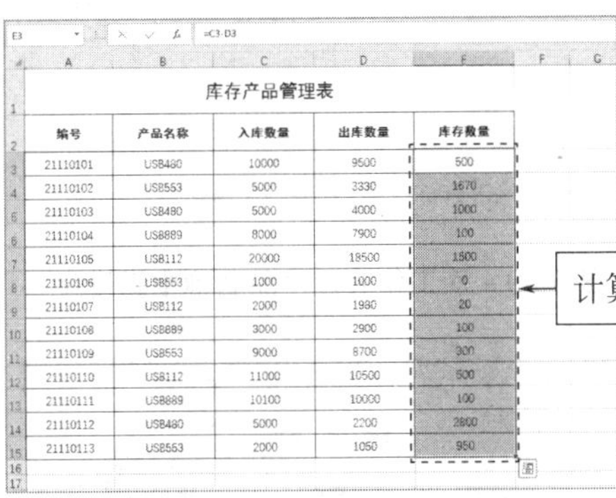

图5-34　批量计算产品库存数量

图5-35　选择A2:E2单元格区域

STEP 05 在“开始”功能区的“编辑”面板中，❶单击“排序和筛选”下拉按钮；❷在弹出的列表框中选择“筛选”选项，如图5-36所示。

STEP 06 执行操作后，即可在表头单元格中添加下拉按钮▼，如图5-37所示。

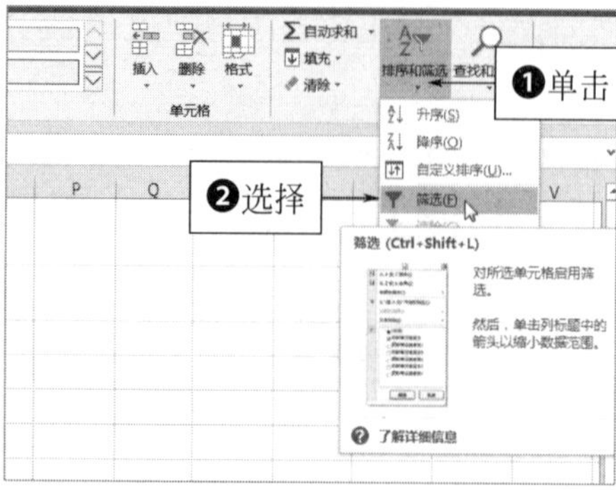

图 5-36　选择“筛选”选项

图 5-37　添加下拉按钮

STEP 07 ❶单击B2单元格中的下拉按钮▾；❷在弹出的列表框中选择“升序”选项，如图5-38所示。

STEP 08 执行操作后，即可使工作表按产品名称重新排序，效果如图5-39所示。

图 5-38　选择“升序”选项

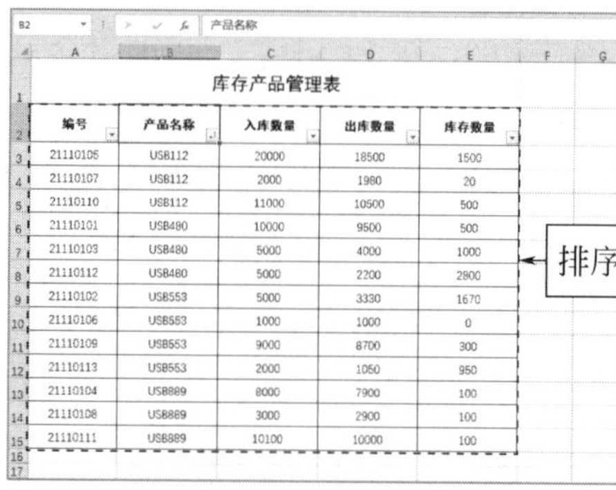

图 5-39　使工作表按产品名称重新排序

STEP 09 在“数据”功能区的“分级显示”面板中，单击“分类汇总”按钮，如图5-40所示。

STEP 10 弹出“分类汇总”对话框，❶设置“分类字段”为“产品名称”；❷设置“汇总方式”为“求和”；❸在“选定汇总项”下方的列表框中选中“库存数量”复选框，如图5-41所示。

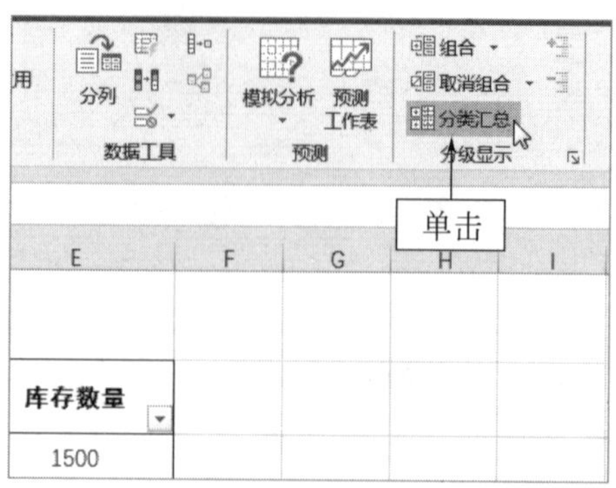

图 5-40　单击“分类汇总”按钮

STEP 11　单击“确定”按钮，即可在工作表中对库存产品进行分类汇总统计，效果如图5-42所示。

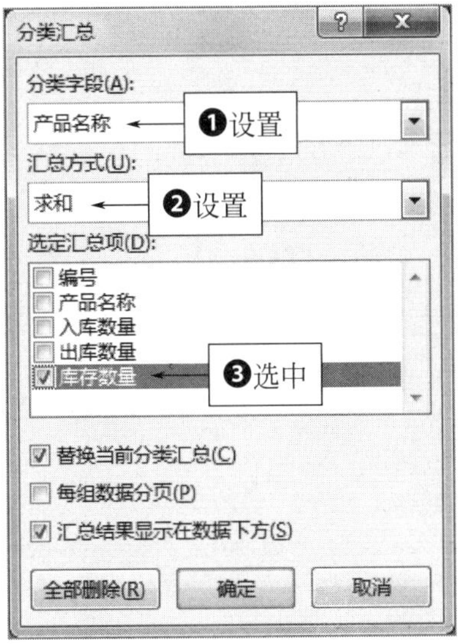

图5-41　选中“库存数量”复选框

库存产品管理表

编号	产品名称	入库数量	出库数量	库存数量
21110105	USB112	20000	18500	1500
21110107	USB112	2000	1980	20
21110110	USB112	11000	10500	500
	USB112 汇总			2020
21110101	USB480	10000	9500	500
21110103	USB480	5000	4000	1000
21110112	USB480	5000	2200	2800
	USB480 汇总			4300
21110102	USB553	5000	3330	1670
21110106	USB553	1000	1000	0
21110109	USB553	9000	8700	300
21110113	USB553	2000	1050	950
	USB553 汇总			2920
21110104	USB889	8000	7900	100
21110108	USB889	3000	2900	100
21110111	USB889	10100	10000	100
	USB889 汇总			300
	总计			9540

图5-42　分类汇总统计库存产品

5.3.3　对库存产品进行排名统计

扫码看教学视频

执行分类汇总操作后，即可对工作表中的数据进行排名操作。下面向大家介绍在Excel中对库存产品进行排名统计的操作方法。

STEP 01　在标尺栏左侧的级别按钮上，单击2按钮，如图5-43所示。

STEP 02　执行操作后，即可在工作表中显示第2个级别的数据信息，效果如图5-44所示。

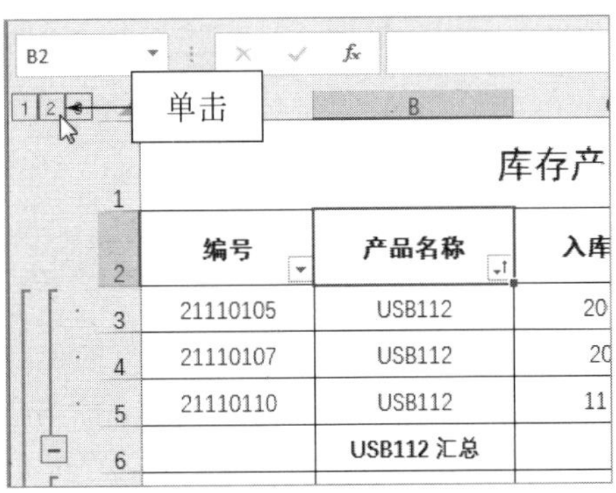

图5-43　单击相应按钮

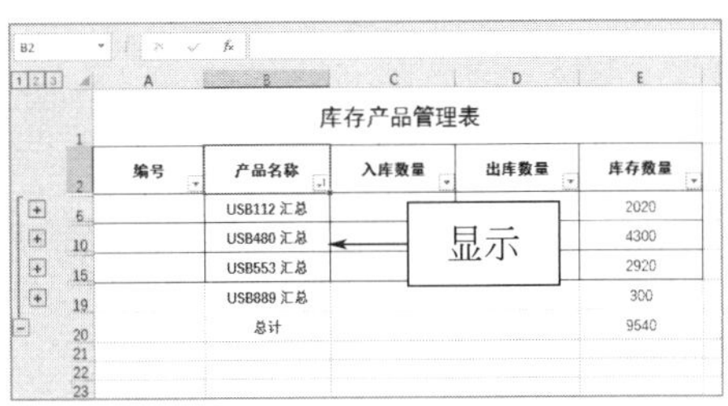

图5-44　显示第2个级别的数据信息

STEP 03 ❶单击E2单元格中的下拉按钮▼；❷在弹出的列表框中选择“降序”选项，如图5-45所示。

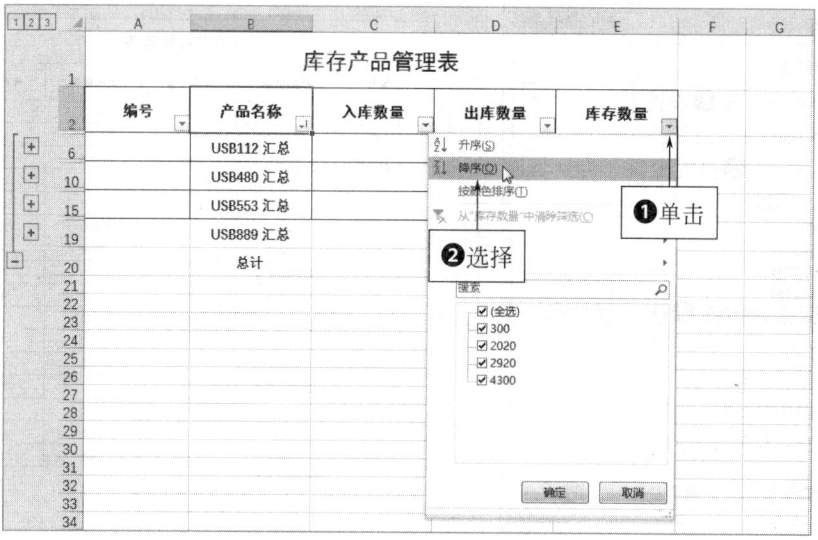

图5-45 选择“降序”选项

STEP 04 执行操作后，即可在工作表中对库存产品进行排名，效果如图5-46所示。

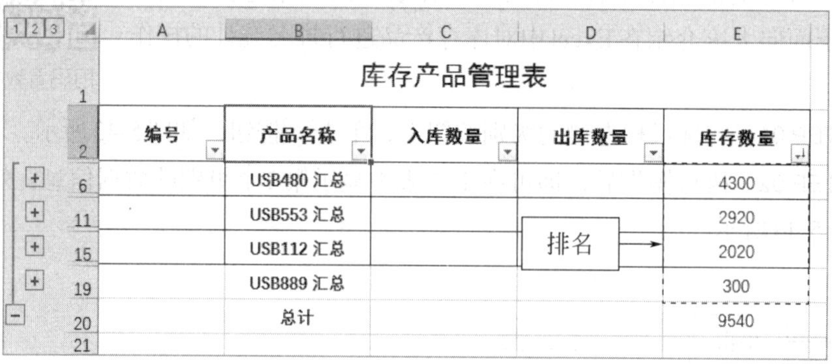

图5-46 对库存产品进行排名

第6章

资产：固定资产的管理

固定资产是企业的劳动手段，也是企业生产经营的主要资产，因此对财务人员来说，管理企业固定资产是非常有必要的。本章主要提供了固定资产管理的相关表格，并详细介绍了使用Excel 2016软件制作固定资产清单表、固定资产查询表以及固定资产折旧费用表的技巧，希望读者熟练掌握本章内容。

6.1 固定资产清单管理

固定资产是指企业用来经营的、使用年限较长的非货币性有形资产，例如机械、房屋、运输工具以及机器设备等。因此，财务人员需要创建固定资产清单表，记录固定资产的使用年限、使用情况和所属部门等内容，对于资产的磨损、折旧、报废以及新增也要有明确的记录，以便对固定资产进行价值评估。

本实例主要介绍“固定资产清单表”的制作流程和具体方法。

效果欣赏

“固定资产清单表”的最终效果如图6-1所示。

固定资产清单表

序号	所属部门	资产名称	资产数量	单位	购入价格	购入日期	使用年限	使用情况
1	管理部	台式电脑	6	台	9900	2017/7/6	8	正常使用
2	管理部	打印机	1	台	870	2015/5/6	5	报废
3	管理部	彩色打印机	1	台	1760	2020/4/5	7	正常使用
4	行政部	文件柜	4	个	1124	2018/6/6	15	正常使用
5	行政部	立式空调	1	台	2200	2019/7/10	6	正常使用
6	行政部	饮水机	1	台	350	2018/3/15	4	正常使用
7	财务部	办公桌椅	2	套	852	2014/10/15	20	正常使用
8	财务部	饮水机	1	台	350	2018/3/15	4	正常使用

图6-1 固定资产清单表

技术点睛

1. 在Excel中，创建固定资产清单表，输入表单内容，调整工作表的行高与列宽，设置表格格式。

2. 在固定资产清单表中，使用计算公式快速生成序号，设置序号自动连续更新。

3. 在Excel中，使用“条件格式”功能编辑规则，让工作表无需重置即可自动添加边框。

扫码看教学视频

6.1.1 创建固定资产清单表

在Excel中创建固定资产清单表，需包含序号、所属部门、资产名称、资产数量、单位、购入价格、购入日期、使用年限以及使用情况等基本信息。下面介绍具体的操作方法。

STEP 01 在Excel中，创建一个名称为“固定资产清单表”的工作表，并在工作表中输入相应的表单内容，效果如图6-2所示。

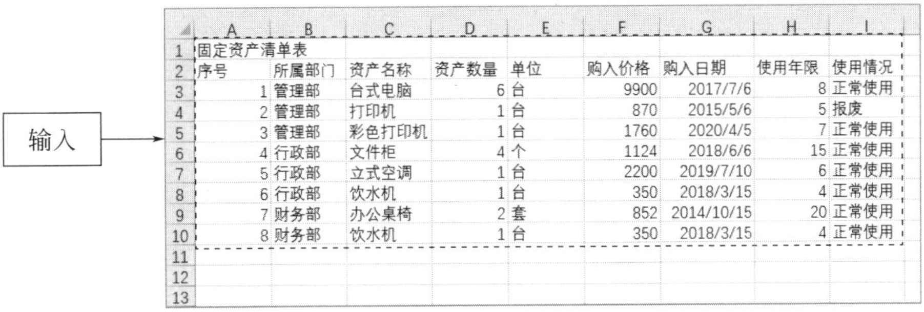

固定资产清单表								
序号	所属部门	资产名称	资产数量	单位	购入价格	购入日期	使用年限	使用情况
1	管理部	台式电脑	6	台	9900	2017/7/6	8	正常使用
2	管理部	打印机	1	台	870	2015/5/6	5	报废
3	管理部	彩色打印机	1	台	1760	2020/4/5	7	正常使用
4	行政部	文件柜	4	个	1124	2018/6/6	15	正常使用
5	行政部	立式空调	1	台	2200	2019/7/10	6	正常使用
6	行政部	饮水机	1	台	350	2018/3/15	4	正常使用
7	财务部	办公桌椅	2	套	852	2014/10/15	20	正常使用
8	财务部	饮水机	1	台	350	2018/3/15	4	正常使用

图6-2　输入表单内容

STEP 02 在工作表中调整行高、列宽、对齐方式以及字体格式等，并为工作表添加边框线，效果如图6-3所示。

固定资产清单表

序号	所属部门	资产名称	资产数量	单位	购入价格	购入日期	使用年限	使用情况
1	管理部	台式电脑	6	台	9900	2017/7/6	8	正常使用
2	管理部	打印机	1	台	870	2015/5/6	5	报废
3	管理部	彩色打印机	1	台	1760	2020/4/5	7	正常使用
4	行政部	文件柜	4	个	1124	2018/6/6	15	正常使用
5	行政部	立式空调	1	台	2200	2019/7/10	6	正常使用
6	行政部	饮水机	1	台	350	2018/3/15	4	正常使用
7	财务部	办公桌椅	2	套	852	2014/10/15	20	正常使用
8	财务部	饮水机	1	台	350	2018/3/15	4	正常使用

图6-3　调整表格格式效果

6.1.2 自动更新清单表中的序号

扫码看教学视频

工作表中的序号，可以让用户在查看表单内容时，一眼就能得知表单内容的行数，同时也方便用户对表格进行排序。但在工作表中进行数据增减等操作时，很容易将序号打乱，当工作表中的内容较少、删改次数不多时，可以通过拖曳填充的方式重新排序；当工作表中的内容、删改次数较多时，这个方式显然就会影响办公效率。因此，能让工作表在增减数据行后还能自动更新序号的方法才是最有效的。下面介绍设置序号自动更新的方法。

STEP 01 在工作表中，将鼠标指针移至行标4上，当鼠标指针呈➡形状时，单击鼠标左键，选择第4行，效果如图6-4所示。

固定资产清单表

序号	所属部门	资产名称	资产数量	单位	购入价格	购入日期	使用年限	使用情况
1	管理部	台式电脑	6	台	9900	2017/7/6	8	正常使用
2	管理部	打印机	1	台	870	2015/5/6	5	报废
3	管理部	彩色打印机	1	台	1760	2020/4/5	7	正常使用
4	行政部	文件柜	4	个	1124	2018/6/6	15	正常使用
5	行政部	立式空调	1	台	2200	2019/7/10	6	正常使用
6	行政部	饮水机	1	台	350	2018/3/15	4	正常使用
7	财务部	办公桌椅	2	套	852	2014/10/15	20	正常使用
8	财务部	饮水机	1	台	350	2018/3/15	4	正常使用

图 6-4　选择第 4 行

STEP 02 单击鼠标右键，弹出快捷菜单，选择“删除”选项，如图6-5所示。

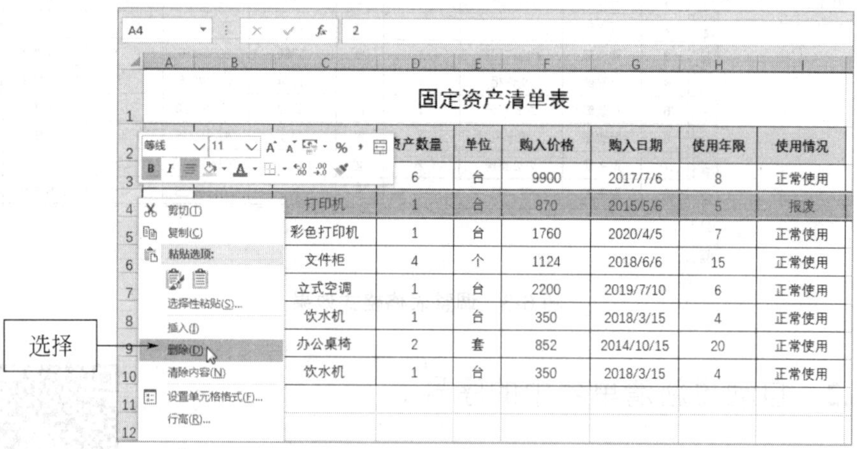

图 6-5　选择“删除”选项

专家提醒

在固定资产清单表中，将已报废的资产内容设置为红色字体，可以使内容高亮显示，便于查看和删除。

STEP 03 执行操作后，即可删除所选内容，下方的整个工作表自动向上移一行，此时工作表中的序号出现了断层，效果如图6-6所示。

固定资产清单表

序号	所属部门	资产名称	资产数量	单位	购入价格	购入日期	使用年限	使用情况
1	管理部	台式电脑	6	台	9900	2017/7/6	8	正常使用
3	管理部	彩色打印机	1	台	1760	2020/4/5	7	正常使用
4	行政部	文件柜	4	个	1124	2018/6/6	15	正常使用
5	行政部	立式空调	1	台	2200	2019/7/10	6	正常使用
6	行政部	饮水机	1	台	350	2018/3/15	4	正常使用
7	财务部	办公桌椅	2	套	852	2014/10/15	20	正常使用
8	财务部	饮水机	1	台	350	2018/3/15	4	正常使用

图6-6　删除内容后序号出现断层

STEP 04 在“快速访问工具栏”中单击“撤销”按钮，如图6-7所示。

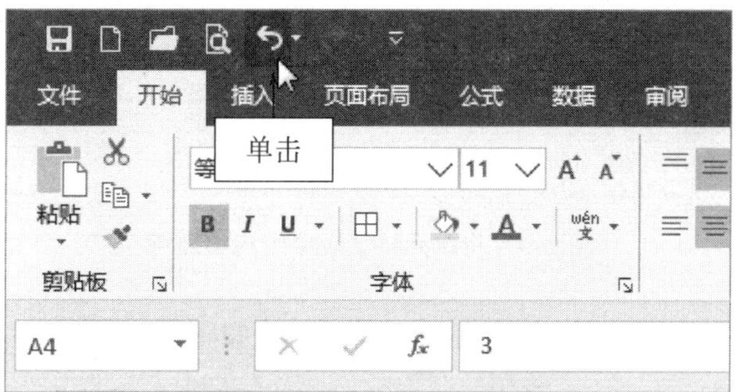

图6-7　单击“撤销”按钮

STEP 05 执行操作后，即可撤销“删除”操作，将工作表恢复原状，效果如图6-8所示。

固定资产清单表

序号	所属部门	资产名称	资产数量	单位	购入价格	购入日期	使用年限	使用情况
1	管理部	台式电脑	6	台	9900	2017/7/6	8	正常使用
2	管理部	打印机	1	台	870	2015/5/6	5	报废
3	管理部	彩色打印机	1	台	1760	2020/4/5	7	正常使用
4	行政部	文件柜	4	个	1124	2018/6/6	15	正常使用
5	行政部	立式空调	1	台	2200	2019/7/10	6	正常使用
6	行政部	饮水机	1	台	350	2018/3/15	4	正常使用
7	财务部	办公桌椅	2	套	852	2014/10/15	20	正常使用
8	财务部	饮水机	1	台	350	2018/3/15	4	正常使用

图6-8　将工作表恢复原状

专家提醒

在工作表中执行撤销操作后，“自定义快速访问工具栏”中的“恢复”按钮将会点亮，表示可以使用。单击“恢复”按钮，可以恢复被撤销的内容。

STEP 06 选择A3:A10单元格区域，按【Delete】键将单元格区域中的内容删除，效果如图6-9所示。

固定资产清单表								
序号	所属部门	资产名称	资产数量	单位	购入价格	购入日期	使用年限	使用情况
	管理部	台式电脑	6	台	9900	2017/7/6	8	正常使用
	管理部	打印机	1	台	870	2015/5/6	5	报废
	管理部	彩色打印机	1	台	1760	2020/4/5	7	正常使用
	行政部	文件柜	4	个	1124	2018/6/6	15	正常使用
	行政部	立式空调	1	台	2200	2019/7/10	6	正常使用
	行政部	饮水机	1	台	350	2018/3/15	4	正常使用
	财务部	办公桌椅	2	套	852	2014/10/15	20	正常使用
	财务部	饮水机	1	台	350	2018/3/15	4	正常使用

图6-9　将单元格区域中的内容删除

STEP 07 在编辑栏中输入公式:=ROW()–2，如图6-10所示。

固定资产清单表								
序号	所属部门	资产名称	资产数量	单位	购入价格	购入日期	使用年限	使用情况
W()-2	管理部	台式电脑	6	台	9900	2017/7/6	8	正常使用
	管理部	打印机	1	台	870	2015/5/6	5	报废
	管理部	彩色打印机	1	台	1760	2020/4/5	7	正常使用
	行政部	文件柜	4	个	1124	2018/6/6	15	正常使用
	行政部	立式空调	1	台	2200	2019/7/10	6	正常使用
	行政部	饮水机	1	台	350	2018/3/15	4	正常使用
	财务部	办公桌椅	2	套	852	2014/10/15	20	正常使用
	财务部	饮水机	1	台	350	2018/3/15	4	正常使用

图6-10　输入公式

STEP 08 按【Ctrl＋Enter】组合键确认，即可批量填充公式，自动生成序号，效果如图6-11所示。

序号	所属部门	资产名称	资产数量	单位	购入价格	购入日期	使用年限	使用情况
1	管理部	台式电脑	6	台	9900	2017/7/6	8	正常使用
2	管理部	打印机	1	台	870	2015/5/6	5	报废
3	管理部	彩色打印机	1	台	1760	2020/4/5	7	正常使用
4	行政部	文件柜	4	个	1124	2018/6/6	15	正常使用
5	行政部	立式空调	1	台	2200	2019/7/10	6	正常使用
6	行政部	饮水机	1	台	350	2018/3/15	4	正常使用
7	财务部	办公桌椅	2	套	852	2014/10/15	20	正常使用
8	财务部	饮水机	1	台	350	2018/3/15	4	正常使用

图 6-11　自动生成序号

STEP 09 执行操作后，在工作表中再次将第4行的内容删除，查看自动更新的序号效果，如图6-12所示。

序号	所属部门	资产名称	资产数量	单位	购入价格	购入日期	使用年限	使用情况
1	管理部	台式电脑	6	台	9900	2017/7/6	8	正常使用
2	管理部	彩色打印机	1	台	1760	2020/4/5	7	正常使用
3	行政部	文件柜	4	个	1124	2018/6/6	15	正常使用
4	行政部	立式空调	1	台	2200	2019/7/10	6	正常使用
5	行政部	饮水机	1	台	350	2018/3/15	4	正常使用
6	财务部	办公桌椅	2	套	852	2014/10/15	20	正常使用
7	财务部	饮水机	1	台	350	2018/3/15	4	正常使用

图 6-12　查看自动更新的序号效果

6.1.3　编辑规则自动添加边框

在制表完成后，有时需要在表格下方新增或减少表格数据，但是工作表中的表格边框已经添加完成，每新增或减少一次数据就需要重新添加一次边框，此时我们可以利用Excel中的“条件格式”功能编辑规则，设置指定区域单元格自动添加边框。下面介绍自动添加单元格边框的具体操作。

扫码看教学视频

STEP 01 在上述工作表中，恢复被删除的数据内容，选择A:I列单元格区域，效果如图6-13所示。

图6-13 选择A:I列单元格区域

STEP 02 在“开始”功能区中，❶单击“条件格式”下拉按钮；❷在弹出的下拉列表框中选择“新建规则”选项，如图6-14所示。

STEP 03 弹出“新建格式规则”对话框，在“选择规则类型”选项区中，❶选择“使用公式确定要设置格式的单元格”选项；❷在下方“为符合此公式的值设置格式”文本框中输入公式:=$A2<>""，定义A2单元格不为空，如图6-15所示。

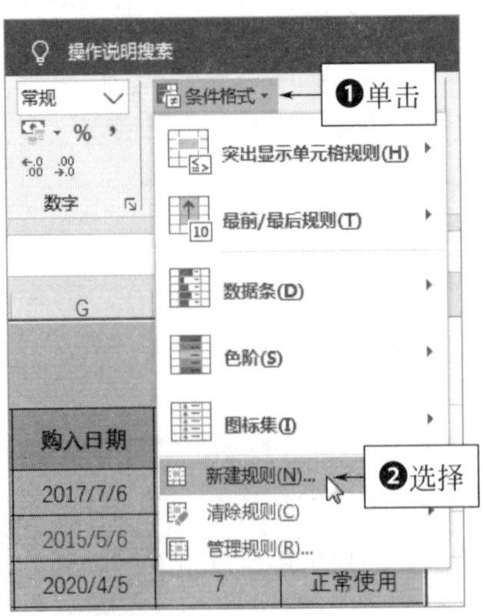

图6-14 选择“新建规则”选项

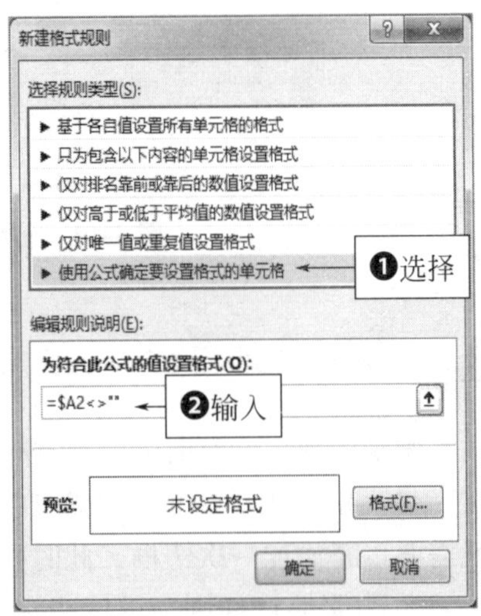

图6-15 输入公式

STEP 04　单击“格式”按钮，弹出“设置单元格格式”对话框，切换至“边框”选项卡，如图6-16所示。

STEP 05　❶设置边框“样式”为最后一个线条样式；❷设置“颜色”为“蓝色，个性1”色块；❸在“预置”选项区单击“外边框”按钮，如图6-17所示。

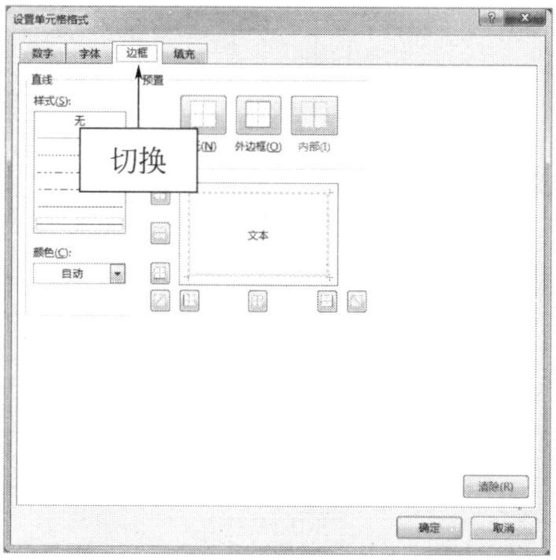

图6-16　切换至“边框”选项卡

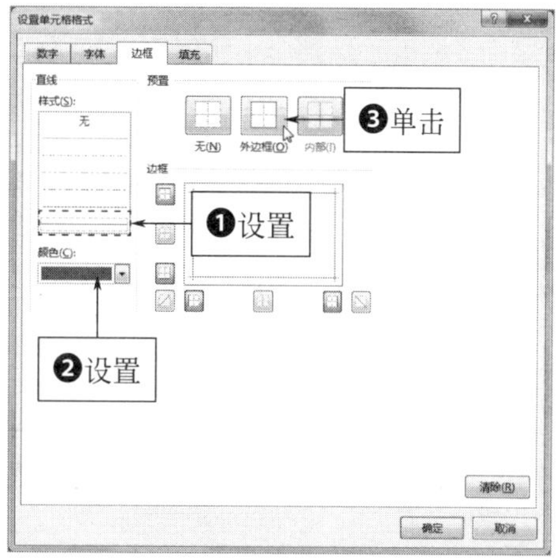

图6-17　单击“外边框”图标

STEP 06　执行操作后，单击“确定”按钮返回工作表，此时表格边框会变成蓝色，效果如图6-18所示。

图6-18　表格边框变为蓝色效果

STEP 07　选择A10单元格，将鼠标移至单元格右下角，当鼠标指针呈＋形状时，按住鼠标左键向下拖曳至A12单元格，如图6-19所示。

图 6-19　拖曳鼠标指针至 A12 单元格

STEP 08　执行操作后，A11:I12 单元格区域会自动添加边框线，如图 6-20 所示。

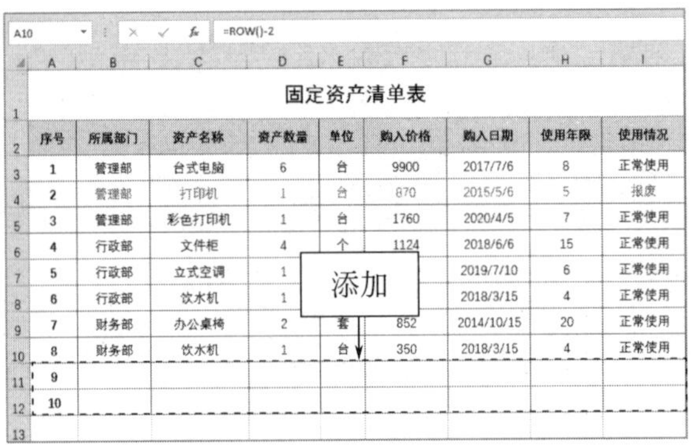

图 6-20　自动添加边框线

STEP 09　删除 A12 单元格中的编号，A12:I12 单元格区域中的边框线会自动消失，效果如图 6-21 所示。

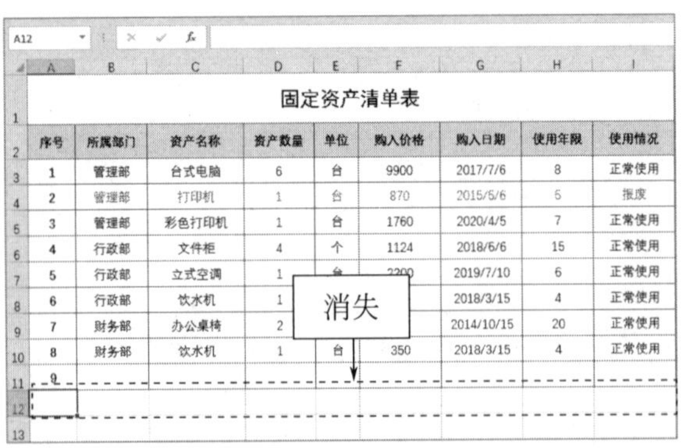

图 6-21　边框线自动消失

6.2 固定资产查询管理

固定资产查询表主要用于查询、筛选和统计固定资产信息，它是基于固定资产清单所创建的查询表单。固定资产查询表中的数据内容全面、信息量庞大，涵盖了企业多年的有形资产明细，不论是已经报废的、正在使用的，还是损坏的、转卖的资产，都一一记录在内。

本实例主要介绍“固定资产查询表”的制作流程和具体方法。

效果欣赏

“固定资产查询表”的最终效果如图6-22所示。

固定资产查询表

序号	所属部门	资产名称	资产数量	单位	购入价格	购入日期	使用年限	使用情况
1	财务部	办公桌椅	2	套	852	2014/10/15	20	正常使用
2	生产部	冲压机	5	台	34000	2014/10/20	12	转卖
3	业务部	办公桌椅	4	套	1704	2014/10/25	20	正常使用
4	仓管部	叉车	1	台	24000	2015/1/12	9	转卖
5	管理部	打印机	1	台	870	2015/5/6	5	报废
6	后勤部	电话机	1	台	680	2016/3/5	5	报废
7	设计部	尺量工具	1	套	339	2016/5/8	8	损坏
8	管理部	台式电脑	6	台	9900	2017/7/6	8	正常使用
9	业务部	立式空调	1	台	1800	2017/9/5	6	损坏
10	行政部	饮水机	1	台	350	2018/3/15	4	正常使用
11	财务部	饮水机	1	台	350	2018/3/15	4	正常使用
12	行政部	文件柜	4	个	1124	2018/6/6	15	正常使用
13	行政部	立式空调	1	台	2200	2019/7/10	6	正常使用
14	管理部	彩色打印机	1	台	1760	2020/4/5	7	正常使用

固定资产项目统计区

查询项目	数量统计	金额统计
报废	2	1550
损坏	2	2139

图6-22　固定资产查询表

技术点睛

1.在Excel中，创建固定资产查询表，输入表单内容，调整工作表的行高与列宽，设置表格格式，并在固定资产查询表中创建固定资产项目统计区。

2.在固定资产查询表中，使用“筛选”功能，筛选出符合条件的资产项目。

3.在固定资产查询表的固定资产项目统计区中，使用SUMIF函数进行筛选求和，统计指定的固定资产项目数据。

6.2.1 创建固定资产查询表

扫码看教学视频

固定资产查询表中的数据众多，在此不便全部列示。下面将以某企业固定资产查询表中的部分数据为例，向大家介绍创建固定资产查询表的操作方法，并在固定资产查询表中创建固定资产项目统计区，以便后续使用。

STEP 01 在Excel中，创建一个名称为“固定资产查询表”的工作表，并在工作表中输入相应的表单内容，效果如图6-23所示。

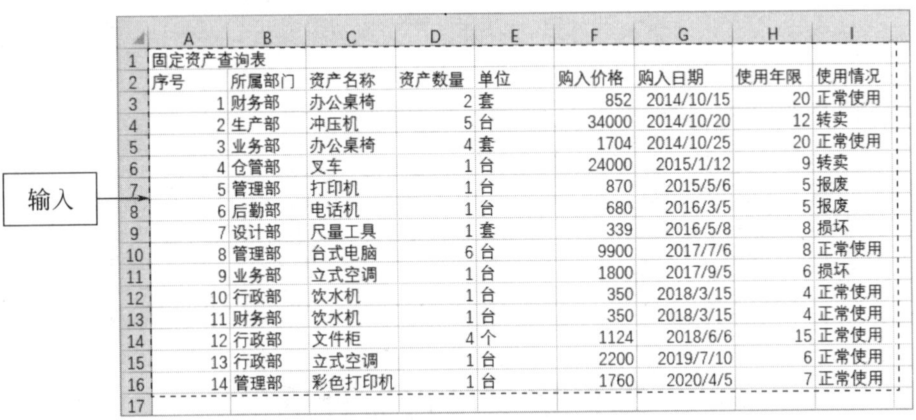

	A	B	C	D	E	F	G	H	I
1	固定资产查询表								
2	序号	所属部门	资产名称	资产数量	单位	购入价格	购入日期	使用年限	使用情况
3	1	财务部	办公桌椅	2	套	852	2014/10/15	20	正常使用
4	2	生产部	冲压机	5	台	34000	2014/10/20	12	转卖
5	3	业务部	办公桌椅	4	套	1704	2014/10/25	20	正常使用
6	4	仓管部	叉车	1	台	24000	2015/1/12	9	转卖
7	5	管理部	打印机	1	台	870	2015/5/6	5	报废
8	6	后勤部	电话机	1	台	680	2016/3/5	5	报废
9	7	设计部	尺量工具	1	套	339	2016/5/8	8	损坏
10	8	管理部	台式电脑	6	台	9900	2017/7/6	8	正常使用
11	9	业务部	立式空调	1	台	1800	2017/9/5	6	损坏
12	10	行政部	饮水机	1	台	350	2018/3/15	4	正常使用
13	11	财务部	饮水机	1	台	350	2018/3/15	4	正常使用
14	12	行政部	文件柜	4	个	1124	2018/6/6	15	正常使用
15	13	行政部	立式空调	1	台	2200	2019/7/10	6	正常使用
16	14	管理部	彩色打印机	1	台	1760	2020/4/5	7	正常使用
17									

图6-23 输入表单内容

STEP 02 在工作表中调整行高、列宽、对齐方式以及字体格式等，并为工作表添加边框线，效果如图6-24所示。

STEP 03 用上述同样的方法，在K1:M4单元格区域创建固定资产项目统计区，效果如图6-25所示。

固定资产查询表								
序号	所属部门	资产名称	资产数量	单位	购入价格	购入日期	使用年限	使用情况
1	财务部	办公桌椅	2	套	852	2014/10/15	20	正常使用
2	生产部	冲压机	5	台	34000	2014/10/20	12	转卖
3	业务部	办公桌椅	4	套	1704	2014/10/25	20	正常使用
4	仓管部	叉车	1	台	24000	2015/1/12	9	转卖
5	管理部	打印机	1	台	870	2015/5/6	5	报废
6	后勤部	电话机	1	台	680	2016/3/5	5	报废
7	设计部	尺量工具	1	套	339	2016/5/8	8	损坏
8	管理部	台式电脑	6	台	9900	2017/7/6	8	正常使用
9	业务部	立式空调	1	台	1800	2017/9/5	6	损坏
10	行政部	饮水机	1	台	350	2018/3/15	4	正常使用
11	财务部	饮水机	1	台	350	2018/3/15	4	正常使用
12	行政部	文件柜	4	个	1124	2018/6/6	15	正常使用
13	行政部	立式空调	1	台	2200	2019/7/10	6	正常使用
14	管理部	彩色打印机	1	台	1760	2020/4/5	7	正常使用

图 6-24　调整表格格式效果

固定资产项目统计区		
查询项目	数量统计	金额统计

图 6-25　创建固定资产项目统计区

6.2.2　筛选出符合条件的资产项目

扫码看教学视频

在固定资产查询表中查询需要的数据信息时，可以通过查找、条件格式、筛选、排序、分类汇总以及数据透视表等方式进行。下面将以筛选查询的方式为例，向大家介绍使用“筛选”功能在固定资产查询表中筛选出符合条件的数据信息的操作方法。

STEP 01　选择A2:I2单元格区域，如图6-26所示。

STEP 02　在“开始”功能区的“编辑”面板中，❶单击“排序和筛选”下拉按钮；❷在弹出的列表框中选择“筛选”选项，如图6-27所示。

图 6-26　选择 A2:I2 单元格区域

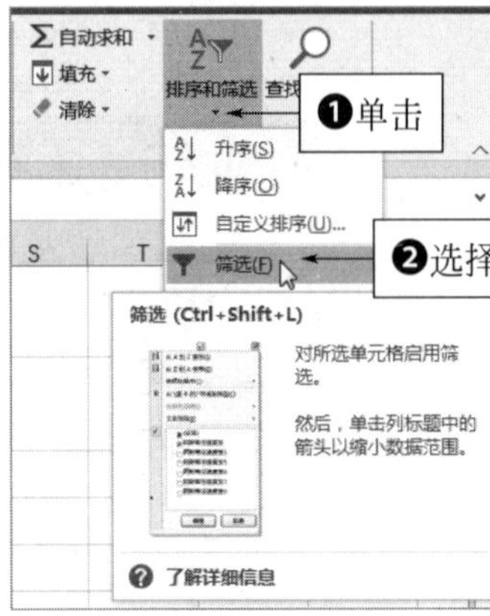

图 6-27　选择“筛选”选项

STEP 03　执行操作后，即可在表头单元格中添加下拉按钮▼，如图 6-28 所示。

STEP 04　❶单击 I2 单元格中的下拉按钮▼；❷在弹出的列表框中取消选中“(全选)”复选框；❸再选中“转卖”复选框，如图 6-29 所示。

图 6-28　添加下拉按钮

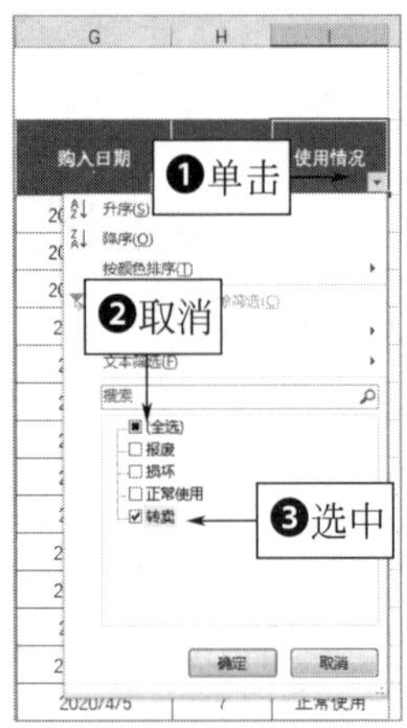

图 6-29　选中“转卖”复选框

STEP 05　单击“确定”按钮，即可筛选出符合条件的资产数据，效果如图 6-30 所示。

专家提醒

再次单击下拉按钮▼，在弹出的列表框中选中“(全选)”复选框，单击“确定”按钮，即可将工作表恢复原样。

图6-30　筛选出符合条件的资产数据

6.2.3 统计固定资产项目数据

扫码看教学视频

在Excel中，使用SUMIF函数可以进行筛选求和运算，统计同类别的数据信息。下面以统计报废、损坏的资产数量和金额为例，向大家介绍使用SUMIF函数统计固定资产项目数据的操作方法。

STEP 01 在工作表的K3和K4单元格中分别输入“报废”和“损坏”两个查询项目，效果如图6-31所示。

STEP 02 在L3单元格中输入SUMIF函数公式:=SUMIF($I$3:$I$16，K3，$D$3:$D$16)，如图6-32所示。

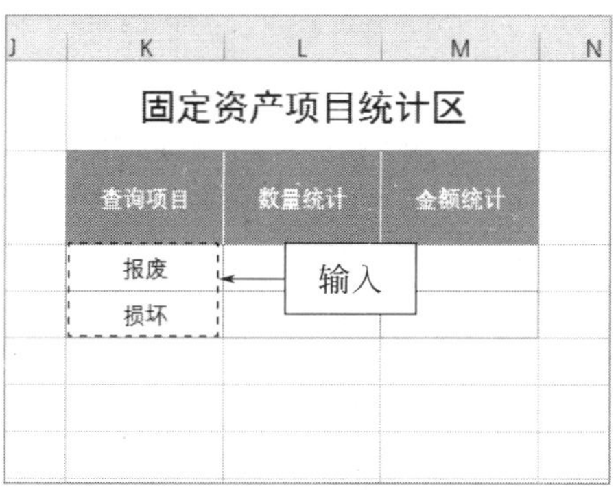

图6-31　输入指定的查询项目

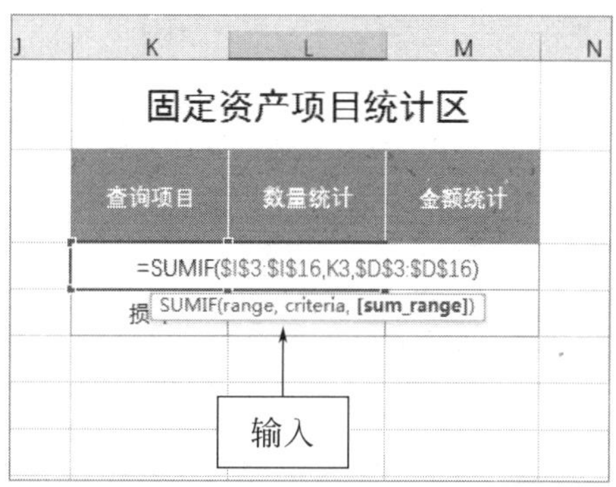

图6-32　输入函数公式（1）

专家提醒

在单元格中输入SUMIF函数公式时，公式下方会自动显示该函数的语法。

STEP 03 按回车键确认，即可统计报废的资产数量，效果如图6-33所示。

STEP 04 在M3单元格中输入SUMIF函数公式:=SUMIF($I$3:$I$16，K3，$F$3:$F$16)，如图6-34所示。

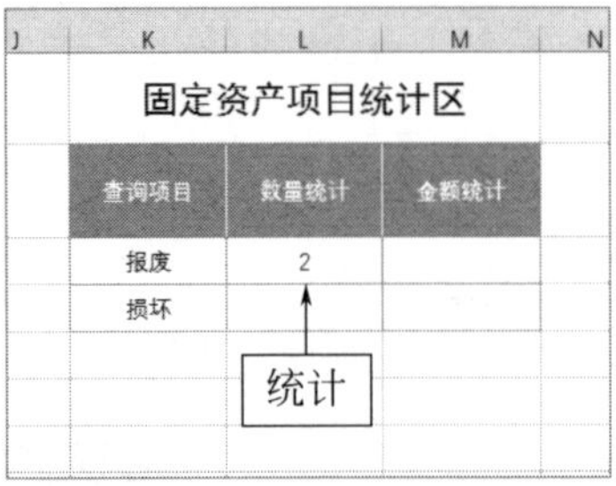

图6-33　统计报废的资产数量

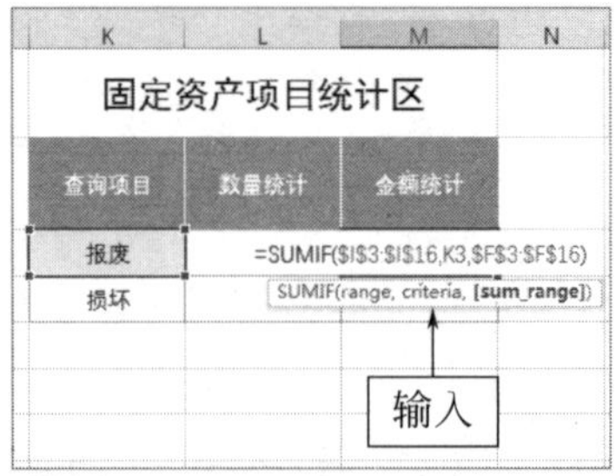

图6-34　输入函数公式（2）

STEP 05 按回车键确认，即可统计报废的资产金额，效果如图6-35所示。

STEP 06 选择L3:M3单元格区域，将公式下拉拖曳填充至L4:M4单元格区域中，释放鼠标左键，即可统计损坏的资产数量和金额，效果如图6-36所示。

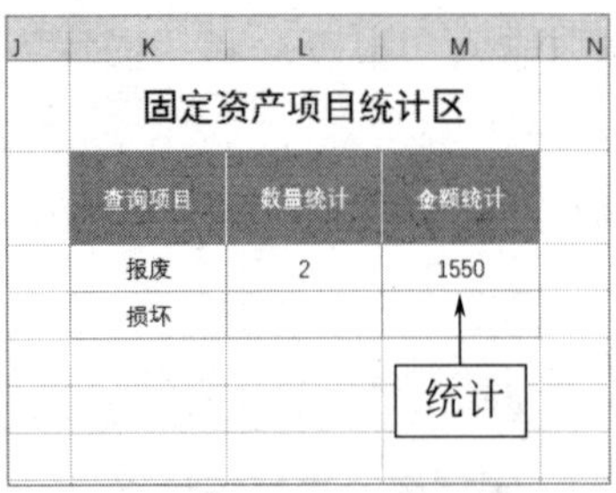

图6-35　统计报废的资产金额

图6-36　统计损坏的资产数量和金额

专家提醒

本例SUMIF函数公式解析:=SUMIF(条件区，指定条件，数据求和区)。

公式中的“$”符号表示绝对值，假设在A1单元格中输入“=”后，选择表格中的一个单元格，例如选择D3单元格，A1单元格中的公式将变为“=D3”，表示自动引用D3单元格；此时按一下【F4】键，公式中的引用值“D3”将会变为绝对值“$D$3”，表示已固定D列第3行；按两下【F4】键则会变成绝对值“D$3”，表示固定第3行；按3下【F4】键则会变成绝对值“$D3”，表示固定D列；按4下【F4】键则会变回引用值“D3”。

6.3 固定资产折旧管理

固定资产折旧是指固定资产项目在企业经营、生产使用的过程中会逐渐耗损，而原来购入时的价格会随着固定资产项目的使用、耗损逐渐降值。因此，企业需要采用折旧的方式按照残值率计算提取折旧费用，以此进行资产价值评估，将资产价值转移到产品或者劳务中，构成成本费用中的一部分，从收益中得到资产耗损补偿。

本实例主要介绍“固定资产折旧费用表”的制作流程和具体方法。

效果欣赏

“固定资产折旧费用表”的最终效果如图6-37所示。

固定资产折旧费用表							
序号	资产名称	购入日期	使用年限	购入价格	净残值率	净残值	折旧费用
1	办公桌椅	2014/10/15	20	426	4%	17.04	¥20.45
2	滚轮机	2014/10/20	10	3300	5%	165	¥313.50
3	办公桌椅	2014/10/25	20	426	4%	17.04	¥20.45
4	叉车	2015/1/12	9	24000	5%	1200	¥2,533.33
5	打印机	2015/5/6	5	870	5%	43.5	¥165.30
6	电话机	2016/3/5	5	680	5%	34	¥129.20
7	尺量工具	2016/5/8	8	339	5%	16.95	¥40.26
8	台式电脑	2017/7/6	8	1650	5%	82.5	¥195.94
9	立式空调	2017/9/5	6	1800	5%	90	¥285.00
10	饮水机	2018/3/15	4	350	3%	10.5	¥84.88
11	饮水机	2018/3/15	4	350	3%	10.5	¥84.88
12	文件柜	2018/6/6	15	281	3%	8.43	¥18.17
13	立式空调	2019/7/10	6	2200	5%	110	¥348.33
14	彩色打印机	2020/4/5	7	1760	5%	88	¥238.86

图 6-37　固定资产折旧费用表

技术点睛

1. 在Excel中，创建固定资产折旧费用表，输入表单内容，调整工作表的行高与列宽，设置表格格式。

2. 在固定资产折旧费用表中，使用计算公式统计固定资产的净残值。

3. 在固定资产折旧费用表中，使用平均年限计算法，通过SLN函数公式计算固定资产的折旧费用。

6.3.1 创建固定资产折旧费用表

扫码看教学视频

折旧费是资产价值下降后的费用，也是计入到成本费用中的固定资产转移价值。因此，为了计算固定资产的折旧费用，需要创建固定资产折旧费用表。下面介绍具体的操作方法。

STEP 01 在Excel中，创建一个名称为“固定资产折旧费用表”的工作表，并在工作表中输入相应的表单内容，效果如图6-38所示。

输入

固定资产折旧费用表

序号	资产名称	购入日期	使用年限	购入价格	净残值率	净残值	折旧费用
1	办公桌椅	2014/10/15	20	426	4%		
2	滚轮机	2014/10/20	10	3300	5%		
3	办公桌椅	2014/10/25	20	426	4%		
4	叉车	2015/1/12	9	24000	5%		
5	打印机	2015/5/6	5	870	5%		
6	电话机	2016/3/5	5	680	5%		
7	尺量工具	2016/5/8	8	339	5%		
8	台式电脑	2017/7/6	8	1650	5%		
9	立式空调	2017/9/5	6	1800	5%		
10	饮水机	2018/3/15	4	350	3%		
11	饮水机	2018/3/15	4	350	3%		
12	文件柜	2018/6/6	15	281	3%		
13	立式空调	2019/7/10	6	2200	5%		
14	彩色打印机	2020/4/5	7	1760	5%		

图 6-38 输入表单内容

STEP 02 在工作表中调整行高、列宽、对齐方式以及字体格式等，并为工作表添加边框线，效果如图6-39所示。

调整

固定资产折旧费用表

序号	资产名称	购入日期	使用年限	购入价格	净残值率	净残值	折旧费用
1	办公桌椅	2014/10/15	20	426	4%		
2	滚轮机	2014/10/20	10	3300	5%		
3	办公桌椅	2014/10/25	20	426	4%		
4	叉车	2015/1/12	9	24000	5%		
5	打印机	2015/5/6	5	870	5%		
6	电话机	2016/3/5	5	680	5%		
7	尺量工具	2016/5/8	8	339	5%		
8	台式电脑	2017/7/6	8	1650	5%		
9	立式空调	2017/9/5	6	1800	5%		
10	饮水机	2018/3/15	4	350	3%		
11	饮水机	2018/3/15	4	350	3%		
12	文件柜	2018/6/6	15	281	3%		
13	立式空调	2019/7/10	6	2200	5%		
14	彩色打印机	2020/4/5	7	1760	5%		

图 6-39 调整表格格式效果

6.3.2　统计固定资产的净残值

扫码看教学视频

固定资产净残值是指固定资产使用年限期满后，报废时仍可回收的残余价值减去固定资产清理费用后的价值，它不属于固定资产折旧的转移价值，不可计入成本费用。因此，在计算固定资产折旧费前，需要将固定资产净残值从固定资产原来的购入价格中扣除。

将固定资产原来购入的价格与残值率相乘即可得到固定资产的净残值，残值率一般在3%～5%之间。下面向大家介绍统计固定资产净残值的操作方法。

STEP 01 在工作表中选择G3单元格，如图6-40所示。

STEP 02 在其中输入计算公式:=E3*F3，如图6-41所示。

图6-40　选择G3单元格

图6-41　输入计算公式

STEP 03 按回车键确认后，即可计算出第1项固定资产的净残值，如图6-42所示。

STEP 04 选择G3单元格，将公式下拉拖曳填充至G16单元格中，即可批量计算固定资产的净残值，效果如图6-43所示。

图6-42　计算第1项固定资产的净残值

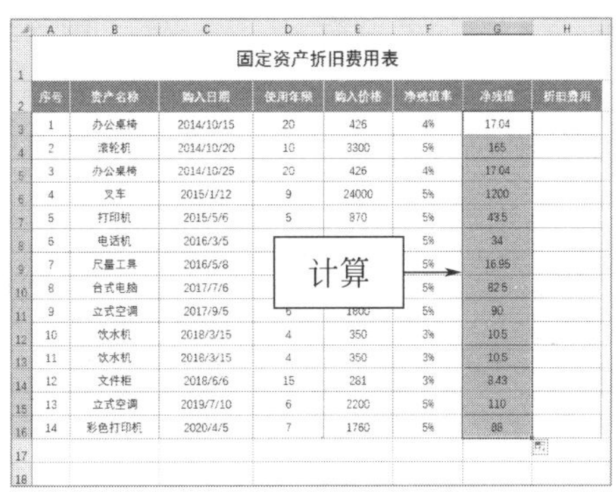

图6-43　批量计算固定资产净残值

扫码看教学视频

6.3.3 用平均年限法计算折旧费用

常用的折旧方法有平均年限法、工作量法以及加速折旧法等，采用不同的折旧方法，得出的折旧费用是不一样的，因此大家应根据规定选择正确的折旧方法。下面将以平均年限法为例，计算固定资产折旧费。平均年限法又可称为直线折旧法，在Excel中，SLN函数就是专门用来计算线性折旧费用的函数。下面介绍具体的操作方法。

STEP 01 ❶在工作表中选择H3:H16单元格区域；❷在编辑栏中输入计算公式:=SLN(E3，G3，D3)，如图6-44所示。

STEP 02 按【Ctrl＋Enter】组合键确认，即可批量计算各项固定资产的折旧费用，由于SLN函数属于财务函数，因此计算完成后，单元格格式会自动改为货币格式，效果如图6-45所示。

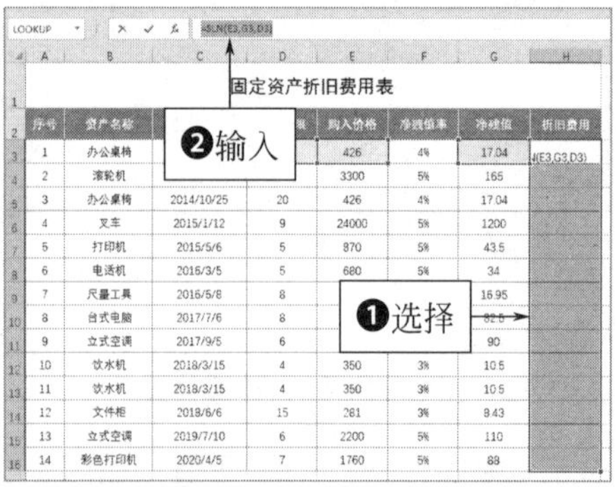

图6-44 输入计算公式

图6-45 批量计算各项固定资产的折旧费用

第7章

收付：日常账款的统计与管理

日常账款的收付管理可以保障企业生产经营活动的现金流量平衡，提高流动资产的变现和资金使用效果。本章主要提供了日常账款管理的相关表格，并详细介绍了使用Excel 2016软件统计应收账款、分析应收账款以及管理应付账款的技巧，希望读者熟练掌握本章内容。

7.1 / 应收账款的统计

应收账款是企业在营业期间对外出售产品或对外提供劳务时，应向购买方收取的费用款项。在企业与购买方进行业务交易的过程中，有的购买方会先支付一部分定金，待交易完成后再支付尾款；也有的购买方会使用分期付款的方式进行交易。

未及时收回的应收账款都属于被购买方所占用的流动资金，因此财务人员需要对应收账款进行管理、统计和追踪，以保证企业持续经营。对于拖欠未还的应收账款，应采取催款措施；对于无法收回的应收账款，应做好坏账损失处理。

本实例主要介绍“应收账款记录表”的制作流程和具体方法。

效果欣赏

“应收账款记录表”的最终效果如图7-1所示。

应收账款记录表							
当前日期：		2021/10/25					
序号	购买方	开票日期	应收金额（元）	已收金额（元）	未收金额（元）	付款期限（天）	账款状态
1	锐达	2021/9/15	¥8,500.00	¥6,500.00	¥2,000.00	30	已逾期
2	诚誉	2021/10/5	¥15,000.00	¥5,000.00	¥10,000.00	30	未到期
3	诚誉	2021/10/6	¥20,000.00	¥15,000.00	¥5,000.00	20	未到期
4	英茂	2021/10/6	¥7,310.00		¥7,310.00	20	未到期
5	英茂	2021/10/7	¥6,680.00	¥6,680.00	¥0.00	15	已结款
6	锐达	2021/10/10	¥17,500.00		¥17,500.00	15	未到期
7	信华	2021/10/12	¥23,500.00	¥23,500.00	¥0.00	7	已结款
8	信华	2021/10/13	¥35,000.00	¥35,000.00	¥0.00	7	已结款
9	英茂	2021/10/15	¥28,000.00	¥25,000.00	¥3,000.00	15	未到期
10	锐达	2021/10/15	¥10,000.00	¥5,000.00	¥5,000.00	7	已逾期
11	邦格	2021/10/18	¥9,900.00	¥4,300.00	¥5,600.00	20	未到期
12	信华	2021/10/20	¥26,800.00		¥26,800.00	15	未到期

图 7-1　应收账款记录表

技术点睛

1. 在Excel中，创建应收账款记录表，输入表单内容，调整工作表的行高与列宽，设置表格格式。

2. 在应收账款记录表中，使用公式计算未收账款的金额。

3. 在应收账款记录表中，使用IF函数判断账款目前的状态。

7.1.1　创建应收账款记录表

扫码看教学视频

对于企业日常运营中产生的应收账款，我们可以创建应收账款记录表来进行管理、统计和数据分析。下面介绍具体的操作方法。

STEP 01　在Excel中，创建一个名称为“应收账款记录表”的工作表，并在工作表中输入相应的表单内容，效果如图7-2所示。

输入

应收账款记录表							
当前日期：		2021/10/25					
序号	购买方	开票日期	应收金额（元）	已收金额（元）	未收金额（元）	付款期限（天）	账款状态
1	锐达	2021/9/15	8,500.00	6,500.00		30	
2	诚誉	2021/10/5	15,000.00	5,000.00		30	
3	诚誉	2021/10/6	20,000.00	15,000.00		20	
4	英茂	2021/10/6	7,310.00			20	
5	英茂	2021/10/7	6,680.00	6,680.00		15	
6	锐达	2021/10/10	17,500.00			15	
7	信华	2021/10/12	23,500.00	23,500.00		7	
8	信华	2021/10/13	35,000.00	35,000.00		7	
9	英茂	2021/10/15	28,000.00	25,000.00		15	
10	锐达	2021/10/15	10,000.00	5,000.00		7	
11	邦格	2021/10/18	9,900.00	4,300.00		20	
12	信华	2021/10/20	26,800.00			15	

图7-2　输入表单内容

STEP 02　在工作表中调整行高、列宽、对齐方式以及字体格式等，并为工作表添加边框线，效果如图7-3所示。

调整

应收账款记录表							
当前日期：	2021/10/25						
序号	购买方	开票日期	应收金额（元）	已收金额（元）	未收金额（元）	付款期限（天）	账款状态
1	锐达	2021/9/15	¥8,500.00	¥6,500.00		30	
2	诚誉	2021/10/5	¥15,000.00	¥5,000.00		30	
3	诚誉	2021/10/6	¥20,000.00	¥15,000.00		20	
4	英茂	2021/10/6	¥7,310.00			20	
5	英茂	2021/10/7	¥6,680.00	¥6,680.00		15	
6	锐达	2021/10/10	¥17,500.00			15	
7	信华	2021/10/12	¥23,500.00	¥23,500.00		7	
8	信华	2021/10/13	¥35,000.00	¥35,000.00		7	
9	英茂	2021/10/15	¥28,000.00	¥25,000.00		15	
10	锐达	2021/10/15	¥10,000.00	¥5,000.00		7	
11	邦格	2021/10/18	¥9,900.00	¥4,300.00		20	
12	信华	2021/10/20	¥26,800.00			15	

图7-3　调整表格格式效果

扫码看教学视频

7.1.2 使用公式计算未收账款

将当前应收金额减去已收金额即可计算出未收金额。下面向大家介绍具体的操作方法。

STEP 01 在工作表中选择F4单元格，如图7-4所示。

应收账款记录表

当前日期： 2021/10/25

序号	购买方	开票日期	应收金额（元）	已收金额（元）	未收金额（元）	付款期限（天）	账款状态
1	锐达	2021/9/15	¥8,500.00	¥6,500.00		30	
2	诚誉	2021/10/5	¥15,000.00	¥5,000.00		30	
3	诚誉	2021/10/6	¥20,000.00	¥15,000.00		20	
4	英茂	2021/10/6	¥7,310.00			20	
5	英茂	2021/10/7	¥6,680.00	¥6,680.00		15	
6	锐达	2021/10/10	¥17,500.00			15	
7	信华	2021/10/12	¥23,500.00	¥23,500.00		7	
8	信华	2021/10/13	¥35,000.00	¥35,000.00		7	
9	英茂	2021/10/15	¥28,000.00	¥25,000.00		15	
10	锐达	2021/10/15	¥10,000.00	¥5,000.00		7	
11	邦格	2021/10/18	¥9,900.00	¥4,300.00		20	
12	信华	2021/10/20	¥26,800.00			15	

图7-4 选择F4单元格

STEP 02 在其中输入计算公式:=D4–E4，如图7-5所示。

应收账款记录表

当前日期： 2021/10/25

序号	购买方	开票日期	应收金额（元）	已收金额（元）	未收金额（元）	付款期限（天）	账款状态
1	锐达	2021/9/15	¥8,500.00	¥6,500.00	=D4-E4	30	
2	诚誉	2021/10/5	¥15,000.00	¥5,000.00		30	
3	诚誉	2021/10/6	¥20,000.00	¥15,000.00		20	
4	英茂	2021/10/6	¥7,310.00			20	
5	英茂	2021/10/7	¥6,680.00	¥6,680.00		15	
6	锐达	2021/10/10	¥17,500.00			15	
7	信华	2021/10/12	¥23,500.00	¥23,500.00		7	
8	信华	2021/10/13	¥35,000.00	¥35,000.00		7	
9	英茂	2021/10/15	¥28,000.00	¥25,000.00		15	
10	锐达	2021/10/15	¥10,000.00	¥5,000.00		7	
11	邦格	2021/10/18	¥9,900.00	¥4,300.00		20	
12	信华	2021/10/20	¥26,800.00			15	

图7-5 输入计算公式

STEP 03 按回车键确认后，即可计算出第1个款项的未收金额，如图7-6所示。

应收账款记录表

当前日期：		2021/10/25					
序号	购买方	开票日期	应收金额（元）	已收金额（元）	未收金额（元）	付款期限（天）	账款状态
1	锐达	2021/9/15	¥8,500.00	¥6,500.00	¥2,000.00	30	
2	诚誉	2021/10/5	¥15,000.00	¥5,000.00		30	
3	诚誉	2021/10/6	¥20,000.00	¥15,000.00		20	
4	英茂	2021/10/6	¥7,310.00			20	
5	英茂	2021/10/7	¥6,680.00	¥6,680.00		15	
6	锐达	2021/10/10	¥17,500.00			15	
7	信华	2021/10/12	¥23,500.00	¥23,500.00		7	
8	信华	2021/10/13	¥35,000.00	¥35,000.00		7	
9	英茂	2021/10/15	¥28,000.00	¥25,000.00		15	
10	锐达	2021/10/15	¥10,000.00	¥5,000.00		7	
11	邦格	2021/10/18	¥9,900.00	¥4,300.00		20	
12	信华	2021/10/20	¥26,800.00			15	

图 7-6　计算第 1 个款项的未收金额

STEP 04 选择F4单元格，将公式下拉拖曳填充至F15单元格中，即可批量计算未收金额，效果如图7-7所示。

应收账款记录表

当前日期：		2021/10/25					
序号	购买方	开票日期	应收金额（元）	已收金额（元）	未收金额（元）	付款期限（天）	账款状态
1	锐达	2021/9/15	¥8,500.00	¥6,500.00	¥2,000.00	30	
2	诚誉	2021/10/5	¥15,000.00	¥5,000.00	¥10,000.00	30	
3	诚誉	2021/10/6	¥20,000.00	¥15,000.00	¥5,000.00	20	
4	英茂	2021/10/6	¥7,310.00		¥7,310.00	20	
5	英茂	2021/10/7	¥6,680.00	¥6,680.00	¥0.00	15	
6	锐达	2021/10/10	¥17,500.00		¥17,500.00	15	
7	信华	2021/10/12	¥23,500.00	¥23,500.00	¥0.00	7	
8	信华	2021/10/13	¥35,000.00	¥35,000.00	¥0.00	7	
9	英茂	2021/10/15	¥28,000.00	¥25,000.00	¥3,000.00	15	
10	锐达	2021/10/15	¥10,000.00	¥5,000.00	¥5,000.00	7	
11	邦格	2021/10/18	¥9,900.00	¥4,300.00	¥5,600.00	20	
12	信华	2021/10/20	¥26,800.00		¥26,800.00	15	

图 7-7　批量计算未收金额

7.1.3　使用函数统计账款状态

扫码看教学视频

计算完应收账款的各项未收金额后，即可使用IF函数来判断账款的状态。如果应收金额和已收金额一致，则为已结款；如果从开票时间开始算起，加上付款期限的时间比当前日期小，就表示该款项已逾期；反之则表示未到期。下面介绍使用函数统计账款状态的操作方法。

STEP 01 在工作表中选择H4:H15单元格区域，如图7-8所示。

	A	B	C	D	E	F	G	H
1	应收账款记录表							
2	当前日期：		2021/10/25					
3	序号	购买方	开票日期	应收金额（元）	已收金额（元）	未收金额（元）	付款期限（天）	账款状态
4	1	锐达	2021/9/15	¥8,500.00	¥6,500.00	¥2,000.00	30	
5	2	诚誉	2021/10/5	¥15,000.00	¥5,000.00	¥10,000.00	30	
6	3	诚誉	2021/10/6	¥20,000.00	¥15,000.00	¥5,000.00	20	
7	4	英茂	2021/10/6	¥7,310.00		¥7,310.00	20	
8	5	英茂	2021/10/7	¥6,680.00	¥6,680.00	¥0.00	15	
9	6	锐达	2021/10/10	¥17,500.00		¥17,500.00	15	
10	7	信华	2021/10/12	¥23,500.00	¥23,500.00	¥0.00	7	
11	8	信华	2021/10/13	¥35,000.00	¥35,000.00	¥0.00	7	
12	9	英茂	2021/10/15	¥28,000.00	¥25,000.00	¥3,000.00	15	
13	10	锐达	2021/10/15	¥10,000.00	¥5,000.00	¥5,000.00	7	
14	11	邦格	2021/10/18	¥9,900.00	¥4,300.00	¥5,600.00	20	
15	12	信华	2021/10/20	¥26,800.00		¥26,800.00	15	

图7-8　选择H4:H15单元格区域

STEP 02 在编辑栏中输入计算公式:=IF(D4=E4，"已结款"，IF((C4+G4)<$C$2，"已逾期"，"未到期"))，如图7-9所示。

	A	B	C	D	E	F	G	H
1	应收账款记录表							
2	当前日期：		2021/10/25					
3	序号	购买方	开票日期	应收金额（元）	已收金额（元）	未收金额（元）	付款期限（天）	账款状态
4	1	锐达	2021/9/15	¥8,500.00	¥6,500.00	¥2,000.00	30	,"未到期")
5	2	诚誉	2021/10/5	¥15,000.00	¥5,000.00	¥10,000.00	30	
6	3	诚誉	2021/10/6	¥20,000.00	¥15,000.00	¥5,000.00	20	
7	4	英茂	2021/10/6	¥7,310.00		¥7,310.00	20	
8	5	英茂	2021/10/7	¥6,680.00	¥6,680.00	¥0.00	15	
9	6	锐达	2021/10/10	¥17,500.00		¥17,500.00	15	
10	7	信华	2021/10/12	¥23,500.00	¥23,500.00	¥0.00	7	
11	8	信华	2021/10/13	¥35,000.00	¥35,000.00	¥0.00	7	
12	9	英茂	2021/10/15	¥28,000.00	¥25,000.00	¥3,000.00	15	
13	10	锐达	2021/10/15	¥10,000.00	¥5,000.00	¥5,000.00	7	
14	11	邦格	2021/10/18	¥9,900.00	¥4,300.00	¥5,600.00	20	
15	12	信华	2021/10/20	¥26,800.00		¥26,800.00	15	

图7-9　输入计算公式

STEP 03 按【Ctrl＋Enter】组合键确认，即可批量计算各款项的状态，效果如图7-10所示。

应收账款记录表							
当前日期：		2021/10/25					
序号	购买方	开票日期	应收金额（元）	已收金额（元）	未收金额（元）	付款期限（天）	账款状态
1	锐达	2021/9/15	¥8,500.00	¥6,500.00	¥2,000.00	30	已逾期
2	诚誉	2021/10/5	¥15,000.00	¥5,000.00	¥10,000.00	30	未到期
3	诚誉	2021/10/6	¥20,000.00	¥15,000.00	¥5,000.00	20	未到期
4	英茂	2021/10/6	¥7,310.00		¥7,310.00	20	未到期
5	英茂	2021/10/7	¥6,680.00	¥6,680.00	¥0.00	15	已结款
6	锐达	2021/10/10	¥17,500.00		¥17,500.00	15	未到期
7	信华	2021/10/12	¥23,500.00	¥23,500.00	¥0.00	7	已结款
8	信华	2021/10/13	¥35,000.00	¥35,000.00	¥0.00	7	已结款
9	英茂	2021/10/15	¥28,000.00	¥25,000.00	¥3,000.00	15	未到期
10	锐达	2021/10/15	¥10,000.00	¥5,000.00	¥5,000.00	7	已逾期
11	邦格	2021/10/18	¥9,900.00	¥4,300.00	¥5,600.00	20	未到期
12	信华	2021/10/20	¥26,800.00		¥26,800.00	15	未到期

计算

图 7-10　批量计算各款项的状态

7.2 应收账款的分析

应收账款的增幅与主营业务收入增幅息息相关，因此应收账款记录表制作完成后，可以通过汇总统计、图表分析等方式对应收账款的数据进行分析，以便对企业资产的风险状况进行评估，避免财务状况恶化。

本实例主要介绍分析应收账款数据的制作流程和具体方法。

效果欣赏

应收账款的分析效果如图 7-11 所示。

应收账款记录表							
当前日期：		2021/10/25					
序号	购买方	开票日期	应收金额（元）	已收金额（元）	未收金额（元）	付款期限（天）	账款状态
1	锐达	2021/9/15	¥8,500.00	¥6,500.00	¥2,000.00	30	已逾期
10	锐达	2021/10/15	¥10,000.00	¥5,000.00	¥5,000.00	7	已逾期
	总计				¥7,000.00		

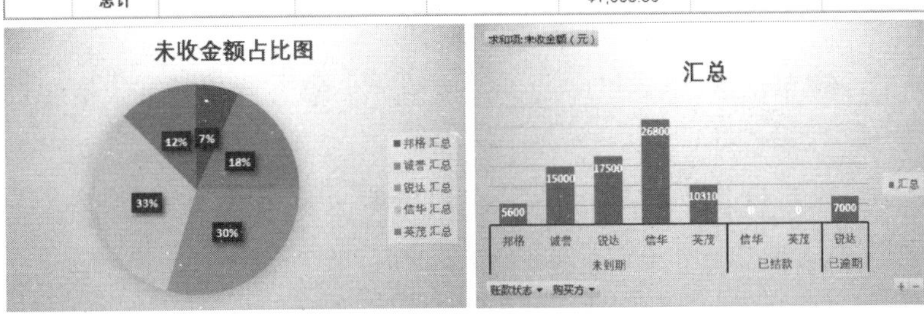

图 7-11　应收账款的分析效果

技术点睛

1.在应收账款记录表中，使用“筛选”功能和“分类汇总”功能对工作表中的数据进行汇总统计。

2.在应收账款记录表中，使用图表分析应收账款数据。

3.在应收账款记录表中，使用数据透视图分析应收账款数据。

扫码看教学视频

7.2.1 汇总统计应收账款数据

以7.1节中的效果图为例，在“应收账款记录表”中使用Excel的“筛选”功能和“分类汇总”功能对数据进行分类汇总，以便统计已逾期的客户有哪些，未收账款的金额是多少。下面介绍汇总统计应收账款数据的操作方法。

STEP 01 打开“应收账款记录表”，选择A3:H3单元格区域，在“数据”功能区的“排序和筛选”面板中，单击“筛选”按钮，如图7-12所示。

STEP 02 执行操作后，即可在表头单元格中添加下拉按钮▼，如图7-13所示。

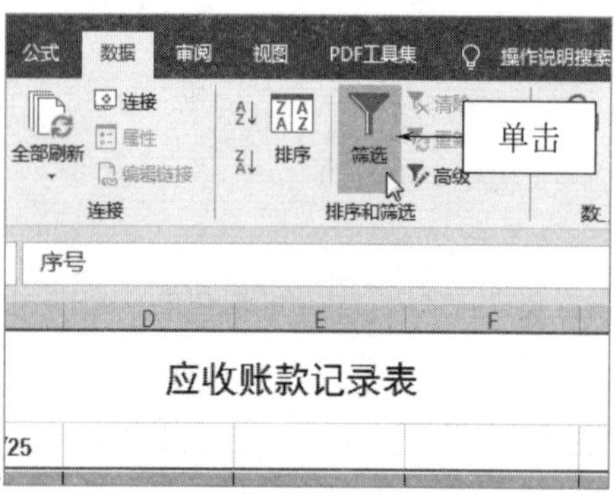

图7-12 单击“筛选”按钮

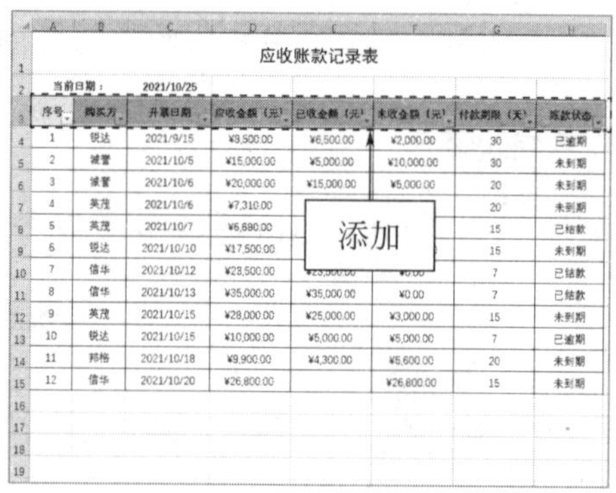

图7-13 添加下拉按钮

STEP 03 ❶单击B3单元格中的下拉按钮▼；❷在弹出的列表框中选择“升序”选项，如图7-14所示。

STEP 04 执行操作后，即可使工作表按购买方名称重新排序，效果如图7-15所示。

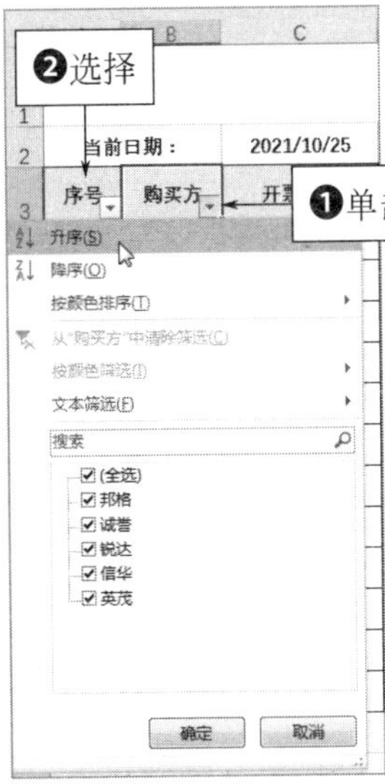

图 7-14　选择“升序”选项

应收账款记录表

当前日期：2021/10/25

序号	购买方	开票日期	应收金额（元）	已收金额（元）	未收金额（元）	付款期限（天）	账款状态
11	邦格	2021/10/18	¥9,900.00	¥4,300.00	¥5,600.00	20	未到期
2	诚誉	2021/10/5	¥15,000.00	¥5,000.00	¥10,000.00	30	未到期
3	诚誉	2021/10/6	¥20,000.00	¥15,000.00	¥5,000.00	20	未到期
1	锐达	2021/9/15	¥8,500.00	¥6,500.00	¥2,000.00	30	已逾期
6	锐达	2021/10/10	¥17,500.00		¥17,500.00	15	未到期
10	锐达	2021/10/15	¥10,000.00	¥5,000.00	¥5,000.00	7	已逾期
7	信华	2021/10/12	¥23,500.00	¥23,500.00	¥0.00	7	已结款
8	信华	2021/10/13	¥35,000.00	¥35,000.00	¥0.00	7	已结款
12	信华	2021/10/20	¥26,800.00		¥26,800.00	15	未到期
4	英茂	2021/10/6	¥7,310.00		¥7,310.00	20	未到期
5	英茂	2021/10/7	¥6,680.00	¥6,680.00	¥0.00	15	已结款
9	英茂	2021/10/15	¥28,000.00	¥25,000.00	¥3,000.00	15	未到期

图 7-15　重新排序效果

STEP 05　选择A3:H15单元格区域，在“数据”功能区的“分级显示”面板中，单击“分类汇总”按钮，如图7-16所示。

STEP 06　弹出“分类汇总”对话框，❶设置“分类字段”为“购买方”；❷设置“汇总方式”为“求和”；❸在“选定汇总项”下方的列表框中选中“未收金额”复选框，如图7-17所示。

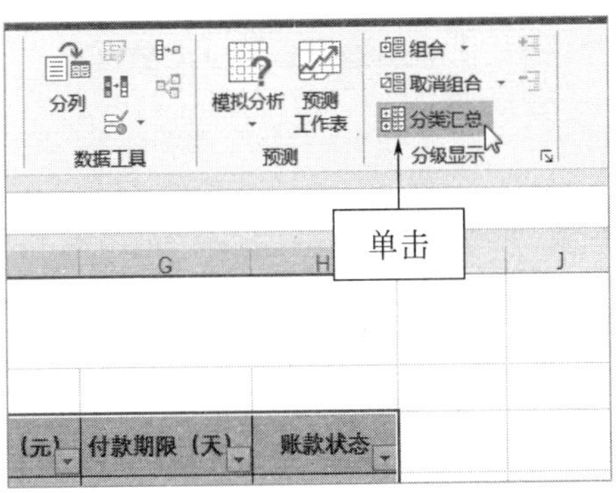

图 7-16　单击“分类汇总”按钮

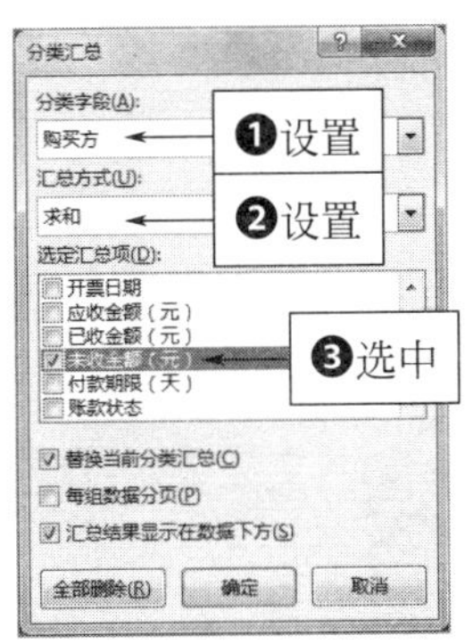

图 7-17　选中“未收金额”复选框

STEP 07　单击“确定”按钮，分类统计各购买方的未收金额，效果如图7-18所示。

STEP 08　❶单击H3单元格中的下拉按钮；❷在弹出的列表框中取消选中“(全选)”复选框；❸再选中“已逾期”复选框，如图7-19所示。

序号	购买方	开票日期	应收金额（元）	已收金额（元）	未收金额（元）	付款期限（天）	账款状态
11	邦格	2021/10/18	¥9,900.00	¥4,300.00	¥5,600.00	20	未到期
	邦格 汇总				¥5,600.00		
2	诚誉	2021/10/5	¥15,000.00	¥5,000.00	¥10,000.00	30	未到期
3	诚誉	2021/10/6	¥20,000.00	¥15,000.00	¥5,000.00	20	未到期
	诚誉 汇总				¥15,000.00		
1	锐达	2021/9/15	¥8,500.00	¥6,500.00	¥2,000.00	30	已逾期
6	锐达	2021/10/10	¥17,500.00		¥17,500.00	15	未到期
10	锐达	2021/10/15	¥10,000.00	¥5,000.00	¥5,000.00	7	已逾期
	锐达 汇总				¥24,500.00		
7	信华	2021/10/12	¥23,500.00	¥23,500.00	¥0.00	7	已结款
8	信华	2021/10/13	¥35,000.00	¥35,000.00	¥0.00	7	已结款
12	信华	2021/10/20	¥26,800.00		¥26,800.00	15	未到期
	信华 汇总				¥26,800.00		
4	英茂	2021/10/6	¥7,310.00		¥7,310.00	20	未到期
5	英茂	2021/10/7	¥6,680.00	¥6,680.00	¥0.00	15	已结款
9	英茂	2021/10/15	¥28,000.00	¥25,000.00	¥3,000.00	15	未到期
	英茂 汇总				¥10,310.00		
	总计				¥82,210.00		

图 7-18　分类统计各购买方的未收金额

图 7-19　选中“已逾期”复选框

STEP 09 单击“确定”按钮，即可在分类汇总状态下筛选出已逾期的相关数据，效果如图 7-20 所示。

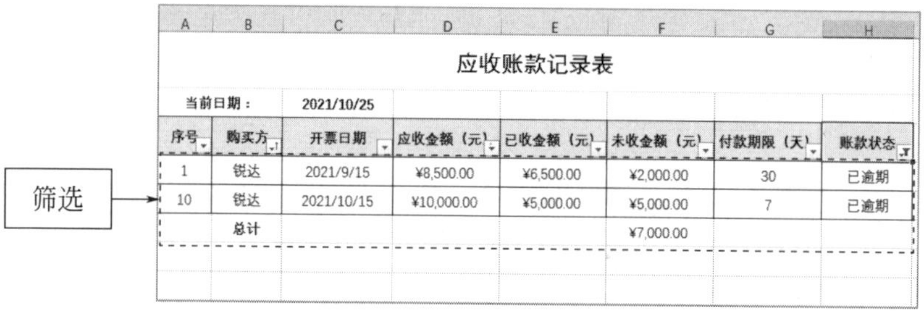

应收账款记录表

当前日期：2021/10/25

序号	购买方	开票日期	应收金额（元）	已收金额（元）	未收金额（元）	付款期限（天）	账款状态
1	锐达	2021/9/15	¥8,500.00	¥6,500.00	¥2,000.00	30	已逾期
10	锐达	2021/10/15	¥10,000.00	¥5,000.00	¥5,000.00	7	已逾期
	总计				¥7,000.00		

图 7-20　筛选出已逾期的相关数据

7.2.2　图表分析应收账款数据

扫码看教学视频

除了对应收账款数据进行汇总统计外，还可以建立图表辅助分析表单中的数据，例如以图表的方式呈现各个客户的未收金额占比数据，了解哪些客户是企业的重点债务对象。下面介绍图表分析应收账款数据的操作方法。

STEP 01 在工作表中，❶单击 H3 单元格中的下拉按钮；❷在弹出的列表框中选中“(全选)”复选框，如图 7-21 所示。

STEP 02 单击“确定”按钮，即可显示工作表中的全部数据，如图 7-22 所示。

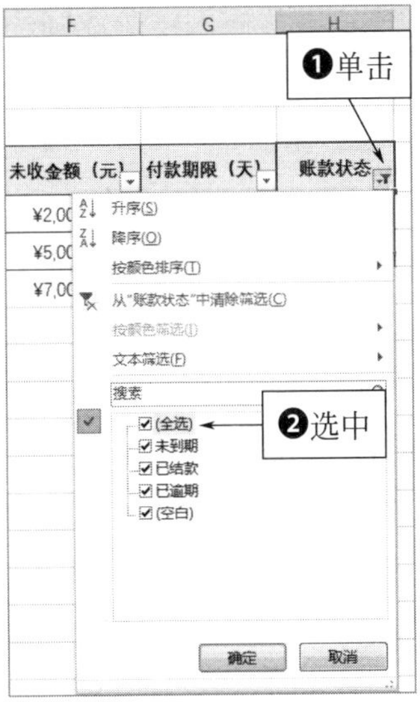

图7-21　选中"(全选)"复选框

图7-22　显示工作表中的全部数据

STEP 03　在标尺栏左侧的级别按钮上，❶单击 2 按钮；❷使工作表显示第2个级别的数据信息，如图7-23所示。

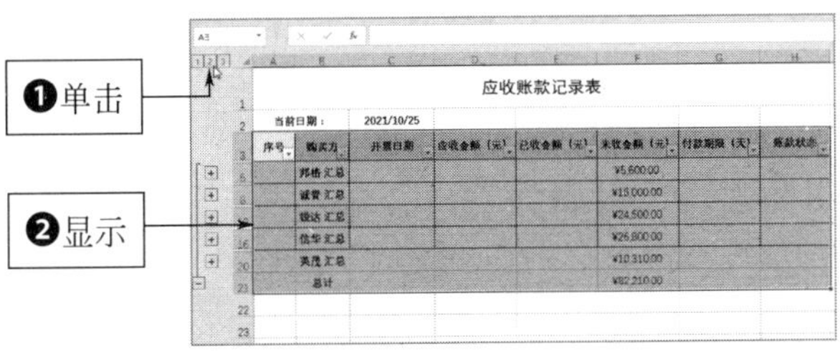

图7-23　显示第2个级别的数据信息

STEP 04　按住【Ctrl】键的同时，选择B5:B20单元格区域和F5:F20单元格区域，如图7-24所示。

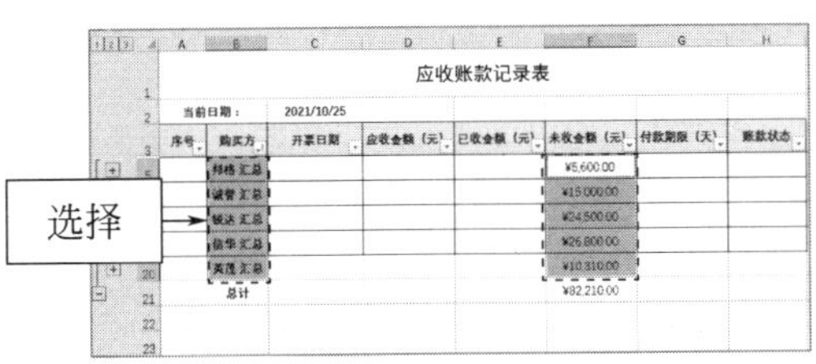

图7-24　选择相应单元格区域

STEP 05 在“插入”功能区的“图表”面板中，❶单击“插入饼图或圆环图”下拉按钮 ；❷在弹出的列表框中选择“饼图”样式，如图7-25所示。

STEP 06 执行操作后，即可创建一个饼图图表，如图7-26所示。

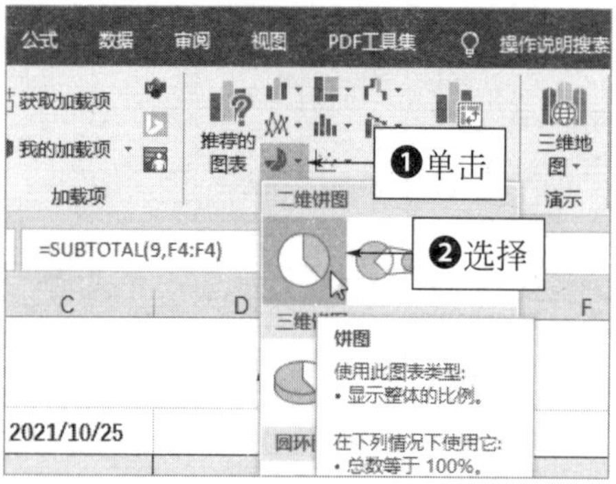

图7-25 选择“饼图”样式

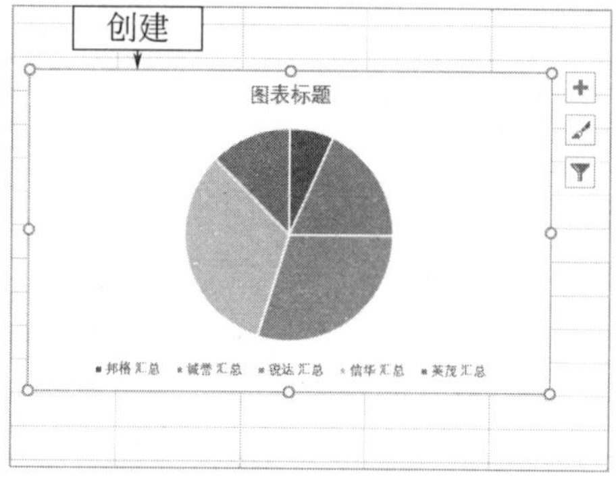

图7-26 创建一个饼图图表

STEP 07 ❶切换至“设计”功能区；❷在“图表样式”面板中选择“样式3”，如图7-27所示。

STEP 08 执行操作后，即可调整图表样式，将图表的标题修改为“未收金额占比图”，效果如图7-28所示。通过制作的饼图对账款数据进行分析，可以明显看出“信华”和“锐达”的未收款最多，这两家公司应列为企业的重点债务对象。

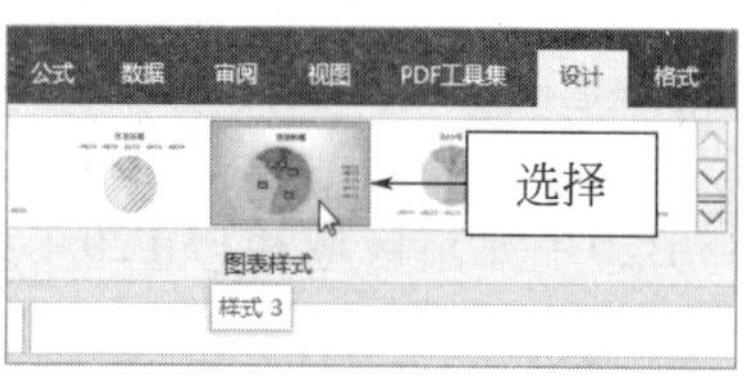

图7-27 选择“样式3”图表样式

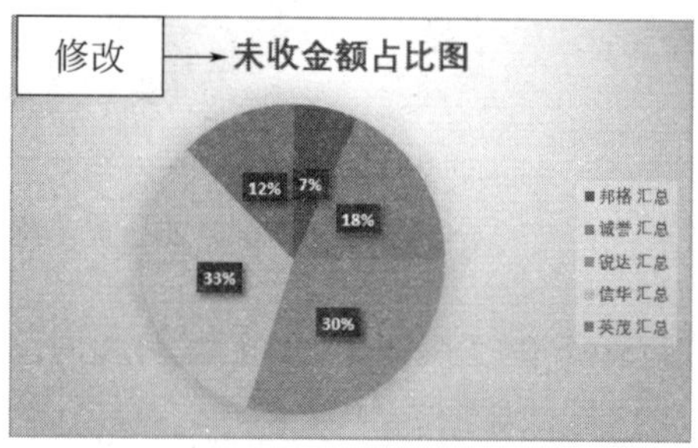

图7-28 图表最终效果

扫码看教学视频

7.2.3 使用透视图分析账款数据

在Excel中使用数据透视图呈现账款数据，可以以账款状态进行类别分类，对各个客户的未收款进行统计。下面介绍具体的操作方法。

STEP 01 在底部工作表的名称上单击鼠标右键，在弹出的快捷菜单中选择“移动或复制”选项，如图7-29所示。

STEP 02 弹出相应对话框，在“下列选定工作表之前”下方的列表框中，❶选择“（移至最后）”选项；❷选中“建立副本”复选框，如图7-30所示。

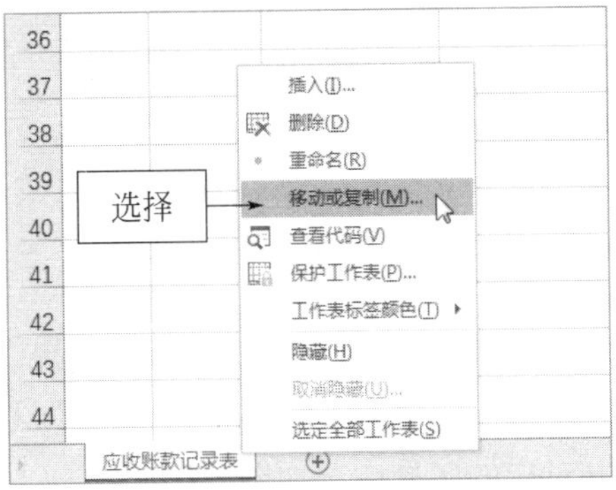

图7-29　选择“移动或复制”选项

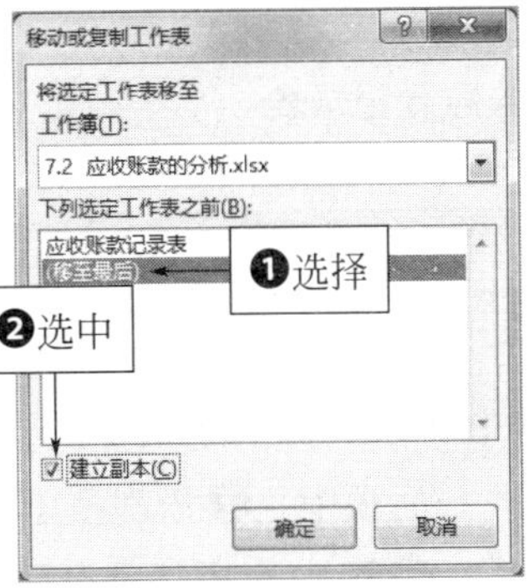

图7-30　选中“建立副本”复选框

STEP 03 单击“确定”按钮，即可复制一个“应收账款记录表（2）”工作表，删除7.2.2小节中所制作的图表，在“数据”功能区中单击“分类汇总”按钮，弹出“分类汇总”对话框，单击“全部删除”按钮，如图7-31所示。

STEP 04 执行操作后，即可取消分类汇总显示数据，选择A3:H15单元格区域，如图7-32所示。

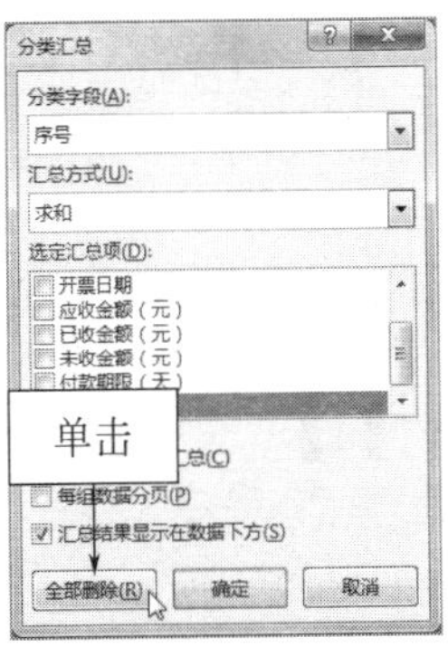

图7-31　单击“全部删除”按钮

图7-32　选择A3:H15单元格区域

STEP 05 在“插入”功能区的“图表”面板中，单击“数据透视图”按钮，如图7-33所示。

STEP 06 弹出“创建数据透视图”对话框，单击“确定”按钮，如图7-34所示。

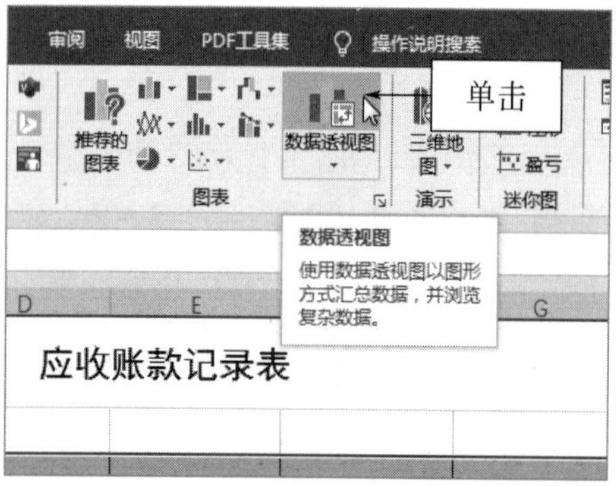

图 7-33　单击“数据透视图”按钮

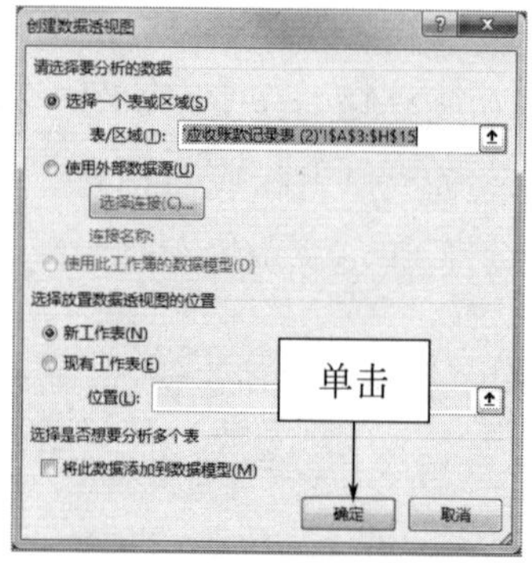

图 7-34　单击“确定”按钮

STEP 07 执行上述操作后，即可新建一个工作表，在弹出的“数据透视图字段”面板中，❶依次选中“账款状态”“未收金额（元）”和“购买方”复选框；❷选中的字段会自动添加到下方对应的区域中，如图7-35所示。（注意：此处在字段下拉列表框中选中字段复选框的先后顺序不能错，否则生成的数据透视表和数据透视图会与最终效果不一致。）

STEP 08 在工作表中，即可生成数据透视表和数据透视图，如图7-36所示。

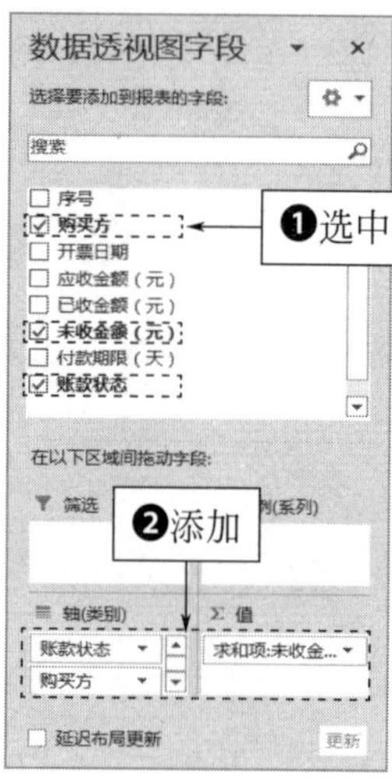

图 7-35　自动添加所选字段

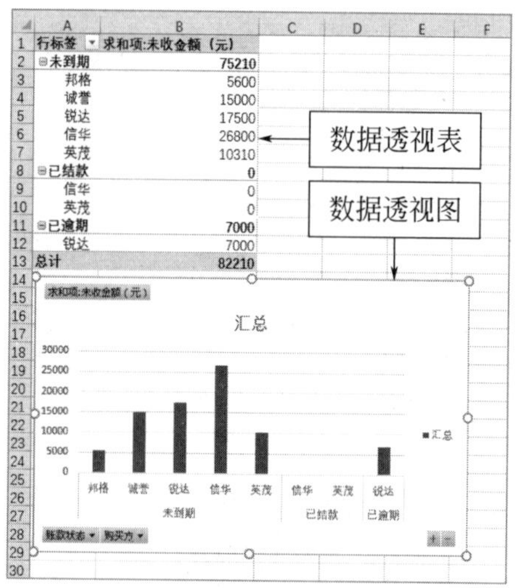

图 7-36　生成数据透视表和数据透视图

STEP 09 ❶切换至“设计”功能区；❷在“图表样式”面板中选择“样式5”选项，如图7-37所示。

STEP 10 执行操作后，即可调整图表样式，通过图表呈现的数据，可按账款状态进行分类，汇总各客户的未收款金额，效果如图7-38所示。

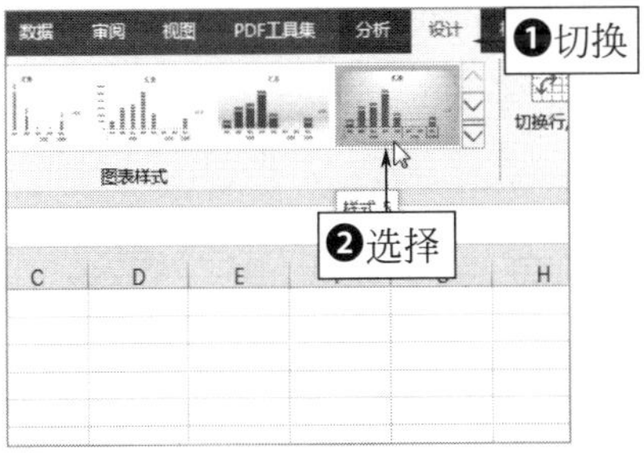

图 7-37 选择“样式 5”选项

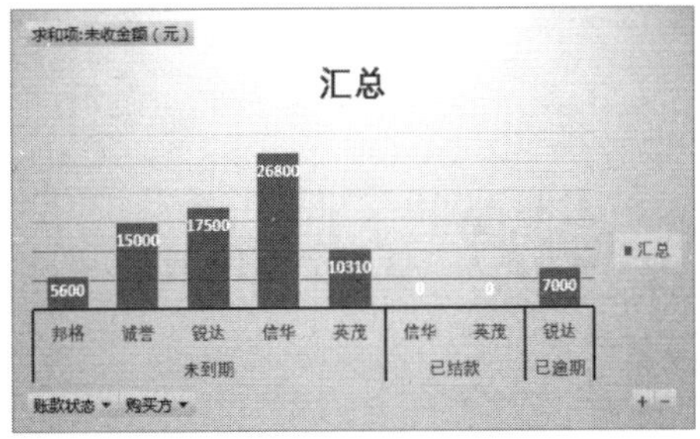

图 7-38 图表最终效果

7.3 应付账款的管理

应付账款是企业在营业期间购买材料、产品或接受劳务供应等时，应向销售方支付的费用款项。企业与销售方完成交易后，需要在付款期限内完成余款支付，否则容易产生企业信誉危机。因此财务人员需要加强对应付账款的管理，在企业资金充足的情况下，及时完成余款支付，以保障企业信誉，避免财务纠纷。

本实例主要介绍“应付账款记录表”的制作流程和具体方法。

效果欣赏

“应付账款记录表”的最终效果如图7-39所示。

应付账款记录表

当前日期： 2021/12/25

序号	销售方	交易日期	应付金额（元）	已付金额（元）	未付金额（元）	付款期限（天）	到期日期	逾期天数	逾期余额（元）
1	江华	2021/10/15	¥13,550.00	¥13,000.00	¥550.00	30	2021/11/14	41	¥550.00
2	展鑫	2021/11/5	¥11,000.00	¥5,000.00	¥6,000.00	30	2021/12/5	20	¥6,000.00
3	展鑫	2021/11/6	¥20,000.00	¥15,000.00	¥5,000.00	10	2021/11/16	39	¥5,000.00
4	振宇	2021/11/6	¥7,310.00	¥0.00	¥7,310.00	20	2021/11/26	29	¥7,310.00
5	振宇	2021/11/7	¥6,680.00	¥6,680.00	¥0.00	7	2021/11/14	41	¥0.00
6	江华	2021/11/10	¥17,500.00	¥0.00	¥17,500.00	15	2021/11/25	30	¥17,500.00
7	风驰	2021/11/12	¥23,500.00	¥23,500.00	¥0.00	7	2021/11/19	36	¥0.00
8	风驰	2021/11/13	¥35,000.00	¥35,000.00	¥0.00	30	2021/12/13	12	¥0.00
9	江华	2021/11/15	¥10,000.00	¥5,000.00	¥5,000.00	7	2021/11/22	33	¥5,000.00
10	振宇	2021/11/15	¥28,000.00	¥28,000.00	¥0.00	7	2021/11/22	33	¥0.00
11	鲁特	2021/11/18	¥19,900.00	¥0.00	¥19,900.00	20	2021/12/8	17	¥19,900.00
12	风驰	2021/11/20	¥9,900.00	¥5,800.00	¥4,100.00	15	2021/12/5	20	¥4,100.00

图 7-39 应付账款记录表

技术点睛

1. 在Excel中，创建应付账款记录表，输入表单内容，调整工作表的行高与列宽，设置表格格式。

2. 在应付账款记录表中，使用公式汇总计算应付账款数据。

3. 在应付账款记录表中，使用“筛选”功能筛选已逾期的账款数据。

扫码看教学视频

7.3.1 创建应付账款记录表

应付账款记录表应包含当前日期、序号、销售方、交易日期、应付金额、已付金额、未付金额、付款期限、到期日期、逾期天数以及逾期余额等基本信息。下面介绍具体的操作方法。

STEP 01 在Excel中，创建一个名称为“应付账款记录表”的工作表，并在工作表中输入相应的表单内容，效果如图7-40所示。

	A	B	C	D	E	F	G	H	I	J
1	应付账款记录表									
2	当前日期：		2021/12/25							
3	序号	销售方	交易日期	应付金额	已付金额	未付金额	付款期限	到期日期	逾期天数	逾期余额（元）
4	1	江华	2021/10/15	13550	13000		30			
5	2	展鑫	2021/11/5	11000	5000		30			
6	3	展鑫	2021/11/6	20000	15000		10			
7	4	振宇	2021/11/6	7310	0		20			
8	5	振宇	2021/11/7	6680	6680		7			
9	6	江华	2021/11/10	17500	0		15			
10	7	风驰	2021/11/12	23500	23500		7			
11	8	风驰	2021/11/13	35000	35000		30			
12	9	江华	2021/11/15	10000	5000		7			
13	10	振宇	2021/11/15	28000	28000		7			
14	11	鲁特	2021/11/18	19900	0		20			
15	12	风驰	2021/11/20	9900	5800		15			

输入

图 7-40　输入表单内容

STEP 02 在工作表中调整行高、列宽、对齐方式以及字体格式等，并为工作表添加边框线，效果如图7-41所示。

	A	B	C	D	E	F	G	H	I	J
1	应付账款记录表									
2	当前日期：		2021/12/25							
3	序号	销售方	交易日期	应付金额（元）	已付金额（元）	未付金额（元）	付款期限（天）	到期日期	逾期天数	逾期余额（元）
4	1	江华	2021/10/15	¥13,550.00	¥13,000.00		30			
5	2	展鑫	2021/11/5	¥11,000.00	¥5,000.00		30			
6	3	展鑫	2021/11/6	¥20,000.00	¥15,000.00		10			
7	4	振宇	2021/11/6	¥7,310.00	¥0.00		20			
8	5	振宇	2021/11/7	¥6,680.00	¥6,680.00		7			
9	6	江华	2021/11/10	¥17,500.00	¥0.00		15			
10	7	风驰	2021/11/12	¥23,500.00	¥23,500.00		7			
11	8	风驰	2021/11/13	¥35,000.00	¥35,000.00		30			
12	9	江华	2021/11/15	¥10,000.00	¥5,000.00		7			
13	10	振宇	2021/11/15	¥28,000.00	¥28,000.00		7			
14	11	鲁特	2021/11/18	¥19,900.00	¥0.00		20			
15	12	风驰	2021/11/20	¥9,900.00	¥5,800.00		15			

调整

图 7-41　调整表格格式效果

7.3.2 汇总应付账款数据

扫码看教学视频

应付账款记录表创建完成后，需要用计算公式汇总表单中的未付金额、到期日期、逾期天数以及逾期余额等数据。下面介绍具体的操作方法。

STEP 01 在工作表中选择F4单元格，输入计算公式:=D4–E4，如图7-42所示。

应付账款记录表

当前日期：		2021/12/25							
序号	销售方	交易日期	应付金额（元）	已付金额（元）	未付金额（元）	付款期限（天）	到期日期	逾期天数	逾期余额（元）
1	江华	2021/10/15	¥13,550.00	¥13,000.00	=D4-E4	30			
2	展鑫	2021/11/5	¥11,000.00	¥5,000.00		30			
3	展鑫	2021/11/6	¥20,000.00	¥15,000.00		10			
4	振宇	2021/11/6	¥7,310.00	¥0.00		20			
5	振宇	2021/11/7	¥6,680.00	¥6,680.00		7			
6	江华	2021/11/10	¥17,500.00	¥0.00		15			
7	风驰	2021/11/12	¥23,500.00	¥23,500.00		7			
8	风驰	2021/11/13	¥35,000.00	¥35,000.00		30			
9	江华	2021/11/15	¥10,000.00	¥5,000.00		7			
10	振宇	2021/11/15	¥28,000.00	¥28,000.00		7			
11	鲁特	2021/11/18	¥19,900.00	¥0.00		20			
12	风驰	2021/11/20	¥9,900.00	¥5,800.00		15			

图7-42　输入计算公式（1）

STEP 02 按回车键确认后，即可计算出第1个款项的未付金额，如图7-43所示。

应付账款记录表

当前日期：		2021/12/25							
序号	销售方	交易日期	应付金额（元）	已付金额（元）	未付金额（元）	付款期限（天）	到期日期	逾期天数	逾期余额（元）
1	江华	2021/10/15	¥13,550.00	¥13,000.00	¥550.00	30			
2	展鑫	2021/11/5	¥11,000.00	¥5,000.00		30			
3	展鑫	2021/11/6	¥20,000.00	¥15,000.00		10			
4	振宇	2021/11/6	¥7,310.00	¥0.00		20			
5	振宇	2021/11/7	¥6,680.00	¥6,680.00		7			
6	江华	2021/11/10	¥17,500.00	¥0.00		15			
7	风驰	2021/11/12	¥23,500.00	¥23,500.00		7			
8	风驰	2021/11/13	¥35,000.00	¥35,000.00		30			
9	江华	2021/11/15	¥10,000.00	¥5,000.00		7			
10	振宇	2021/11/15	¥28,000.00	¥28,000.00		7			
11	鲁特	2021/11/18	¥19,900.00	¥0.00		20			
12	风驰	2021/11/20	¥9,900.00	¥5,800.00		15			

图7-43　计算第1个款项的未付金额

STEP 03 将鼠标指针移至F4单元格的右下角，当鼠标指针呈+形状时，双击鼠标左键，即可填充公式批量计算未付金额，效果如图7-44所示。

应付账款记录表

当前日期：2021/12/25

序号	销售方	交易日期	应付金额（元）	已付金额（元）	未付金额（元）	付款期限（天）	到期日期	逾期天数	逾期余额（元）
1	江华	2021/10/15	¥13,550.00	¥13,000.00	¥550.00	30			
2	展鑫	2021/11/5	¥11,000.00	¥5,000.00	¥6,000.00	30			
3	展鑫	2021/11/6	¥20,000.00	¥15,000.00	¥5,000.00	10			
4	振宇	2021/11/6	¥7,310.00	¥0.00	¥7,310.00	20			
5	振宇	2021/11/7	¥6,680.00	¥6,680.00	¥0.00	7			
6	江华	2021/11/10	¥17,500.00	¥0.00	¥17,500.00	15			
7	风驰	2021/11/12	¥23,500.00	¥23,500.00	¥0.00	7			
8	风驰	2021/11/13	¥35,000.00	¥35,000.00	¥0.00	30			
9	江华	2021/11/15	¥10,000.00	¥5,000.00	¥5,000.00	7			
10	振宇	2021/11/15	¥28,000.00	¥28,000.00	¥0.00	7			
11	鲁特	2021/11/18	¥19,900.00	¥0.00	¥19,900.00	20			
12	风驰	2021/11/20	¥9,900.00	¥5,800.00	¥4,100.00	15			

图 7-44 批量计算未付金额

STEP 04 选择H4单元格，在其中输入计算公式:=C4+G4，如图7-45所示。

应付账款记录表

当前日期：2021/12/25

序号	销售方	交易日期	应付金额（元）	已付金额（元）	未付金额（元）	付款期限（天）	到期日期	逾期天数	逾期余额（元）
1	江华	2021/10/15	¥13,550.00	¥13,000.00	¥550.00	30	=C4+G4		
2	展鑫	2021/11/5	¥11,000.00	¥5,000.00	¥6,000.00	30			
3	展鑫	2021/11/6	¥20,000.00	¥15,000.00	¥5,000.00	10			
4	振宇	2021/11/6	¥7,310.00	¥0.00	¥7,310.00	20			
5	振宇	2021/11/7	¥6,680.00	¥6,680.00	¥0.00	7			
6	江华	2021/11/10	¥17,500.00	¥0.00	¥17,500.00	15			
7	风驰	2021/11/12	¥23,500.00	¥23,500.00	¥0.00	7			
8	风驰	2021/11/13	¥35,000.00	¥35,000.00	¥0.00	30			
9	江华	2021/11/15	¥10,000.00	¥5,000.00	¥5,000.00	7			
10	振宇	2021/11/15	¥28,000.00	¥28,000.00	¥0.00	7			
11	鲁特	2021/11/18	¥19,900.00	¥0.00	¥19,900.00	20			
12	风驰	2021/11/20	¥9,900.00	¥5,800.00	¥4,100.00	15			

图 7-45 输入计算公式（2）

STEP 05 按回车键确认，即可根据交易日期与付款期限计算出到期日期，效果如图7-46所示。

应付账款记录表

当前日期：2021/12/25

序号	销售方	交易日期	应付金额（元）	已付金额（元）	未付金额（元）	付款期限（天）	到期日期	逾期天数	逾期余额（元）
1	江华	2021/10/15	¥13,550.00	¥13,000.00	¥550.00	30	2021/11/14		
2	展鑫	2021/11/5	¥11,000.00	¥5,000.00	¥6,000.00	30			
3	展鑫	2021/11/6	¥20,000.00	¥15,000.00	¥5,000.00	10			
4	振宇	2021/11/6	¥7,310.00	¥0.00	¥7,310.00	20			
5	振宇	2021/11/7	¥6,680.00	¥6,680.00	¥0.00	7			
6	江华	2021/11/10	¥17,500.00	¥0.00	¥17,500.00	15			
7	风驰	2021/11/12	¥23,500.00	¥23,500.00	¥0.00	7			
8	风驰	2021/11/13	¥35,000.00	¥35,000.00	¥0.00	30			
9	江华	2021/11/15	¥10,000.00	¥5,000.00	¥5,000.00	7			
10	振宇	2021/11/15	¥28,000.00	¥28,000.00	¥0.00	7			
11	鲁特	2021/11/18	¥19,900.00	¥0.00	¥19,900.00	20			
12	风驰	2021/11/20	¥9,900.00	¥5,800.00	¥4,100.00	15			

图 7-46 计算到期日期

STEP 06 选择I4单元格，在其中输入计算公式:=IF($C$2–H4>0，$C$2–H4，"")，表示当当前日期减去到期日期的结果大于0时，返回结果为当前日期减去到期日期的天数，否则单元格返回为空，如图7-47所示。

应付账款记录表

当前日期：2021/12/25

序号	销售方	交易日期	应付金额（元）	已付金额（元）	未付金额（元）	付款期限（天）	到期日期	逾期天数	逾期余额（元）
1	江华	2021/10/15	¥13,550.00	¥13,000.00	¥550.00	30	=IF($C$2-H4>0,$C$2-H4,"")		
2	展鑫	2021/11/5	¥11,000.00	¥5,000.00	¥6,000.00	30			
3	展鑫	2021/11/6	¥20,000.00	¥15,000.00	¥5,000.00	10			
4	振宇	2021/11/6	¥7,310.00	¥0.00	¥7,310.00	20			
5	振宇	2021/11/7	¥6,680.00	¥6,680.00	¥0.00	7			
6	江华	2021/11/10	¥17,500.00	¥0.00	¥17,500.00	15			
7	风驰	2021/11/12	¥23,500.00	¥23,500.00	¥0.00	7			
8	风驰	2021/11/13	¥35,000.00	¥35,000.00	¥0.00	30			
9	江华	2021/11/15	¥10,000.00	¥5,000.00	¥5,000.00	7			
10	振宇	2021/11/15	¥28,000.00	¥28,000.00	¥0.00	7			
11	鲁特	2021/11/18	¥19,900.00	¥0.00	¥19,900.00	20			
12	风驰	2021/11/20	¥9,900.00	¥5,800.00	¥4,100.00	15			

图7-47　输入计算公式（3）

STEP 07 按回车键确认，即可计算出逾期天数，效果如图7-48所示。

应付账款记录表

当前日期：2021/12/25

序号	销售方	交易日期	应付金额（元）	已付金额（元）	未付金额（元）	付款期限（天）	到期日期	逾期天数	逾期余额（元）
1	江华	2021/10/15	¥13,550.00	¥13,000.00	¥550.00	30	2021/11/14	41	
2	展鑫	2021/11/5	¥11,000.00	¥5,000.00	¥6,000.00	30			
3	展鑫	2021/11/6	¥20,000.00	¥15,000.00	¥5,000.00	10			
4	振宇	2021/11/6	¥7,310.00	¥0.00	¥7,310.00	20			
5	振宇	2021/11/7	¥6,680.00	¥6,680.00	¥0.00	7			
6	江华	2021/11/10	¥17,500.00	¥0.00	¥17,500.00	15			
7	风驰	2021/11/12	¥23,500.00	¥23,500.00	¥0.00	7			
8	风驰	2021/11/13	¥35,000.00	¥35,000.00	¥0.00	30			
9	江华	2021/11/15	¥10,000.00	¥5,000.00	¥5,000.00	7			
10	振宇	2021/11/15	¥28,000.00	¥28,000.00	¥0.00	7			
11	鲁特	2021/11/18	¥19,900.00	¥0.00	¥19,900.00	20			
12	风驰	2021/11/20	¥9,900.00	¥5,800.00	¥4,100.00	15			

图7-48　计算逾期天数

STEP 08 选择J4单元格，在其中输入计算公式:=IF($C$2–H4<0，0，F4)，表示当当前日期减去到期日期的结果小于0时，返回结果为0，否则单元格返回结果为对应的未付金额，如图7-49所示。

图 7-49　输入计算公式（4）

STEP 09 按回车键确认，即可计算出逾期余额，效果如图 7-50 所示。

图 7-50　计算逾期余额

STEP 10 选择 H4:J4 单元格区域，将鼠标指针移至 J4 单元格的右下角，当鼠标指针呈╋形状时，双击鼠标左键，即可填充公式批量计算到期日期、逾期天数和逾期余额，效果如图 7-51 所示。

图 7-51　批量计算到期日期、逾期天数和逾期余额

专家提醒

在Excel中，除上述填充方法外，用户还可以通过以下两种方式进行批量填充。

➢ 快捷键填充：选择需要进行批量填充的单元格区域，在编辑栏中输入公式后，按【Ctrl + Enter】组合键确认，即可批量填充。

➢ 下拉拖曳填充：将鼠标移至单元格右下角，当鼠标指针呈**+**形状时，按住鼠标左键拖曳至需要填充的单元格中，即可批量填充。

7.3.3　筛选并分析应付账款

扫码看教学视频

当工作表中的账款数据较多时，用户可以通过Excel的“筛选”功能快速找出满足条件的账款数据。下面介绍具体的操作方法。

STEP 01　在工作表中，选择A3:J3单元格区域，在“开始”功能区的“编辑”面板中，❶单击“排序和筛选”下拉按钮；❷在弹出的列表框中选择“筛选”选项，如图7-52所示。

STEP 02　执行操作后，即可在表头单元格中添加下拉按钮▾，如图7-53所示。

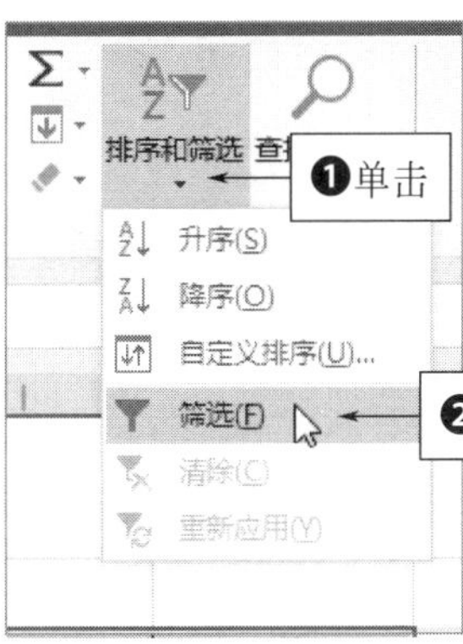

图7-52　选择“筛选”选项

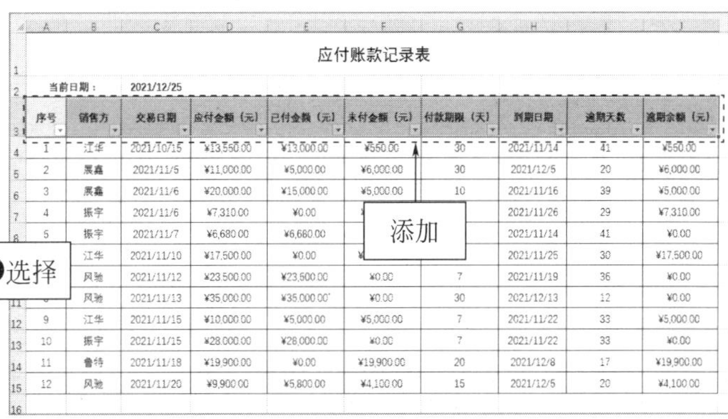

图7-53　添加下拉按钮

STEP 03　❶单击I3单元格中的下拉按钮▾；❷在弹出的列表框中选择“数字筛选”下的“大于或等于”选项，如图7-54所示。

STEP 04　弹出“自定义自动筛选方式”对话框，在“逾期天数”下方的相应文本框中输入条件为30，如图7-55所示。

图 7-54　选择“大于或等于”选项

图 7-55　输入筛选条件

STEP 05　单击“确定”按钮，即可筛选出逾期天数大于或等于30天的账款数据，效果如图7-56所示。

图 7-56　筛选数据效果

第8章

成本：企业日常成本数据分析

成本管理是财务人员在企业经营过程中对各项成本进行的核算、分析、决策以及控制等一系列科学管理行为。本章主要提供了企业日常成本数据分析的相关表格，并详细介绍了使用Excel 2016软件制作采购成本表、生产成本表以及制造费用明细表的技巧，希望读者熟练掌握本章内容。

8.1 制作采购成本表

采购成本是指在采购原材料时所耗费的相关费用，包括原材料费用、采购人员管理费用、运输费、装卸费以及保险费等。财务人员需要做好采购成本的管理，并核对相应费用的实际用额，以帮助企业控制采购成本，将采购成本落到实处，优化企业商业模式。

本实例主要介绍“采购成本表”的制作流程和具体方法。

效果欣赏

“采购成本表”的最终效果如图8-1所示。

采购成本表									
序号	材料编号	单价	数量	材料费用	人工管理费	运输费	装卸费	保险费	总采购成本
1	PL001	¥900.00	5	¥4,500.00	¥100.00	¥80.00	¥30.00	¥54.00	¥4,764.00
2	PL002	¥900.00	8	¥7,200.00	¥100.00	¥80.00	¥30.00	¥54.00	¥7,464.00
3	PL003	¥340.00	10	¥3,400.00	¥100.00	¥80.00	¥30.00	¥20.40	¥3,630.40
4	PL004	¥550.00	12	¥6,600.00	¥100.00	¥80.00	¥30.00	¥33.00	¥6,843.00
5	PL005	¥1,020.00	10	¥10,200.00	¥100.00	¥80.00	¥30.00	¥61.20	¥10,471.20
6	PL006	¥1,310.00	2	¥2,620.00	¥100.00	¥80.00	¥30.00	¥78.60	¥2,908.60
7	PL007	¥550.00	5	¥2,750.00	¥100.00	¥80.00	¥30.00	¥33.00	¥2,993.00
8	PL008	¥380.00	7	¥2,660.00	¥100.00	¥80.00	¥30.00	¥22.80	¥2,892.80
9	PL009	¥1,550.00	9	¥13,950.00	¥100.00	¥80.00	¥30.00	¥93.00	¥14,253.00
10	PL010	¥1,800.00	6	¥10,800.00	¥100.00	¥80.00	¥30.00	¥108.00	¥11,118.00
合计		¥9,300.00	74	¥64,680.00	¥1,000.00	¥800.00	¥300.00	¥558.00	¥67,338.00

图 8-1　采购成本表

技术点睛

1. 在Excel中，创建采购成本表，输入表单内容，调整工作表的行高与列宽，设置字体格式，添加表格边框等。

2. 在采购成本表中，设置单元格中表示金额的数据为货币格式。

3. 在采购成本表中，使用计算公式汇总统计采购成本总额。

扫码看教学视频

8.1.1 创建采购成本表

在Excel中创建采购成本表，可以让财务人员了解企业采购成本的决策，掌握采购成本的控制方法和技术等。下面介绍创建采购成本表的操作方法。

STEP 01 在Excel中，创建一个名称为“采购成本表”的工作表，并在工作表中输入相应的表单内容，效果如图8-2所示。

	A	B	C	D	E	F	G	H	I	J
1	采购成本表									
2	序号	材料编号	单价	数量	材料费用	人工管理费	运输费	装卸费	保险费	总采购成本
3	1	PL001	900	5		100	80	30	54	
4	2	PL002	900	8		100	80	30	54	
5	3	PL003	340	10		100	80	30	20.4	
6	4	PL004	550	12		100	80	30	33	
7	5	PL005	1020	10		100	80	30	61.2	
8	6	PL006	1310	2		100	80	30	78.6	
9	7	PL007	550	5		100	80	30	33	
10	8	PL008	380	7		100	80	30	22.8	
11	9	PL009	1550	9		100	80	30	93	
12	10	PL010	1800	6		100	80	30	108	
13	合计									

图8-2　输入表单内容

STEP 02 在工作表中调整行高、列宽、对齐方式以及字体格式等，并为工作表添加边框线，效果如图8-3所示。

采购成本表									
序号	材料编号	单价	数量	材料费用	人工管理费	运输费	装卸费	保险费	总采购成本
1	PL001	900	5		100	80	30	54	
2	PL002	900	8		100	80	30	54	
3	PL003	340	10		100	80	30	20.4	
4	PL004	550	12		100	80	30	33	
5	PL005	1020	10		100	80	30	61.2	
6	PL006	1310	2		100	80	30	78.6	
7	PL007	550	5		100	80	30	33	
8	PL008	380	7		100	80	30	22.8	
9	PL009	1550	9		100	80	30	93	
10	PL010	1800	6		100	80	30	108	
合计									

图8-3　调整表格格式效果

8.1.2　设置数据单元格格式

采购成本表创建完成后，即可将表中表示金额数据的单元格格式设置为“货币”格式。下面介绍具体的操作方法。

STEP 01 在工作表中，按住【Shift】键的同时，选择C3单元格和C13单元格，即可选择C3:C13单元格之间的全部区域，效果如图8-4所示。

扫码看教学视频

图 8-4　选择 C3:C13 单元格区域

STEP 02 在“开始”功能区的“数字”面板中，单击“数字格式”下拉按钮，如图8-5所示。

STEP 03 在弹出的列表框中，选择“货币”选项，如图8-6所示。

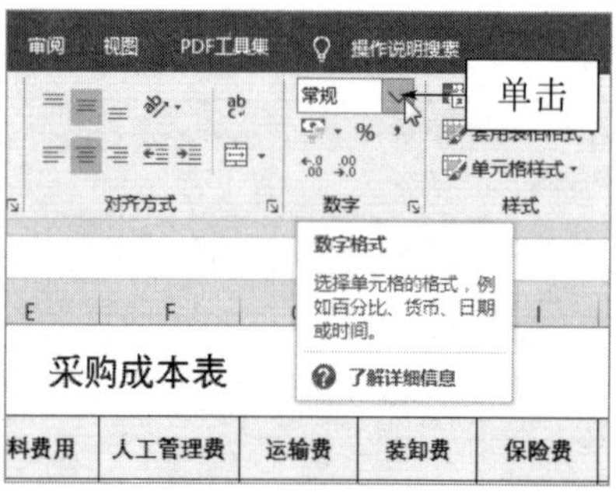

图 8-5　单击“数字格式”下拉按钮

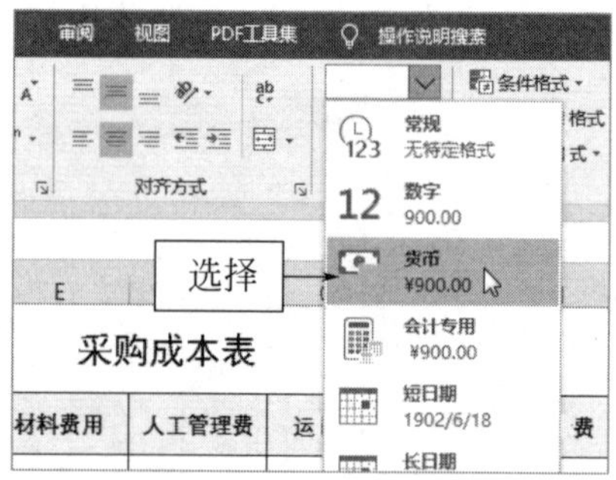

图 8-6　选择“货币”选项

STEP 04 执行操作后，即可设置C3:C13单元格区域中的数据格式为“货币”格式，效果如图8-7所示。

图 8-7　设置 C3:C13 单元格区域中的数据格式

STEP 05 用上述同样的方法，设置E3:J13单元格区域中的数据格式为“货币”格式，效果如图8-8所示。

采购成本表									
序号	材料编号	单价	数量	材料费用	人工管理费	运输费	装卸费	保险费	总采购成本
1	PL001	¥900.00	5		¥100.00	¥80.00	¥30.00	¥54.00	
2	PL002	¥900.00	8		¥100.00	¥80.00	¥30.00	¥54.00	
3	PL003	¥340.00	10		¥100.00	¥80.00	¥30.00	¥20.40	
4	PL004	¥550.00	12		¥100.00	¥80.00	¥30.00	¥33.00	
5	PL005	¥1,020.00	10		¥100.00	¥80.00	¥30.00	¥61.20	
6	PL006	¥1,310.00	2		¥100.00	¥80.00	¥30.00	¥78.60	
7	PL007	¥550.00	5		¥100.00	¥80.00	¥30.00	¥33.00	
8	PL008	¥380.00	7		¥100.00	¥80.00	¥30.00	¥22.80	
9	PL009	¥1,550.00	9		¥100.00	¥80.00	¥30.00	¥93.00	
10	PL010	¥1,800.00	6		¥100.00	¥80.00	¥30.00	¥108.00	
合计									

图 8-8　设置 E3:J13 单元格区域中的数据格式

8.1.3　计算汇总采购成本金额

在采购成本表中，可以使用计算公式，对材料费用和总采购成本进行汇总统计。下面介绍具体的操作方法。

扫码看教学视频

STEP 01 在工作表中选择E3:E12单元格区域，如图8-9所示。

采购成本表									
序号	材料编号	单价	数量	材料费用	人工管理费	运输费	装卸费	保险费	总采购成本
1	PL001	¥900.00	5		¥100.00	¥80.00	¥30.00	¥54.00	
2	PL002	¥900.00	8		¥100.00	¥80.00	¥30.00	¥54.00	
3	PL003	¥340.00	10		¥100.00	¥80.00	¥30.00	¥20.40	
4	PL004	¥550.00	12		¥100.00	¥80.00	¥30.00	¥33.00	
5	PL005	¥1,020.00	10		¥100.00		¥30.00	¥61.20	
6	PL006	¥1,310.00	2				¥30.00	¥78.60	
7	PL007	¥550.00	5		¥100.00	¥80.00	¥30.00	¥33.00	
8	PL008	¥380.00	7		¥100.00	¥80.00	¥30.00	¥22.80	
9	PL009	¥1,550.00	9		¥100.00	¥80.00	¥30.00	¥93.00	
10	PL010	¥1,800.00	6		¥100.00	¥80.00	¥30.00	¥108.00	
合计									

图 8-9　选择 E3:E12 单元格区域

STEP 02 在编辑栏中输入计算公式:=C3*D3，如图8-10所示。

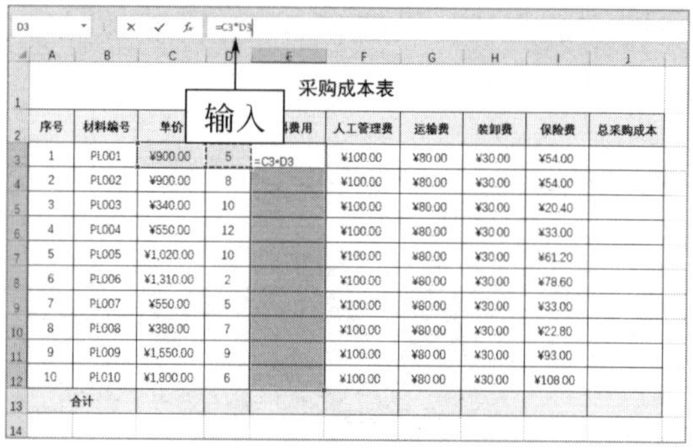

图 8-10　输入计算公式

STEP 03 按【Ctrl＋Enter】组合键确认后，即可批量计算材料费用，如图8-11所示。

图 8-11　批量计算材料费用

STEP 04 ❶在工作表中选择J3:J12单元格区域；❷在编辑栏中输入求和公式:=SUM(E3:I3)，如图8-12所示。

图 8-12　输入求和公式

STEP 05 按【Ctrl + Enter】组合键确认后，即可批量计算总采购成本，效果如图8-13所示。

图8-13 批量计算总采购成本

STEP 06 在工作表中选择C13:J13单元格区域，如图8-14所示。

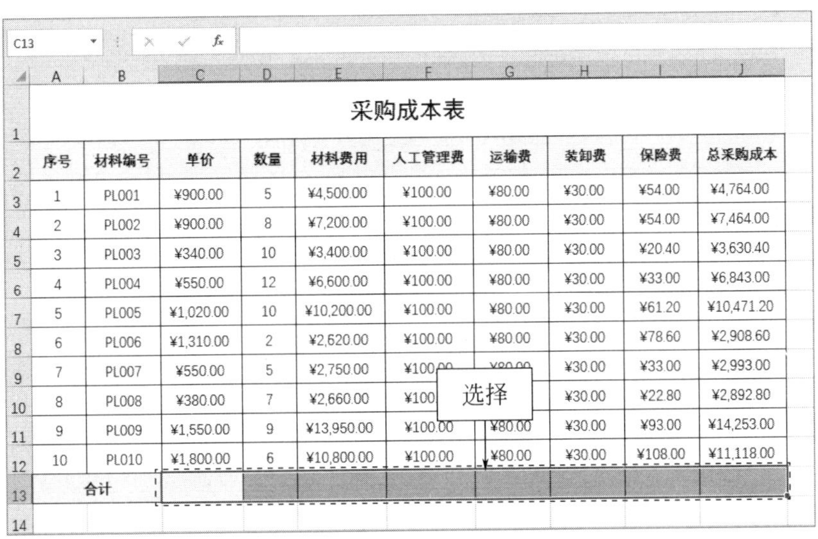

图8-14 选择C13:J13单元格区域

STEP 07 在“开始”功能区的“编辑”面板中，单击“求和”按钮Σ，对表单中的各项数据进行汇总统计，如图8-15所示。

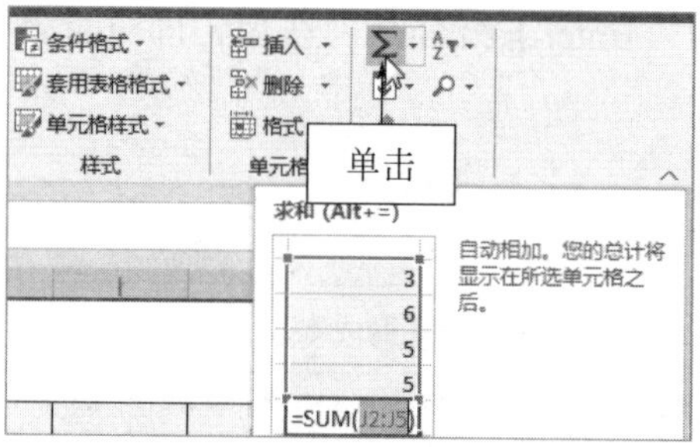

图 8-15　单击“求和”按钮

STEP 08　执行操作后，即可批量汇总各项数据，效果如图8-16所示。

采购成本表									
序号	材料编号	单价	数量	材料费用	人工管理费	运输费	装卸费	保险费	总采购成本
1	PL001	¥900.00	5	¥4,500.00	¥100.00	¥80.00	¥30.00	¥54.00	¥4,764.00
2	PL002	¥900.00	8	¥7,200.00	¥100.00	¥80.00	¥30.00	¥54.00	¥7,464.00
3	PL003	¥340.00	10	¥3,400.00	¥100.00	¥80.00	¥30.00	¥20.40	¥3,630.40
4	PL004	¥550.00	12	¥6,600.00	¥100.00	¥80.00	¥30.00	¥33.00	¥6,843.00
5	PL005	¥1,020.00	10	¥10,200.00	¥100.00	¥80.00	¥30.00	¥61.20	¥10,471.20
6	PL006	¥1,310.00	2	¥2,620.00	¥100.00	¥80.00	¥30.00	¥78.60	¥2,908.60
7	PL007	¥550.00	5	¥2,750.00	[illegible]	[illegible]	¥30.00	¥33.00	¥2,993.00
8	PL008	¥380.00	7	¥2,660.00	[illegible]	[illegible]	¥30.00	¥22.80	¥2,892.80
9	PL009	¥1,550.00	9	¥13,950.00	¥100.00	¥80.00	¥30.00	¥93.00	¥14,253.00
10	PL010	¥1,800.00	6	¥10,800.00	¥100.00	¥80.00	¥30.00	¥108.00	¥11,118.00
合计		¥9,300.00	74	¥64,680.00	¥1,000.00	¥800.00	¥300.00	¥558.00	¥67,338.00

汇总

图 8-16　批量汇总各项数据

8.2 制作生产成本表

生产成本是指企业在生产产品的过程中所产生的各种直接费用，主要由原材料费用、生产过程中所耗费的人力费用以及制造费用组成。在财务管理中，生产成本的费用控制是财务人员的重要职责之一，企业需要通过销售产品获得的盈利来抵消生产成本，这样才能确定最终的纯盈利。

本实例主要介绍“生产成本表”的制作流程和具体方法。

效果欣赏

“生产成本表”的最终效果如图8-17所示。

生产成本表						
序号	产品	材料费	人工费	制造费	其他费用	总成本
1	产品A	¥14,500.00	¥7,500.00	¥2,500.00	¥500.00	¥25,000.00
2	产品B	¥17,200.00	¥8,000.00	¥2,000.00	¥1,300.00	¥28,500.00
3	产品C	¥23,400.00	¥13,000.00	¥5,000.00	¥4,400.00	¥45,800.00
4	产品D	¥16,600.00	¥7,500.00	¥3,000.00	¥300.00	¥27,400.00
5	产品E	¥30,200.00	¥13,000.00	¥4,500.00	¥800.00	¥48,500.00
6	产品F	¥42,620.00	¥15,000.00	¥7,000.00	¥2,300.00	¥66,920.00
7	产品G	¥12,750.00	¥7,500.00	¥2,000.00	¥1,300.00	¥23,550.00
合计		¥157,270.00	¥71,500.00	¥26,000.00	¥10,900.00	¥265,670.00

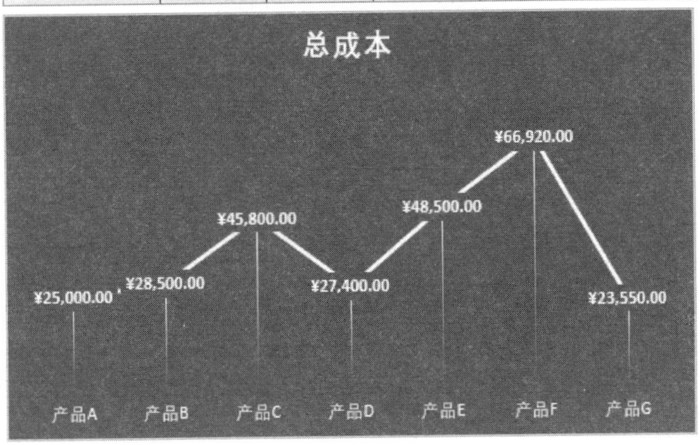

图 8-17 生产成本表

技术点睛

1. 在Excel中，创建生产成本表，输入表单内容，调整工作表的行高与列宽，设置字体格式，添加表格边框等。

2. 在生产成本表中，使用SUM函数和SUBTOTAL函数汇总统计生产成本。

3. 在生产成本表中，以图表的形式分析生产成本表中的数据。

8.2.1 创建生产成本表

扫码看教学视频

在Excel中创建生产成本表，可以让财务人员更好地归集各项生产费用。下面介绍创建生产成本表的操作方法。

STEP 01 在Excel中，创建一个名称为“生产成本表”的工作表，并在工作表中输入相应的表单内容，效果如图8-18所示。

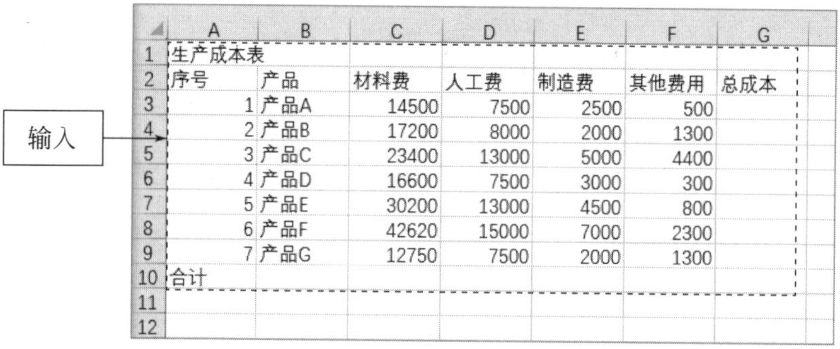

	A	B	C	D	E	F	G
1	生产成本表						
2	序号	产品	材料费	人工费	制造费	其他费用	总成本
3	1	产品A	14500	7500	2500	500	
4	2	产品B	17200	8000	2000	1300	
5	3	产品C	23400	13000	5000	4400	
6	4	产品D	16600	7500	3000	300	
7	5	产品E	30200	13000	4500	800	
8	6	产品F	42620	15000	7000	2300	
9	7	产品G	12750	7500	2000	1300	
10	合计						
11							
12							

图 8-18　输入表单内容

STEP 02　在工作表中调整行高、列宽、对齐方式以及字体格式等，并为工作表添加边框线，效果如图8-19所示。

	A	B	C	D	E	F	G
1	生产成本表						
2	序号	产品	材料费	人工费	制造费	其他费用	总成本
3	1	产品A	¥14,500.00	¥7,500.00	¥2,500.00	¥500.00	
4	2	产品B	¥17,200.00	¥8,000.00	¥2,000.00	¥1,300.00	
5	3	产品C	¥23,400.00	¥13,000.00	¥5,000.00	¥4,400.00	
6	4	产品D	¥16,600.00	¥7,500.00	¥3,000.00	¥300.00	
7	5	产品E	¥30,200.00	¥13,000.00	¥4,500.00	¥800.00	
8	6	产品F	¥42,620.00	¥15,000.00	¥7,000.00	¥2,300.00	
9	7	产品G	¥12,750.00	¥7,500.00	¥2,000.00	¥1,300.00	
10	合计						
11							
12							

图 8-19　调整表格格式效果

扫码看教学视频

8.2.2　用函数统计生产成本

在Excel中，使用SUM函数可以直接求和，使用SUBTOTAL函数可以进行筛选求和。即使工作表中的数据有所增减或筛选，这两个函数也可以对工作表中显示的数据进行准确统计。下面介绍使用这两个函数统计生产成本的方法。

STEP 01　在工作表中选择G3:G9单元格区域，如图8-20所示。

STEP 02　在编辑栏中输入计算公式:=SUM(C3:F3)，如图8-21所示。

STEP 03　按【Ctrl＋Enter】组合键确认后，即可批量计算总成本，如图8-22所示。

图 8-20　选择 G3:G9 单元格区域

图 8-21　输入计算公式

图 8-22　批量计算总成本

STEP 04 ❶在工作表中选择C10:G10单元格区域；❷在编辑栏中输入求和公式:=SUBTOTAL(9，C3:G9)，如图8-23所示。

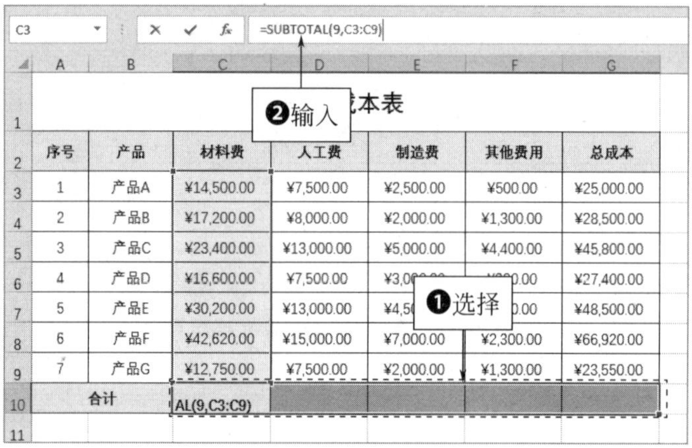

图 8-23　输入求和公式

STEP 05 按【Ctrl + Enter】组合键确认后，即可对各项费用进行汇总统计，效果如图8-24所示。

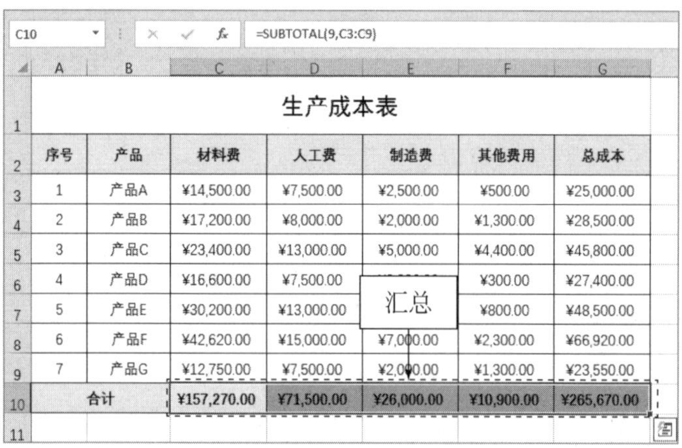

图 8-24　汇总统计各项费用

扫码看教学视频

8.2.3　图表分析生产成本表

在生产成本表中插入一个折线图，可以以图表的形式呈现各产品的总成本费用、分析各产品成本的高低。下面介绍使用图表分析生产成本表的方法。

STEP 01 在生产成本表中，选择B2:B9单元格区域和G2:G9单元格区域，如图8-25所示。

序号	产品	材料费	人工费	制造费	其他费用	总成本
1	产品A	¥14,500.00	¥7,500.00	¥2,500.00	¥500.00	¥25,000.00
2	产品B	¥17,200.00	¥8,000.00	¥2,000.00	¥1,300.00	¥28,500.00
3	产品C	¥23,400.00	¥13,000.00	¥5,000.00	¥4,400.00	¥45,800.00
		¥16,600.00	¥7,500.00	¥3,000.00	¥300.00	¥27,400.00
5		¥30,200.00	¥13,000.00	¥4,500.00	¥800.00	¥48,500.00
6	产品F	¥42,620.00	¥15,000.00	¥7,000.00	¥2,300.00	¥66,920.00
7	产品G	¥12,750.00	¥7,500.00	¥2,000.00	¥1,300.00	¥23,550.00
合计		¥157,270.00	¥71,500.00	¥26,000.00	¥10,900.00	¥265,670.00

图8-25　选择相应单元格区域

STEP 02 在“插入”功能区的“图表”面板中，❶单击“插入折线图或面积图”下拉按钮，会弹出列表框；❷在“二维折线图”选项区中选择“带数据标记的折线图”样式，如图8-26所示。

STEP 03 执行上述操作后，即可在生产成本表的表单下方创建一个折线图，效果如图8-27所示。

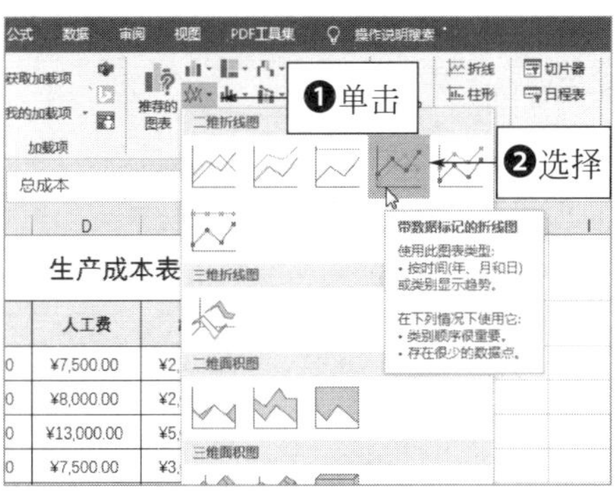

图8-26　选择“带数据标记的折线图”样式

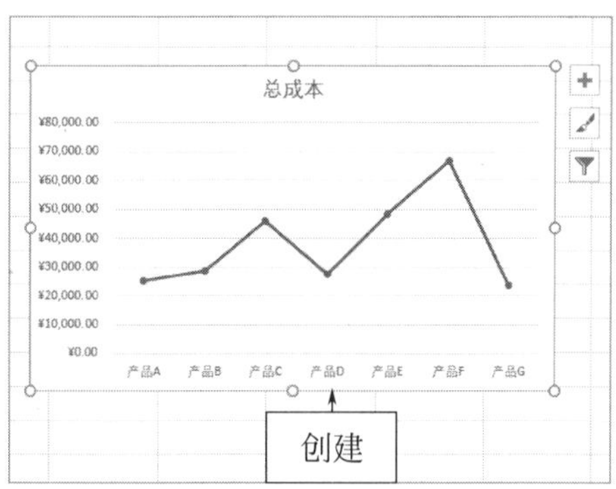

图8-27　创建一个折线图

STEP 04 在“设计”功能区的“图表样式”面板中，选择“样式12”，如图8-28所示。

STEP 05 执行操作后，即可美化折线图，最终效果如图8-29所示。

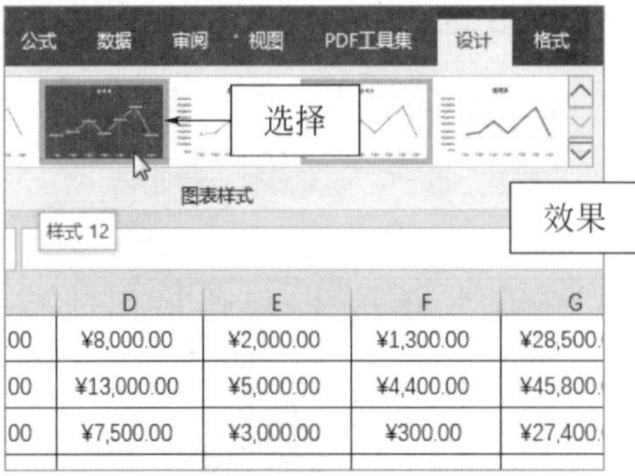

图 8-28　选择“样式 12”图表样式

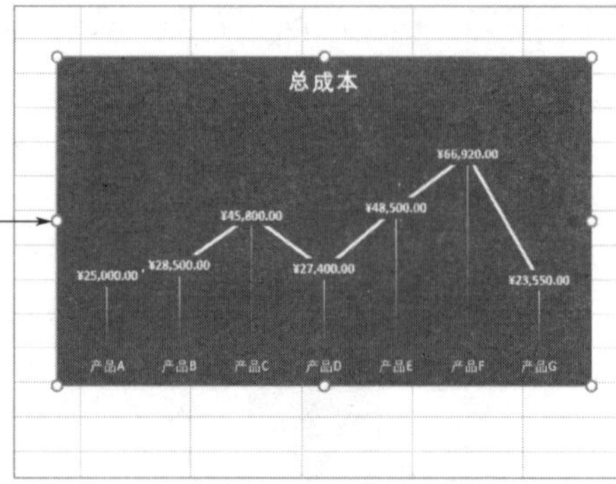

图 8-29　图表最终效果

8.3 ／ 制造费用明细表

制造费用是指企业因生产产品而产生的各种间接成本费用，包括生产产品时的水电费、机械使用费、机械修理费、资产折旧费、职工福利费、办公费、低值易耗品摊销以及保险费等。制造费用明细表是按照制造费用项目所创建的，可以为计划的编制和盈利预测提供依据。

本实例主要介绍“制造费用明细表”的制作流程和具体方法。

效果欣赏

“制造费用明细表”的最终效果如图 8-30 所示。

制造费用明细表

编制日期：2021年12月31日　　单位：元

序号	费用项目	上年实际	本月计划	本月实际	本年累计实际
1	职工薪酬	2300000	150000	190000	2280500
2	办公费	120000	10000	8000	96500
3	资产折旧费	1748500	140000	120000	1440500
4	机械使用费	106920	8000	10000	120500
5	机械修理费	127500	10000	5000	60500
6	保险费	500000	40000	40800	490100
7	水电费	1098000	90000	95300	1144100
8	其他	99850	8000	6300	76100
合计		6100770	456000	475400	5708800

行标签	平均值项:本年累计实际
办公费	96500
保险费	490100
机械使用费	120500
机械修理费	60500
其他	76100
水电费	1144100
职工薪酬	2280500
资产折旧费	1440500
总计	713600

图 8-30　制造费用明细表

技术点睛

1. 在 Excel 中，创建制造费用明细表，输入表单内容，调整工作表的行高与列宽，设置字体格式，添加表格边框等。

2. 在制造费用明细表中，使用“求和”功能对数据进行汇总统计。

3. 在制造费用明细表中，使用“数据透视表”功能计算本年各费用的平均值。

8.3.1 创建制造费用明细表

扫码看教学视频

创建制造费用明细表可以反映企业在生产产品期间发生的各项制造费用和成本状况。下面介绍创建制造费用明细表的操作方法。

STEP 01 在Excel中，创建一个名称为“制造费用明细表”的工作表，并在工作表中输入相应的表单内容，效果如图8-31所示。

	A	B	C	D	E	F
1	制造费用明细表					
2	编制日期：2021年12月31日					单位：元
3	序号	费用项目	上年实际	本月计划	本月实际	本年累计实际
4	1	职工薪酬	2300000	150000	190000	2280500
5	2	办公费	120000	10000	8000	96500
6	3	资产折旧费	1748500	140000	120000	1440500
7	4	机械使用费	106920	8000	10000	120500
8	5	机械修理费	127500	10000	5000	60500
9	6	保险费	500000	40000	40800	490100
10	7	水电费	1098000	90000	95300	1144100
11	8	其他	99850	8000	6300	76100
12	合计					

图8-31　输入表单内容

STEP 02 在工作表中调整行高、列宽、对齐方式以及字体格式等，并为工作表添加边框线，效果如图8-32所示。

制造费用明细表					
编制日期：2021年12月31日					单位：元
序号	费用项目	上年实际	本月计划	本月实际	本年累计实际
1	职工薪酬	2300000	150000	190000	2280500
2	办公费	120000	10000	8000	96500
3	资产折旧费	1748500	140000	120000	1440500
4	机械使用费	106920	8000	10000	120500
5	机械修理费	127500	10000	5000	60500
6	保险费	500000	40000	40800	490100
7	水电费	1098000	90000	95300	1144100
8	其他	99850	8000	6300	76100
合计					

图8-32　调整表格格式效果

扫码看教学视频

8.3.2 汇总统计各费用明细数据

制造费用明细表创建完成后，即可对表单中的数据进行汇总求和。下面介绍具体的操作方法。

STEP 01 在工作表中选择C12:F12单元格区域，如图8-33所示。

STEP 02 在“开始”功能区的“编辑”面板中，单击“求和”按钮Σ，对数据进行自动求和，如图8-34所示。

图8-33 选择C12:F12单元格区域

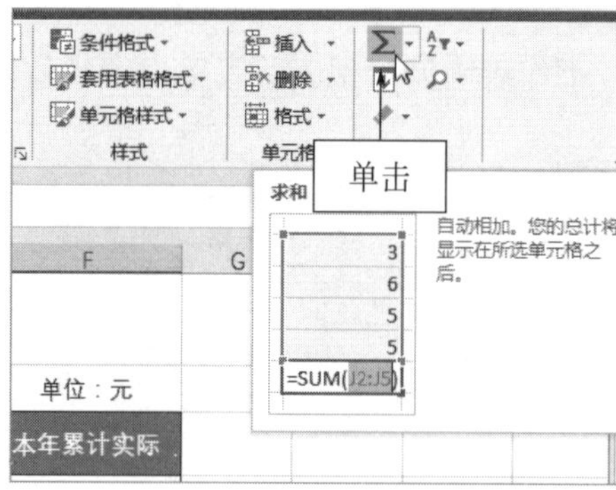

图8-34 单击“求和”按钮

STEP 03 执行操作后，即可汇总统计表单中的数据，效果如图8-35所示。

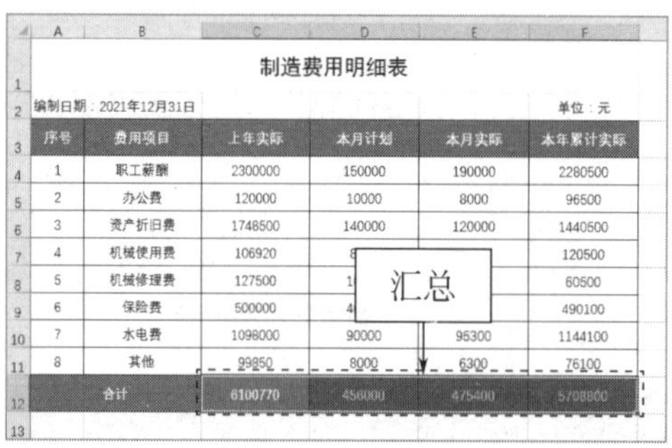

图8-35 汇总统计表单中的数据效果

扫码看教学视频

8.3.3 用数据透视表计算平均值

在Excel中，使用数据透视表分析制造费用明细表中的数据，可以免去输入函数公式、手动计算等操作。下面介绍具体的操作方法。

STEP 01 在工作表中选择A3:F11单元格区域，效果如图8-36所示。

图8-36　选择A3:F11单元格区域

STEP 02 在“插入”功能区的“表格”面板中，单击“数据透视表”按钮，如图8-37所示。

STEP 03 弹出“创建数据透视表”对话框，单击“确定”按钮，如图8-38所示。

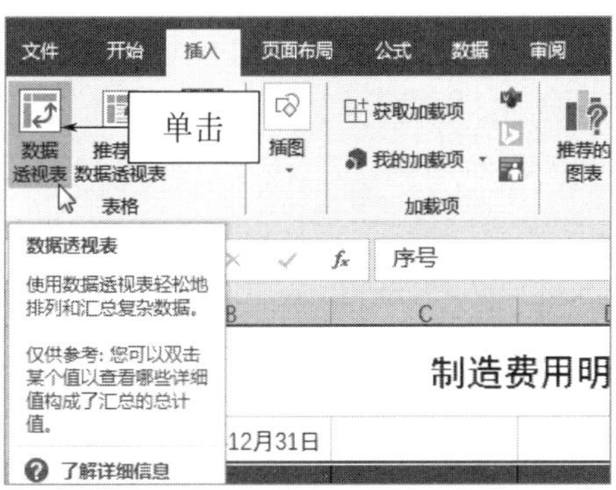

图8-37　单击“数据透视表”按钮

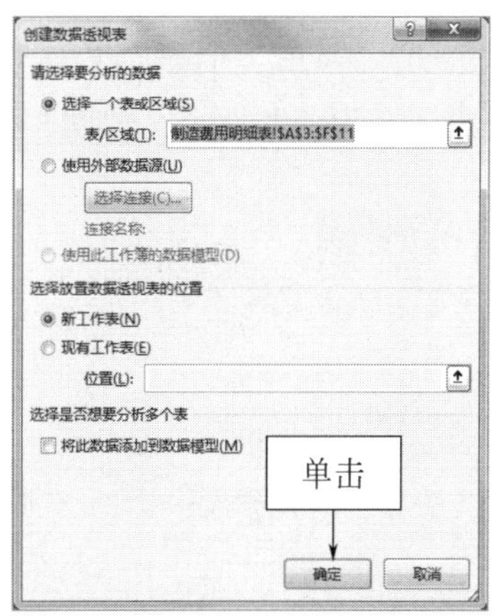

图8-38　单击“确定”按钮

STEP 04 系统自动新建一个工作表，在界面中会弹出“数据透视表字段”面板，如图8-39所示。

STEP 05 在“数据透视表字段”面板中，❶依次选中“费用项目”和“本年累计实际”复选框；❷选中的字段会自动添加到下方对应的区域中，如图8-40所示。

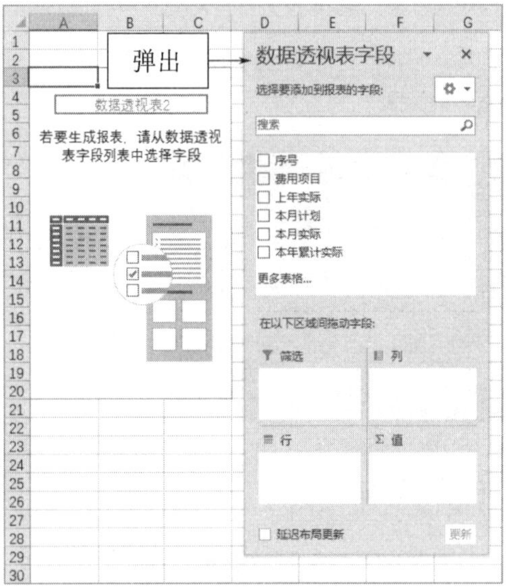

图 8-39　弹出“数据透视表字段”面板

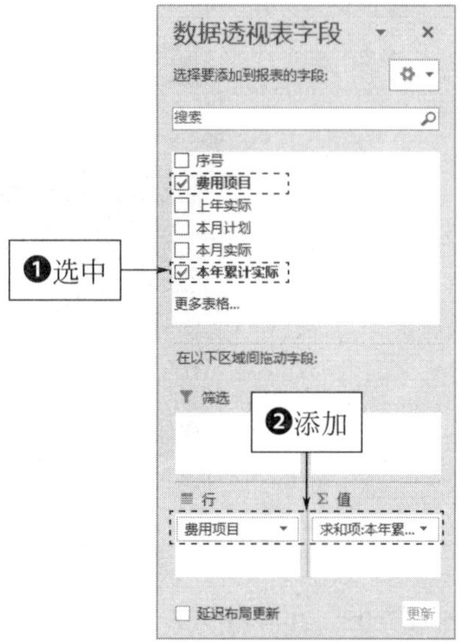

图 8-40　自动添加所选字段

STEP 06 ❶在值字段上单击下拉按钮；❷在弹出的列表框中选择“值字段设置”选项，如图8-41所示。

STEP 07 弹出“值字段设置”对话框，在“计算类型”下方的列表框中，选择“平均值”选项，如图8-42所示。

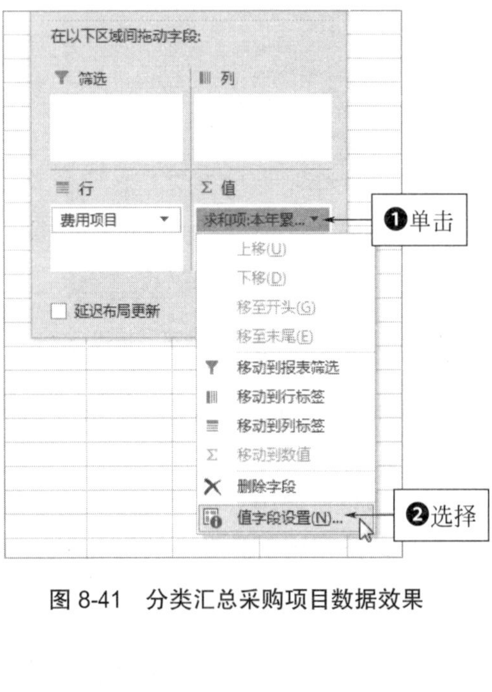

图 8-41　分类汇总采购项目数据效果

图 8-42　选择“平均值”选项

STEP 08 单击"确定"按钮，即可生成相应的数据透视表，统计本年各项费用的平均值，效果如图8-43所示。

STEP 09 在"设计"功能区的"数据透视表样式"面板中，选择"浅绿，数据透视表样式浅色14"样式，如图8-44所示。

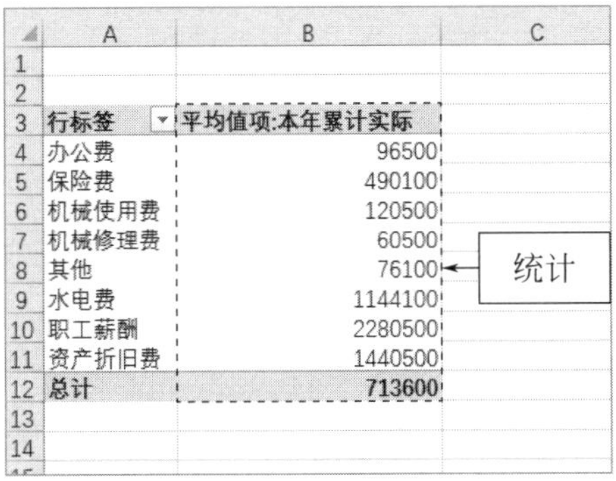

图8-43　统计本年各项费用的平均值

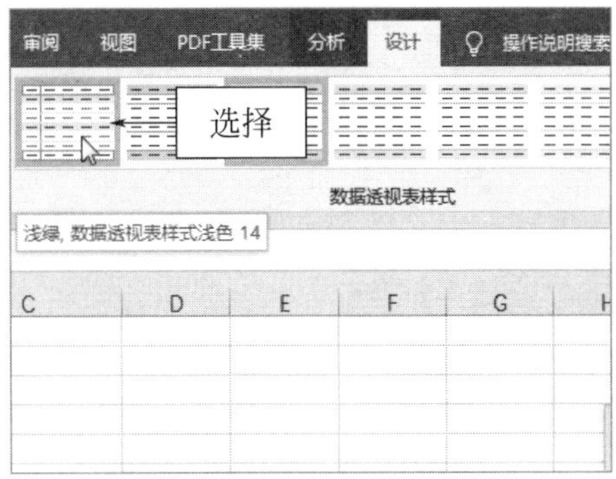

图8-44　选择相应的样式

STEP 10 执行上述操作后，即可套用选择的表格样式，调整表格行高、列宽以及对齐方式，美化数据透视表，最终效果如图8-45所示。

图8-45　最终效果

第9章

总账：月末账务处理与明细汇总

总账是财务系统的核心，财务统计数据生成相应的凭证后，需要归集到总账系统中进行处理。本章主要提供了总账财务处理的相关表格，并详细介绍了使用Excel 2016软件制作结转利润表、财务总账表以及财务明细账表的技巧，希望读者熟练掌握本章内容。

9.1 制作结转利润表

利润反映的是企业在一定经营期内的盈利成果。每个月的月末，财务人员都需要对每月的账务凭证进行归集汇总，并结转每月的损益科目；如果每月不进行结转，财务人员也可以在年底的时候一次性结转（本例以每月结转进行介绍）。

在结转利润时分两类录入，一是将收入、收益类的账款科目转入本年利润并记为贷方，包括主营业务收入、其他业务收入、投资收益以及营业外收入等；二是将支出成本类的账款科目转入本年利润并记为借方，包括主营业务成本、其他业务成本、主营业务税金及附加、管理费用、财务费用以及营业外支出等。

收入、成本、税金都属于损益类的科目，可以理解为但凡与本年利润发生关系的都是损益类科目，把损益类科目结转到本年利润中后，将没有余额。

本实例主要介绍“结转利润表”的制作流程和具体方法。

效果欣赏

“结转利润表”的最终效果如图9-1所示。

记账凭证汇总表

凭证编号	填制日期	内容摘要	科目代码	科目名称	借方金额	贷方金额
000001	2021/11/1	收到真亿科技欠款	1121	主营业务收入		¥ 86,654.00
000002	2021/11/5	收到蝶梦科技预付款	1121	主营业务收入		¥ 100,000.00
000003	2021/11/10	收到蝶梦科技尾款	1121	主营业务收入		¥ 78,000.00
000004	2021/11/11	收到佳禾科技全款	1121	主营业务收入		¥ 188,000.00
000005	2021/11/15	原材料转卖	1122	其他业务收入		¥ 203,000.00
000006	2021/11/20	成品代购出售	1122	其他业务收入		¥ 80,000.00
000007	2021/11/25	半成品转卖	1122	其他业务收入		¥ 55,000.00
000008	2021/11/30	废料出售	1122	其他业务收入		¥ 3,000.00
合计					¥ -	¥ 793,654.00
财务主管：		记账：		出纳：	审核：	

记账凭证汇总表

凭证编号	填制日期	内容摘要	科目代码	科目名称	借方金额	贷方金额
000010	2021/11/2	购买不锈钢原材料	1120	主营业务成本	¥ 68,000.00	
000011	2021/11/6	购买铝原材料	1120	主营业务成本	¥ 152,000.00	
000012	2021/11/7	购买黄铜原材料	1120	主营业务成本	¥ 108,000.00	
000013	2021/11/11	购买压料机	1120	主营业务成本	¥ 11,800.00	
000014	2021/11/13	工程维修	1123	其他业务成本	¥ 5,400.00	
000015	2021/11/22	购买办公用品	1510	管理费用	¥ 4,760.00	
000016	2021/11/27	购买员工福利礼品	1510	管理费用	¥ 3,000.00	
000017	2021/11/30	支付水电费用	1510	管理费用	¥ 8,800.00	
合计					¥ 361,760.00	¥ -
财务主管：		记账：		出纳：	审核：	

记　账　凭　证

凭证编号：　000009　　　　填制日期：　2021/11/30

内容摘要	科目代码	科目名称	借方金额	贷方金额
结转利润	1300	主营业务收入	¥ 452,654.00	
结转利润	1301	其他业务收入	¥ 341,000.00	
结转利润	1333	本年利润		¥ 793,654.00
合计			¥ 793,654.00	¥ 793,654.00

财务主管：　记账：　出纳：　审核：

记　账　凭　证

凭证编号：　000018　　　　填制日期：　2021/11/30

内容摘要	科目代码	科目名称	借方金额	贷方金额
结转利润	1444	本年利润	¥ 361,760.00	
结转利润	1400	主营业务成本		¥ 339,800.00
结转利润	1401	其他业务成本		¥ 5,400.00
结转利润	1402	管理费用		¥ 16,560.00
合计			¥ 361,760.00	¥ 361,760.00

财务主管：　记账：　出纳：　审核：

结转利润表

科目名称	借方发生额	贷方发生额
利润分配	¥ 361,760.00	¥ 793,654.00
合计	¥	431,894.00

图 9-1　结转利润表

技术点睛

1.在Excel中，创建一个日常收入结转用的记账凭证汇总表，在表单中填制收入类科目内容，并汇总收入总额；然后创建一个记账凭证空白表，根据收入总额结转利润。

2.在Excel中，创建一个支出成本结转用的记账凭证汇总表，在表单中填制支出成本类科目内容，并汇总成本总额；然后创建一个记账凭证空白表，根据成本总额结转利润。

3.创建结转利润表，用本年利润贷方减去本年利润借方，进行利润分配计算。

扫码看教学视频

9.1.1 结转收入凭证数据

在日常记账凭证汇总表中，收入类科目金额是记为贷方进行核算的；在进行利润结转时，先把收入类科目金额全部转入借方进行核算，然后再结转到本年利润的贷方。下面介绍结转收入凭证数据的操作方法。

STEP 01 在Excel中，创建一个名称为“日常收入结转”的工作表，并参考本书第4章4.2节中的内容，在工作表中制作一个记账凭证汇总表，效果如图9-2所示。

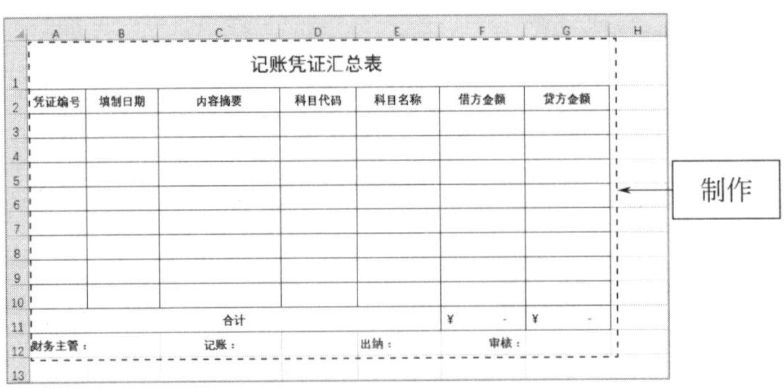

图9-2 制作一个记账凭证汇总表

STEP 02 在表单中，填制收入类科目内容，效果如图9-3所示。

STEP 03 执行上述操作后，在工作表中的空白位置处，参考本书第4章4.1节中的内容，在工作表中制作一个记账凭证空白表，效果如图9-4所示。

记账凭证汇总表

凭证编号	填制日期	内容摘要	科目代码	科目名称	借方金额	贷方金额
000001	2021/11/1	收到真亿科技欠款	1121	主营业务收入		¥ 86,654.00
000002	2021/11/5	收到蝶梦科技预付款	1121	主营业务收入		¥ 100,000.00
000003	2021/11/10	收到蝶梦科技尾款	1121	主营业务收入		¥ 78,000.00
000004	2021/11/11	收到佳禾科技全款	1121	主营业务收入		¥ 188,000.00
000005	2021/11/15	原材料转卖	1122	其他业务收入		¥ 203,000.00
000006	2021/11/20	成品代购出售	1122	其他业务收入		¥ 80,000.00
000007	2021/11/25	半成品转卖	1122	其他业务收入		¥ 55,000.00
000008	2021/11/30	废料出售	1122	其他业务收入		¥ 3,000.00
合计					¥ -	¥ 793,654.00

财务主管：　记账：　出纳：　审核：

图 9-3　填制收入类科目内容

记　账　凭　证

凭证编号：000009　　填制日期：2021/11/30

内容摘要	科目代码	科目名称	借方金额	贷方金额
合计			¥ -	¥ -

财务主管：　记账：　出纳：　审核：

图 9-4　制作一个记账凭证空白表

STEP 04　在表单中填制好内容摘要、科目代码和科目名称等内容，如图9-5所示。

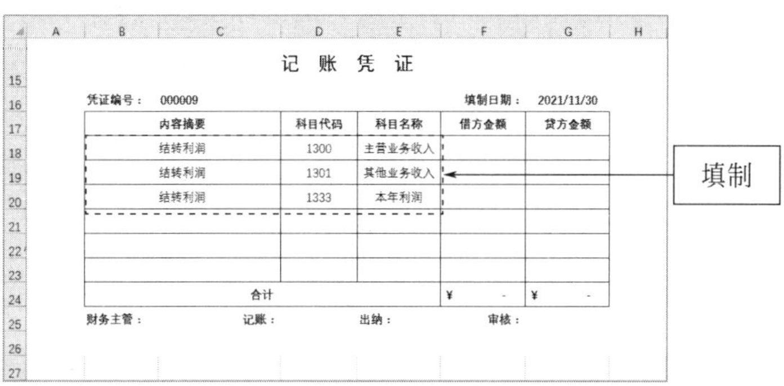

记　账　凭　证

凭证编号：000009　　填制日期：2021/11/30

内容摘要	科目代码	科目名称	借方金额	贷方金额
结转利润	1300	主营业务收入		
结转利润	1301	其他业务收入		
结转利润	1333	本年利润		
合计			¥ -	¥ -

财务主管：　记账：　出纳：　审核：

图 9-5　填制相应内容

STEP 05　选择F18单元格，输入公式:=SUMIF($E$3:$E$10,E18,$G$3:$G$10)，如图9-6所示。

图 9-6 输入公式

STEP 06 按回车键确认，即可对主营业务收入科目金额进行汇总计算，并将其结转记入借方金额，如图9-7所示。

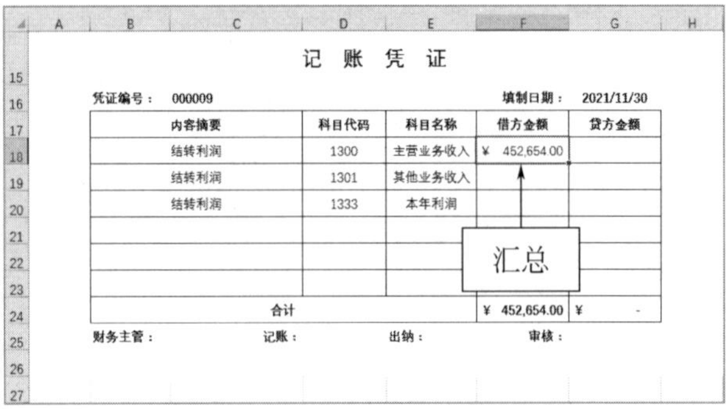

图 9-7 汇总主营业务收入费用

STEP 07 将鼠标移至F18单元格右下角，当鼠标指针呈➕形状时，按住鼠标左键下拉拖曳至F19单元格中，即可填充公式汇总其他业务收入科目总额，并将其结转记入借方金额，效果如图9-8所示。

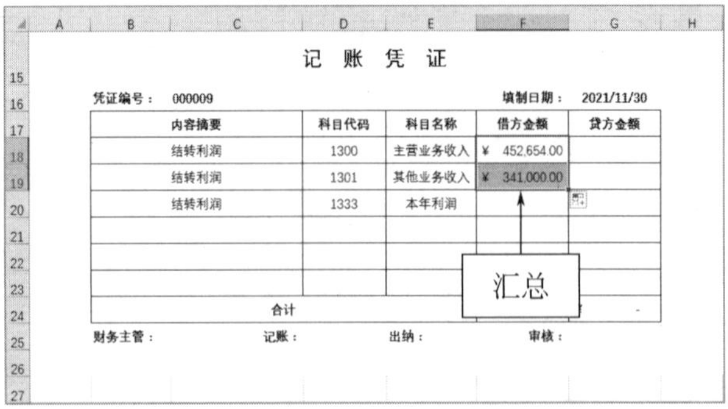

图 9-8 汇总其他业务收入费用

STEP 08 选择G20单元格，输入引用公式:=G11，如图9-9所示。

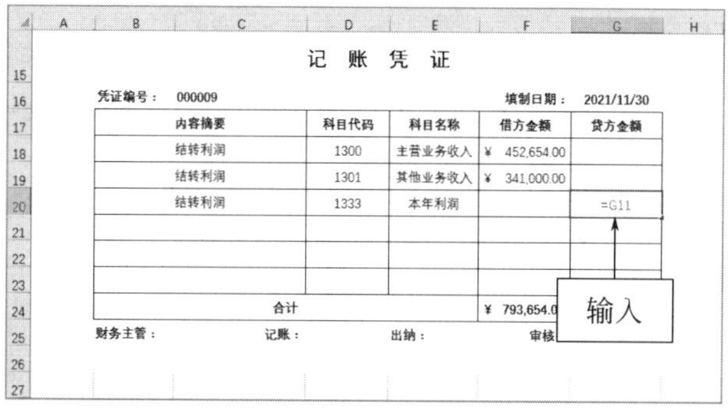

图 9-9　输入引用公式

STEP 09 按回车键确认，即可引用G11单元格中的内容，使两个单元格中的内容一致，将收入总额结转为贷方金额，效果如图9-10所示。

图 9-10　引用内容将收入总额结转为贷方金额

9.1.2　结转成本凭证数据

扫码看教学视频

在日常记账凭证汇总表中，支出成本类科目金额是记为借方进行核算的；在进行利润结转时，先把支出成本类科目金额全部转入贷方进行核算，然后再结转到本年利润的借方。下面介绍结转成本凭证数据的操作方法。

STEP 01 在“日常收入结转”工作表上单击右键，在弹出的快捷菜单中选择“移动或复制”选项，如图9-11所示。

STEP 02 弹出相应对话框，在“下列选定工作表之前”下方的列表框中，❶选择“(移至最后)”选项；❷选中“建立副本”复选框，效果如图9-12所示。

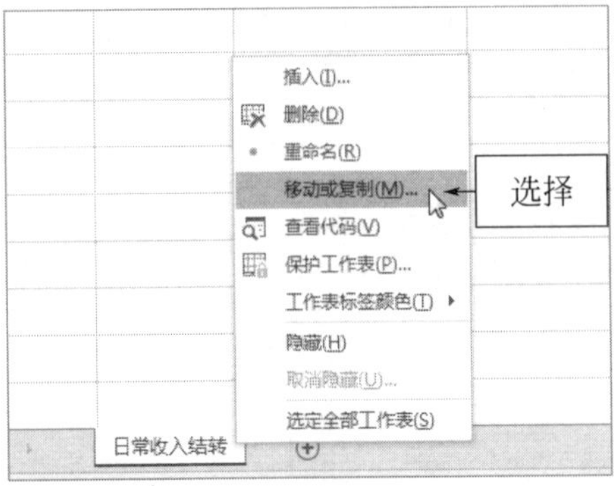

图 9-11　选择“移动或复制”选项

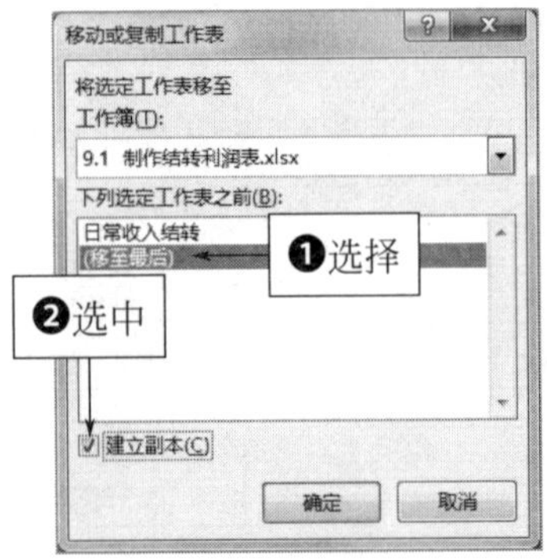

图 9-12　选中“建立副本”复选框

STEP 03　单击“确定”按钮，即可复制一个“日常收入结转（2）”的工作表，效果如图9-13所示。

STEP 04　将复制的工作表重命名为“日常成本结转”，效果如图9-14所示。

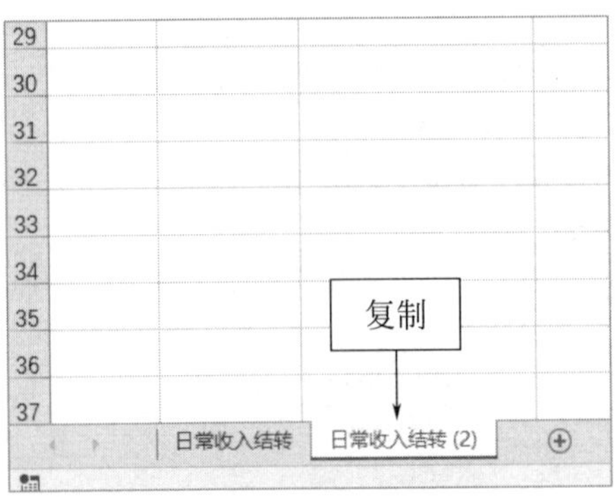

图 9-13　复制一个工作表

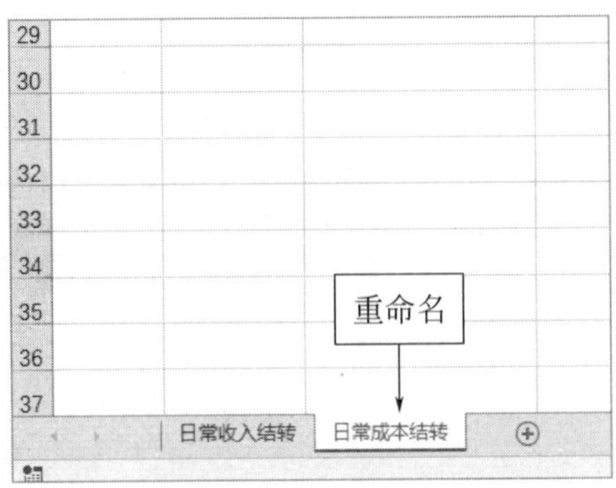

图 9-14　重命名工作表

STEP 05　删除记账凭证汇总表中原有的数据内容，重新填制支出成本类科目数据，效果如图9-15所示。

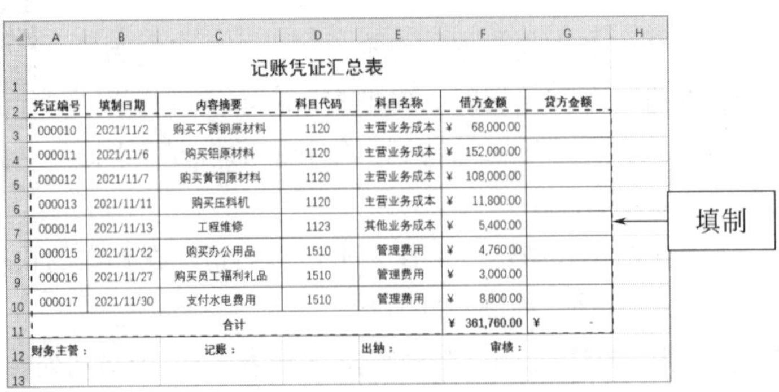

记账凭证汇总表

凭证编号	填制日期	内容摘要	科目代码	科目名称	借方金额	贷方金额
000010	2021/11/2	购买不锈钢原材料	1120	主营业务成本	¥ 68,000.00	
000011	2021/11/6	购买铝原材料	1120	主营业务成本	¥ 152,000.00	
000012	2021/11/7	购买黄铜原材料	1120	主营业务成本	¥ 108,000.00	
000013	2021/11/11	购买压料机	1120	主营业务成本	¥ 11,800.00	
000014	2021/11/13	工程维修	1123	其他业务成本	¥ 5,400.00	
000015	2021/11/22	购买办公用品	1510	管理费用	¥ 4,760.00	
000016	2021/11/27	购买员工福利礼品	1510	管理费用	¥ 3,000.00	
000017	2021/11/30	支付水电费用	1510	管理费用	¥ 8,800.00	
合计					¥ 361,760.00	¥ -

财务主管：　记账：　出纳：　审核：

图 9-15　填制支出成本类科目数据

STEP 06 删除记账凭证表单中原有的数据内容，重新填制内容摘要、科目代码和科目名称等内容，效果如图9-16所示。

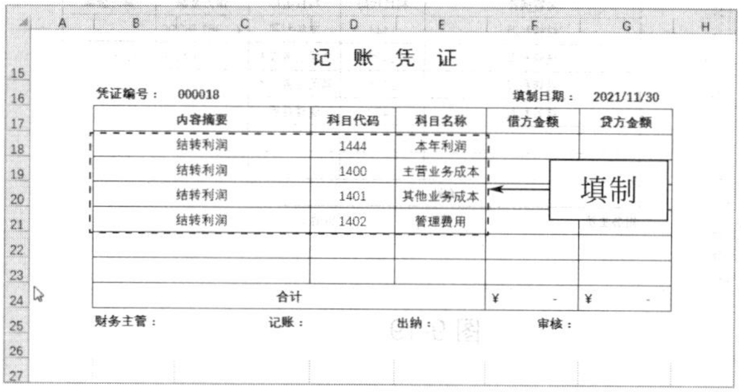

图 9-16　填制相应内容

STEP 07 选择F18单元格，输入引用公式:=F11，如图9-17所示。

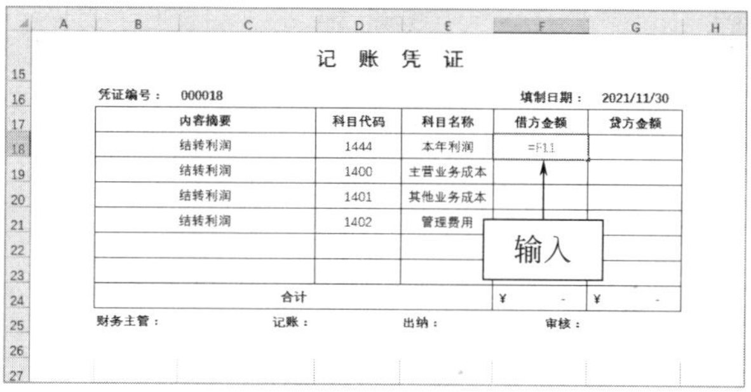

图 9-17　输入引用公式

STEP 08 按回车键确认，即可引用F11单元格中的内容，将支出成本总额结转为借方金额，效果如图9-18所示。

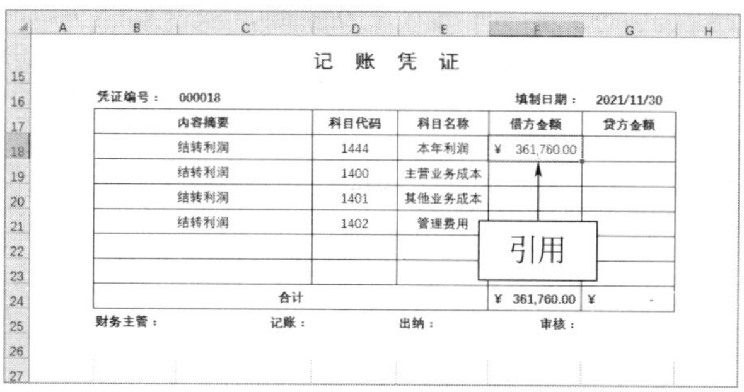

图 9-18　引用内容将支出成本总额结转为借方金额

STEP 09 选择G19单元格，输入公式:=SUMIF($E$3:$E$10, E19, $F$3:$F$10)，如图9-19所示。

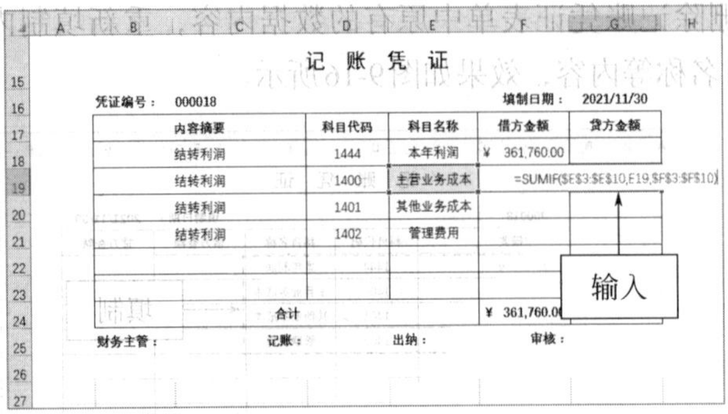

图 9-19 输入公式

STEP 10 按回车键确认，即可对主营业务成本科目金额进行汇总计算，并将其结转记入贷方金额，如图9-20所示。

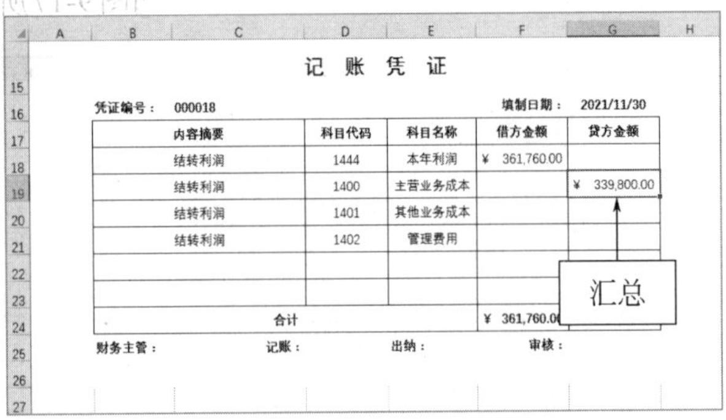

图 9-20 汇总主营业务成本费用

STEP 11 将鼠标移至G19单元格右下角，当鼠标指针呈➕形状时，按住鼠标左键下拉拖曳至G21单元格中，即可填充公式汇总其他业务成本科目和管理费用科目总额，并将其结转记入贷方金额，效果如图9-21所示。

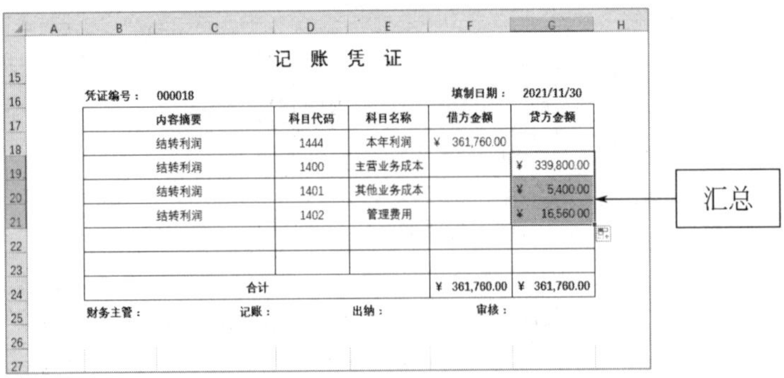

图 9-21 汇总其他业务成本费用和管理费用

9.1.3 创建结转利润表进行利润分配

扫码看教学视频

用上述结转分录中的贷方减去借方，即可计算出利润总额。当结果为正数时，表示企业当月经营成果为盈利；当结果为负数时，表示企业当月经营成果为亏损。下面介绍进行利润分配的具体操作方法。

STEP 01 新建一个名称为“结转利润表”的工作表，在工作表中输入相应的标题和表头等内容，调整行高、列宽、对齐方式以及字体格式等，并为工作表添加边框线、调整单元格数据格式，效果如图9-22所示。

STEP 02 选择B3单元格，输入引用公式:=日常成本结转!F24，如图9-23所示。

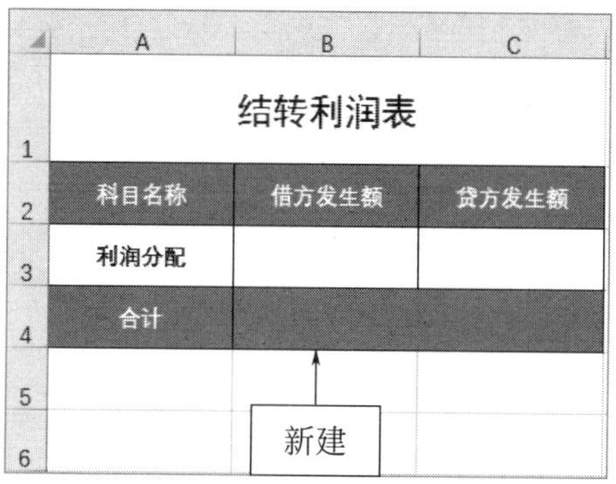

图9-22　新建一个工作表

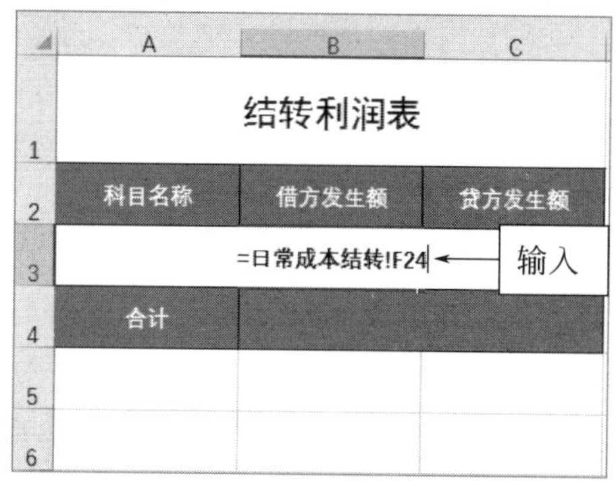

图9-23　输入引用公式（1）

STEP 03 按回车键确认，即可引用“日常成本结转”工作表F24单元格中的数据，效果如图9-24所示。

STEP 04 选择C3单元格，输入引用公式:=日常收入结转!G24，如图9-25所示。

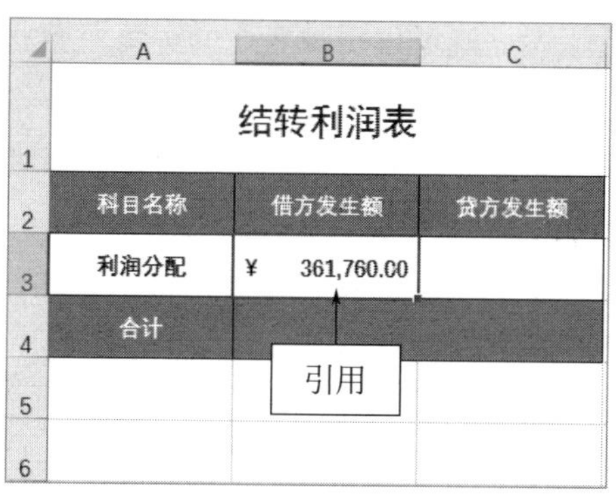

图9-24　引用数据（1）

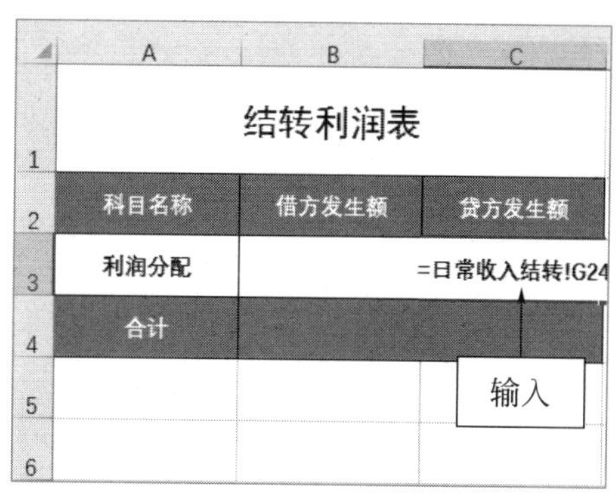

图9-25　输入引用公式（2）

STEP 05 按回车键确认，即可引用“日常收入结转”工作表G24单元格中的数据，效果如图9-26所示。

STEP 06 选择B4单元格，输入公式:=C3–B3，按回车键确认，即可得出计算结果，效果如图9-27所示。此时得出的计算结果为正数，表示企业当月经营盈利431894元。

	A	B	C
1	结转利润表		
2	科目名称	借方发生额	贷方发生额
3	利润分配	¥ 361,760.00	¥ 793,654.00
4	合计		
5			
6			

引用

图9-26 引用数据（2）

	A	B	C
1	结转利润表		
2	科目名称	借方发生额	贷方发生额
3	利润分配	¥ 361,760.00	¥ 793,654.00
4	合计	¥ 431,894.00	
5			
6			

计算

图9-27 得出计算结果

9.2 编制财务总账表

财务总账表是指总分类账簿，也称总分类账，是财务系统的核心，主要用来归集、登记企业的经济业务凭证数据，并进行总分类核算处理。编制财务总账表，既可以反映企业的经济业务状况和资金状况，也可以完整地记录本期期初余额、借方金额和贷方金额，并通过这三者计算出本期期末余额。

本实例主要介绍“财务总账表”的制作流程和具体方法。

效果欣赏

“财务总账表”的最终效果如图9-28所示。

财务总账表

总账代码	总账科目	期初余额	借方金额	贷方金额	期末余额
1001	库存现金	¥18,000.00	¥50,000.00	¥5,000.00	¥63,000.00
1002	银行存款	¥999,999.00	¥225,000.00	¥130,000.00	¥1,094,999.00
1003	应收账款	¥166,000.00	¥10,000.00	¥7,880.00	¥168,120.00
1004	坏账准备	¥6,300.00	¥0.00	¥3,333.00	¥2,967.00
1005	材料采购	¥0.00	¥43,400.00	¥43,400.00	¥0.00
1006	固定资产	¥807,000.00	¥0.00	¥0.00	¥807,000.00
1007	折旧费用	(¥5,480.00)	¥1,050.00	¥4,380.00	(¥8,810.00)
1008	短期借款	(¥300,000.00)	¥0.00	¥0.00	(¥300,000.00)
1009	应付账款	¥0.00	¥8,000.00	¥1,500.00	¥6,500.00
1010	职工薪酬	(¥63,300.00)	¥5,630.00	¥6,600.00	(¥64,270.00)
1011	应交税费	(¥18,800.00)	¥5,200.00	¥10,000.00	(¥23,600.00)
1012	财务费用	(¥40,000.00)	¥250,000.00	¥37,000.00	¥173,000.00
1013	销售费用	¥0.00	¥300,000.00	¥15,000.00	¥285,000.00
1402	管理费用	(¥3,800.00)	¥1,100.00	¥1,100.00	(¥3,800.00)
1300	主营业务收入	¥452,600.00	¥34,000.00	¥0.00	¥486,600.00
1301	其他业务收入	¥341,000.00	¥0.00	¥55,220.00	¥285,780.00
1400	主营业务成本	¥340,000.00	¥66,640.00	¥0.00	¥406,640.00
1401	其他业务成本	¥0.00	¥15,485.00	¥4,542.00	¥10,943.00
1333	本年利润	¥12,500.00	¥26,654.00	¥233,561.00	(¥194,407.00)

图9-28 财务总账表

技术点睛

1. 在Excel中，创建财务总账表，输入表单内容，调整工作表的行高与列宽，设置字体格式，添加表格边框等。

2. 在财务总账表中，设置单元格中表示金额的数据为货币格式。

3. 在财务总账表中，使用公式计算本期期末余额。

9.2.1　创建财务总账表

在Excel中创建财务总账表，需要包含总账代码、总账科目、期初余额、借方金额、贷方金额以及期末余额等基本信息。下面介绍创建财务总账的操作方法。

扫码看教学视频

STEP 01　在Excel中，创建一个名称为“财务总账表”的工作表，并在工作表中输入相应的表单内容，效果如图9-29所示。

STEP 02　在工作表中调整行高、列宽、对齐方式以及字体格式等，并为工作表添加边框线，效果如图9-30所示。

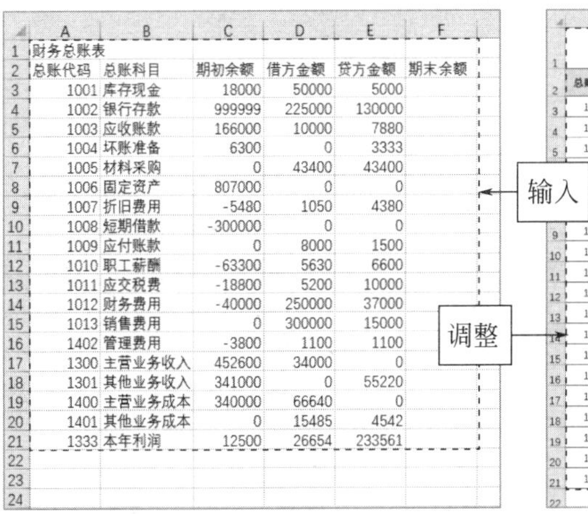

财务总账表					
总账代码	总账科目	期初余额	借方金额	贷方金额	期末余额
1001	库存现金	18000	50000	5000	
1002	银行存款	999999	225000	130000	
1003	应收账款	166000	10000	7880	
1004	坏账准备	6300	0	3333	
1005	材料采购	0	43400	43400	
1006	固定资产	807000	0	0	
1007	折旧费用	-5480	1050	4380	
1008	短期借款	-300000	0	0	
1009	应付账款	0	8000	1500	
1010	职工薪酬	-63300	5630	6600	
1011	应交税费	-18800	5200	10000	
1012	财务费用	-40000	250000	37000	
1013	销售费用	0	300000	15000	
1402	管理费用	-3800	1100	1100	
1300	主营业务收入	452600	34000	0	
1301	其他业务收入	341000	0	55220	
1400	主营业务成本	340000	66640	0	
1401	其他业务成本	0	15485	4542	
1333	本年利润	12500	26654	233561	

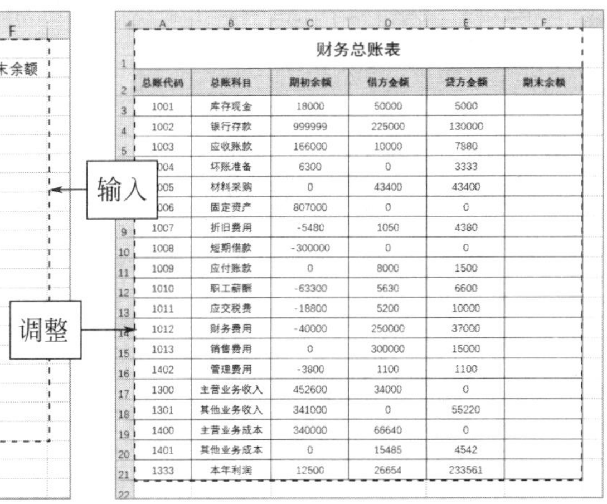

图9-29　输入表单内容　　图9-30　调整表格格式效果

9.2.2　设置货币的数据格式

财务总账表创建完成后，即可将工作表中单元格的数据格式设置为“货币”格式。下面介绍具体的操作方法。

扫码看教学视频

STEP 01　在工作表中，选择C3:F21单元格区域，如图9-31所示。

STEP 02 在“开始”功能区的“数字”面板中，单击“数字格式”下拉按钮，如图9-32所示。

图 9-31　选择 C3:C13 单元格区域

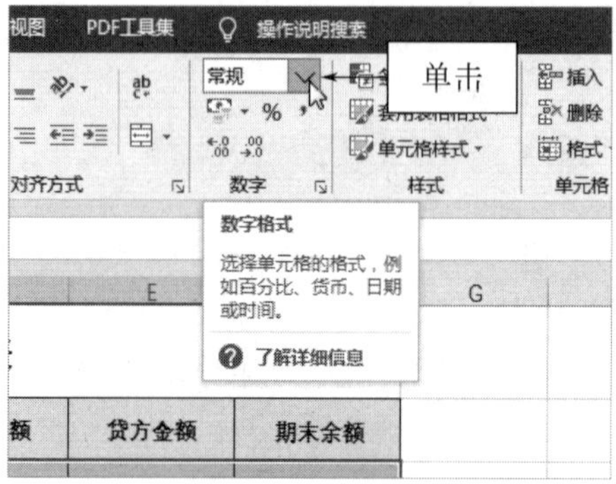

图 9-32　单击“数字格式”下拉按钮

STEP 03 在弹出的列表框中，选择“货币”选项，如图9-33所示。

STEP 04 执行操作后，即可设置C3:F21单元格区域中的数据格式为“货币”格式，效果如图9-34所示。其中，红色字体的数据表示为负值。

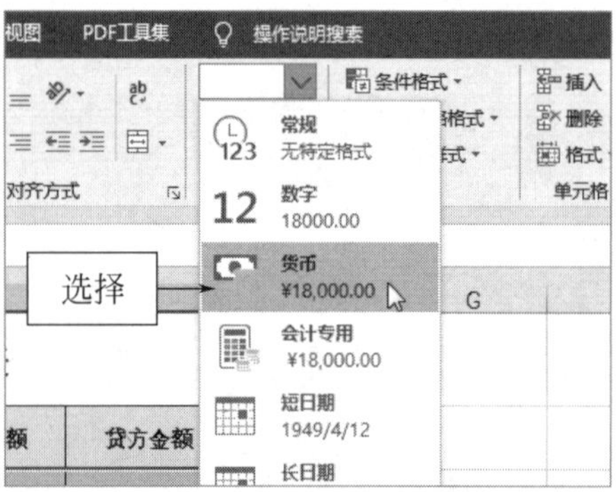

图 9-33　选择“货币”选项

图 9-34　设置数据格式效果

扫码看教学视频

9.2.3　批量统计期末余额

在财务总账表中，可使用公式计算期末余额，计算公式为：期末余额=期初余额+借方余额-贷方余额。下面介绍具体的操作方法。

STEP 01 在工作表中选择F3:F21单元格区域，如图9-35所示。

STEP 02 在编辑栏中输入计算公式:=C3+D3–E3，如图9-36所示。

图 9-35　选择 F3:F12 单元格区域

图 9-36　输入计算公式

STEP 03 按【Ctrl＋Enter】组合键确认后，即可批量计算期末余额，如图9-37所示。

图 9-37　批量计算期末余额

9.3 编制财务明细账表

财务明细账表是根据科目所属明细分类账户开设的，所以也称为明细分类账表。编制财务明细账表，可以用来分类登记企业某项经济业务的详细状况，为领导和有关人员核算时提供详细的账簿资料，也可以起到监督的作用。

本实例主要介绍“财务明细账表”的制作流程和具体方法。

效果欣赏

“财务明细账表”的最终效果如图9-38所示。

财务明细账表

日期	凭证编号	内容摘要	科目代码	科目名称	借方金额	贷方金额
2021/11/1	000001	购买原材料	1001	库存现金		¥ 68,000.00
2021/11/1	000002	购买原材料	1008	应缴费用		¥ 11,560.00
2021/11/2	000003	购买原材料	1203	银行存款		¥ 79,560.00
2021/11/4	000004	购买福利礼品	1510	管理费用		¥ 5,000.00
2021/11/6	000005	礼品余款返还	1001	库存现金	¥ 1,800.00	
2021/11/8	000006	废料出售	1203	银行存款	¥ 32,000.00	
2021/11/10	000007	半成品出售	1001	库存现金	¥ 58,000.00	
2021/11/13	000008	缴纳个人所得税	1008	应缴费用		¥ 3,100.00
2021/11/15	000009	支付银行手续费	1203	银行存款		¥ 1,000.00
2021/11/17	000010	水电费	1510	管理费用		¥ 8,560.00
2021/11/20	000011	收到欠款	1203	银行存款	¥ 100,000.00	
2021/11/24	000012	收到佳禾科技尾款	1203	银行存款	¥ 88,000.00	
2021/11/25	000013	购买办公用品	1510	管理费用		¥ 4,760.00
2021/11/26	000014	机械维修	1001	库存现金		¥ 880.00
2021/11/28	000015	外聘管理员	1510	管理费用		¥ 10,000.00
2021/11/30	000016	收到蝶梦科技预付款	1203	银行存款	¥ 86,000.00	

科目名称

管理费用　库存现金　银行存款　应缴费用

财务明细账表

日期	凭证编号	内容摘要	科目代码	科目名称	借方金额	贷方金额
2021/11/2	000003	购买原材料	1203	银行存款		¥ 79,560.00
2021/11/8	000006	废料出售	1203	银行存款	¥ 32,000.00	
2021/11/15	000009	支付银行手续费	1203	银行存款		¥ 1,000.00
2021/11/20	000011	收到欠款	1203	银行存款	¥ 100,000.00	
2021/11/24	000012	收到佳禾科技尾款	1203	银行存款	¥ 88,000.00	
2021/11/30	000016	收到蝶梦科技预付款	1203	银行存款	¥ 86,000.00	

图9-38　财务明细账表

技术点睛

1.在Excel中，创建财务明细账表，输入表单数据内容，调整行高、列宽、对齐方式以及字体格式等。

2. 在Excel中，使用快捷键对工作表进行快速美化，当工作表中的数据增加或减少时，工作表可进行自动美化。

3. 在财务明细账表中，使用切片器制作科目联动按钮，对工作表中的数据进行分类筛选，并按科目分类生成对应的明细表。

9.3.1　创建财务明细账表

扫码看教学视频

创建财务明细账表需包含日期、凭证编号、内容摘要、科目代码、科目名称、借方金额以及贷方金额等基本信息。下面介绍具体的操作方法。

STEP 01　在Excel中，创建一个名称为“财务明细账表”的工作表，并在工作表中输入相应的标题和表头等内容，效果如图9-39所示。

STEP 02　在工作表中调整行高、列宽、对齐方式以及字体格式等，如图9-40所示。

	A	B	C	D	E	F	G
1							
2	财务明细账表						
3	日期	凭证编号	内容摘要	科目代码	科目名称	借方金额	贷方金额
4	2021/11/1	000001	购买原材料	1001	库存现金		68000
5	2021/11/1	000002	购买原材料	1008	应缴费用		11560
6	2021/11/2	000003	购买原材料	1203	银行存款		79560
7	2021/11/4	000004	购买福利礼品	1510	管理费用		5000
8	2021/11/6	000005	礼品余款返还	1001	库存现金	1800	
9	2021/11/8	000006	废料出售	1203	银行存款	32000	
10	2021/11/10	000007	半成品出售	1001	库存现金	58000	
11	2021/11/13	000008	缴纳个人所得税	1008	应缴费用		3100
12	2021/11/15	000009	支付银行手续费	1203	银行存款		1000
13	2021/11/17	000010	水电费	1510	管理费用		8560
14	2021/11/20	000011	收到欠款	1203	银行存款	100000	
15	2021/11/24	000012	收到佳禾科技尾款	1203	银行存款	88000	
16	2021/11/25	000013	购买办公用品	1510	管理费用		4760
17	2021/11/26	000014	机械维修	1001	库存现金		880
18	2021/11/28	000015	外聘管理员	1510	管理费用		10000
19	2021/11/30	000016	收到蝶梦科技预付	1203	银行存款	86000	
20							
21							
22							

图9-39　输入表单内容

	A	B	C	D	E	F	G
1							
2	财务明细账表						
3	日期	凭证编号	内容摘要	科目代码	科目名称	借方金额	贷方金额
4	2021/11/1	000001	购买原材料	1001	库存现金		¥ 68,000.00
5	2021/11/1	000002	购买原材料	1008	应缴费用		¥ 11,560.00
6	2021/11/2	000003	购买原材料	1203	银行存款		¥ 79,560.00
7	2021/11/4	000004	购买福利礼品	1510	管理费用		¥ 5,000.00
8	2021/11/6	000005	礼品余款返还	1001	库存现金	¥ 1,800.00	
9	2021/11/8	000006	废料出售	1203	银行存款	¥ 32,000.00	
10	2021/11/10	000007	半成品出售	1001	库存现金	¥ 58,000.00	
11	2021/11/13	000008	缴纳个人所得税	1008	应缴费用		¥ 3,100.00
12	2021/11/15	000009	支付银行手续费	1203	银行存款		¥ 1,000.00
13	2021/11/17	000010	水电费	1510	管理费用		¥ 8,560.00
14	2021/11/20	000011	收到欠款	1203	银行存款	¥ 100,000.00	
15	2021/11/24	000012	收到佳禾科技尾款	1203	银行存款	¥ 88,000.00	
16	2021/11/25	000013	购买办公用品	1510	管理费用		¥ 4,760.00
17	2021/11/26	000014	机械维修	1001	库存现金		¥ 880.00
18	2021/11/28	000015	外聘管理员	1510	管理费用		¥ 10,000.00
19	2021/11/30	000016	收到蝶梦科技预付款	1203	银行存款	¥ 86,000.00	

图9-40　调整表格效果

9.3.2　快速美化明细账表

扫码看教学视频

创建财务明细账表后，可以使用快捷键对工作表进行快速美化，通过此操作美化后的工作表，若有数据筛选、排序、删减或增加等操作时，工作表可自动美化，无需用户重新操作。下面介绍使用快捷键快速美化明细账表的操作方法。

STEP 01　在工作表中，选择A3:G19单元格区域，效果如图9-41所示。

STEP 02　按【Ctrl＋T】组合键，弹出“创建表”对话框，如图9-42所示。

图 9-41　选择 A3:G19 单元格区域

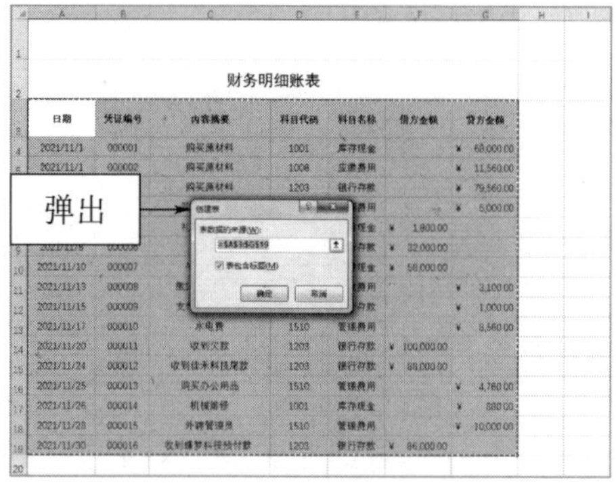

图 9-42　弹出“创建表”对话框

STEP 03　单击“确定”按钮，即可对工作表快速美化，效果如图 9-43 所示。

图 9-43　工作表美化效果

扫码看教学视频

9.3.3　按科目分类生成明细账

在财务明细账表中，用快捷键对工作表进行美化后，工作表中的数据会自动生成数据链接，此时可以使用“切片器”功能制作科目联动按钮，对任意科目明细项进行分类查询，并快速生成对应的科目明细表。下面介绍具体的操作方法。

STEP 01　在“设计”功能区的“工具”面板中，单击“插入切片器”按钮，效果如图 9-44 所示。

STEP 02　弹出“插入切片器”对话框，❶选中“科目名称”复选框；❷单击“确定”按钮，如图 9-45 所示。

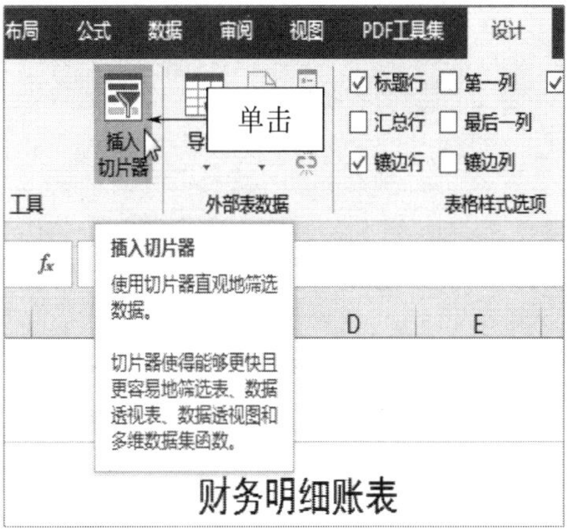

图9-44　单击“插入切片器”按钮

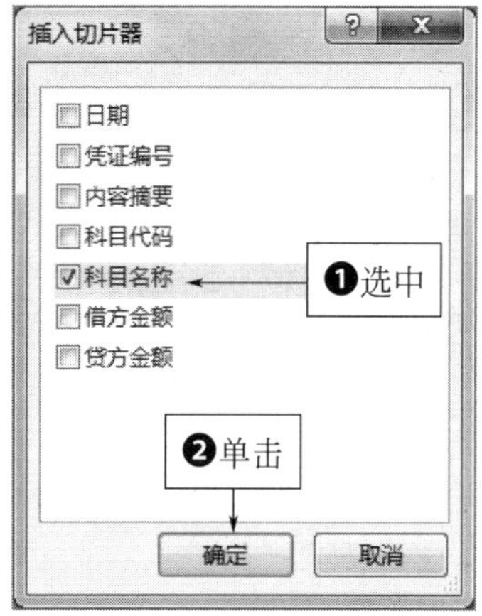

图9-45　单击“确定”按钮

STEP 03　生成“科目名称”切片器，窗口中的按钮为科目联动按钮，如图9-46所示。

STEP 04　❶在“选项”功能区的“按钮”面板中，设置“列”为4、“高度”为0.58厘米、“宽度”为4.85厘米；❷在“大小”面板中，设置“高度”为1.59厘米、“宽度”为20.11厘米，如图9-47所示。

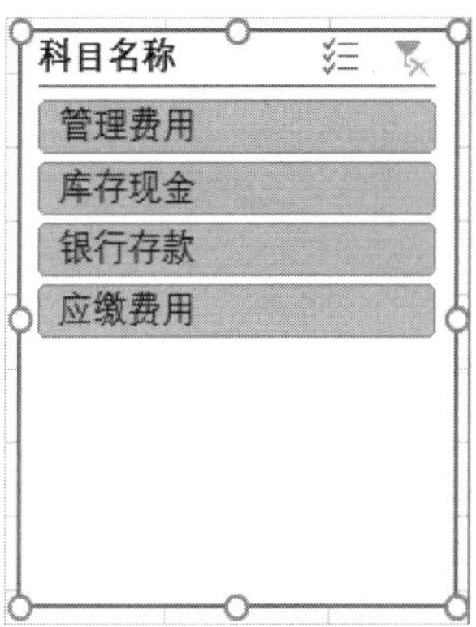

图9-46　生成“项目名称”切片器

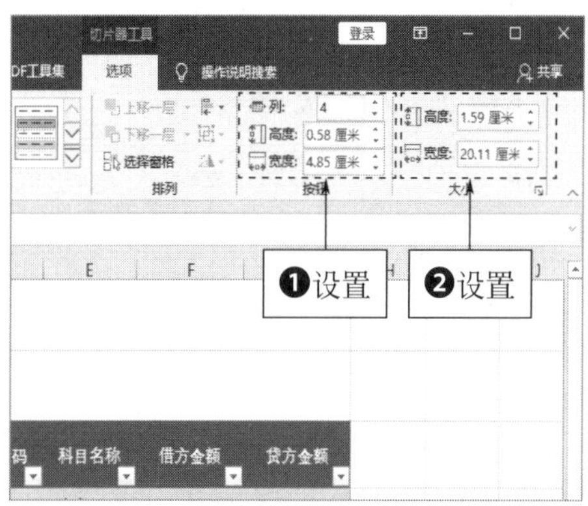

图9-47　设置切片器各参数

STEP 05　执行操作后，即可调整切片器的大小，通过拖曳的方式，调整切片器的位置，将其拖曳至A1单元格中，如图9-48所示。

STEP 06　单击“银行存款”按钮，即可在下方生成对应的明细账表，如图9-49所示。

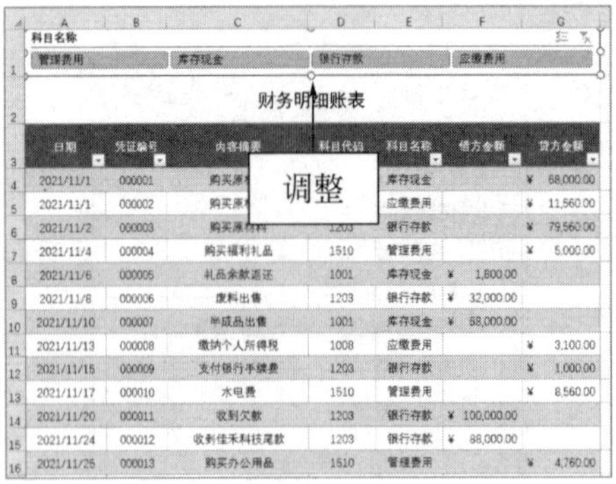

图 9-48　调整切片器的位置

图 9-49　单击“银行存款”按钮

第10章

报表：三大财务报表的制作方法

财务人员在进行财务管理时，每天都会经手各种各样的报表，其中便包含了三大财务报表。本章主要提供了三大财务报表的相关表格，并详细介绍了使用Excel 2016软件制作资产负债表、营业利润表以及现金流量表的技巧，希望读者熟练掌握本章内容。

10.1 制作资产负债表

在三大财务报表中，资产负债表反映的是企业所承担的债务和投资者所持有的权益，通过资产负债表可以了解企业的财务状况，分析企业的偿债能力。

资产负债表的数据来源于财务总账表。例如，资产负债表中的流动资产“货币资金”对应的是财务总账表中“库存现金”“银行存款”以及“其他货币资金”之和；资产负债表中的流动资产“应收账款”对应的是财务总账表中的“应收账款”；资产负债表中的流动负债“短期借款”对应的是财务总账表中的“短期借款”。需要注意的是财务总账表中的负数，在填制资产负债表中时，应记为正数。

本实例主要介绍“资产负债表”的制作流程和具体方法。

效果欣赏

“资产负债表”的最终效果如图10-1所示。

资产负债表

资产	期初金额	期末余额	负债及所有者权益	期初金额	期末余额
货币资金	214000.00	350748.00	短期借款	131000.00	131000.00
应收账款	223000.00	471200.00	应付账款	0.00	500.00
坏账准备	5388.00	3194.00	应付职工薪酬	74300.00	65739.00
应收账款净额	228388.00	474394.00	应交税费	28800.00	110225.00
其他应收款	19000.00	12320.00	其他应付款	0.00	0.00
存货	470141.00	298441.00			
流动资产合计	931529.00	1135903.00	流动负债合计	234100.00	307464.00
固定资产原值	216000.00	216000.00	实收资本	487915.00	487915.00
累计折旧	6680.00	12113.00	盈余公积	0.00	0.00
固定资产净值	209320.00	203887.00	未分配利润	418834.00	544411.00
固定资产合计	209320.00	203887.00	所有者权益合计	906749.00	1032326.00
资产总计	1140849.00	1339790.00	负债及所有者权益合计	1140849.00	1339790.00

图 10-1 资产负债表

技术点睛

1. 在Excel中，创建资产负债表，输入表单数据内容，调整行高、列宽、对齐方式以及字体格式，并对工作表进行适当的美化等。

2. 在资产负债表中，通过公式计算流动资产和固定资产等数据。

3. 在资产负债表中，通过公式计算流动负债和所有者权益等数据。

10.1.1　创建资产负债表

创建的资产负债表需包含资产类科目和负债及所有者权益类科目的数据。下面介绍具体的操作方法。

扫码看教学视频

STEP 01　在Excel中，创建一个名称为“资产负债表”的工作表，并在工作表中输入相应的标题和表头等内容，效果如图10-2所示。

STEP 02　在工作表中调整行高、列宽、对齐方式、背景填充颜色以及字体格式等，效果如图10-3所示。

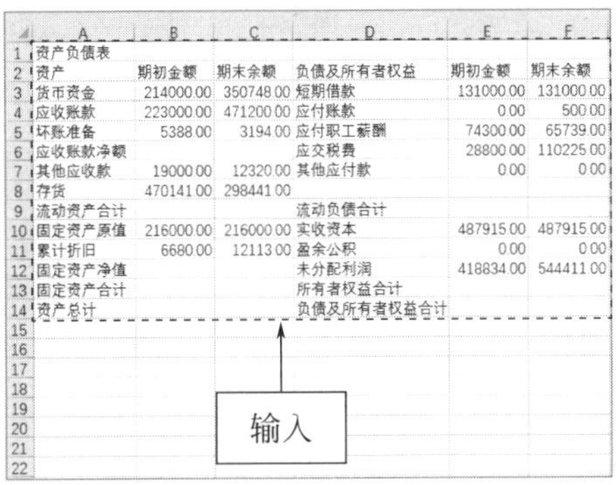

图 10-2　输入表单内容

图 10-3　调整表格效果

专家提醒

本章所有案例中的数据皆为虚构，与前文财务总账表中的数据不挂钩，大家在参考制作表单时，请根据自己做的财务总账表填制对应的数据。

10.1.2　计算资产数据

资产负债表创建完成后，即可根据表单内的数据计算应收账款净额、流动资产合计数据、固定资产合计数据以及资产总计数据。下面介绍具体的操作方法。

扫码看教学视频

STEP 01　在工作表中，❶选择B6:C6单元格区域；❷在编辑栏中输入公式:=B4+B5，如图10-4所示。

STEP 02 按【Ctrl＋Enter】组合键确认，即可计算应收账款净额数据，效果如图10-5所示。

图10-4 输入公式（1）

图10-5 计算应收账款净额数据

STEP 03 ❶选择B9:C9单元格区域；❷在编辑栏中输入公式:=B3+B6+B7+B8，如图10-6所示。

STEP 04 按【Ctrl＋Enter】组合键确认，即可计算流动资产合计数据，效果如图10-7所示。

图10-6 输入公式（2）

图10-7 计算流动资产合计数据

STEP 05 ❶选择B12:C12单元格区域；❷在编辑栏中输入公式:=B10–B11，如图10-8所示。

STEP 06 按【Ctrl＋Enter】组合键确认，即可计算固定资产净值数据，效果如图10-9所示。

STEP 07 ❶选择B13:C13单元格区域；❷在编辑栏中输入引用公式:=B12，如图10-10所示。

STEP 08 按【Ctrl＋Enter】组合键确认，即可计算固定资产合计数据，效果如图10-11所示。

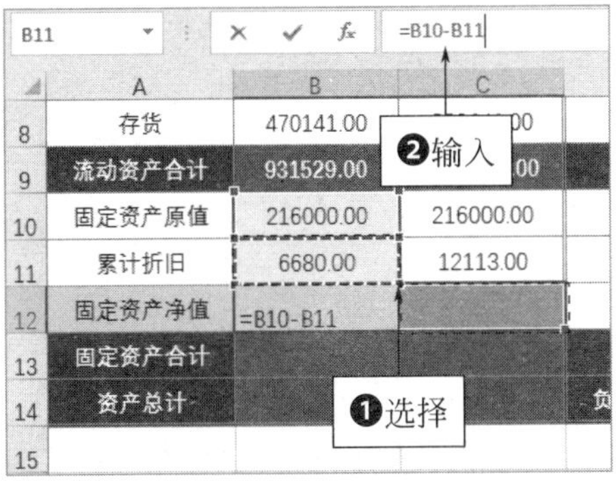

图 10-8　输入公式（3）

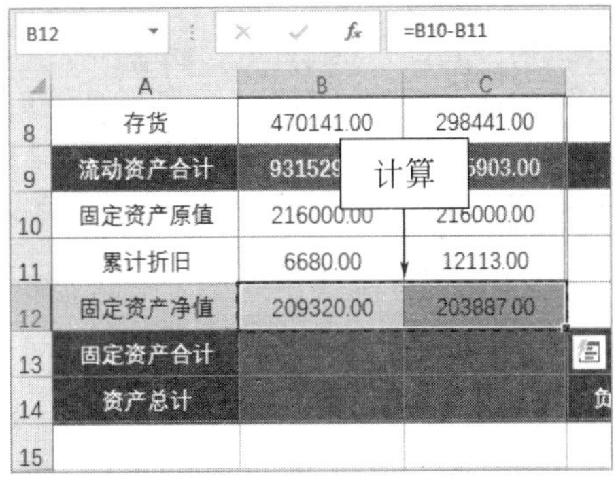

图 10-9　计算固定资产净值数据

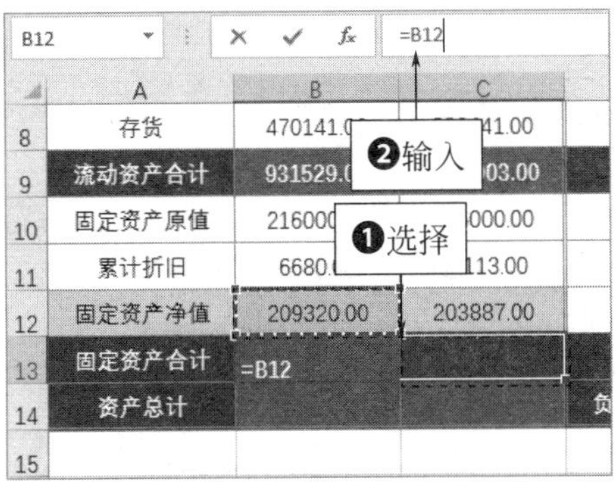

图 10-10　输入公式（4）

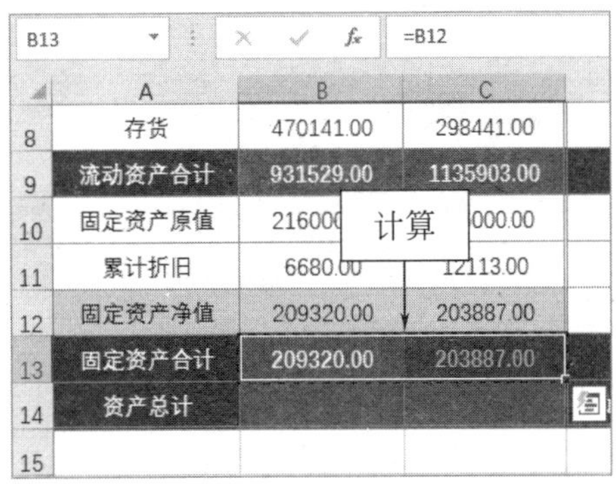

图 10-11　计算固定资产合计数据

STEP 09　❶选择B14:C14单元格区域；❷在编辑栏中输入公式:=B9+B13，如图10-12所示。

STEP 10　按【Ctrl＋Enter】组合键确认，即可计算资产总计数据，如图10-13所示。

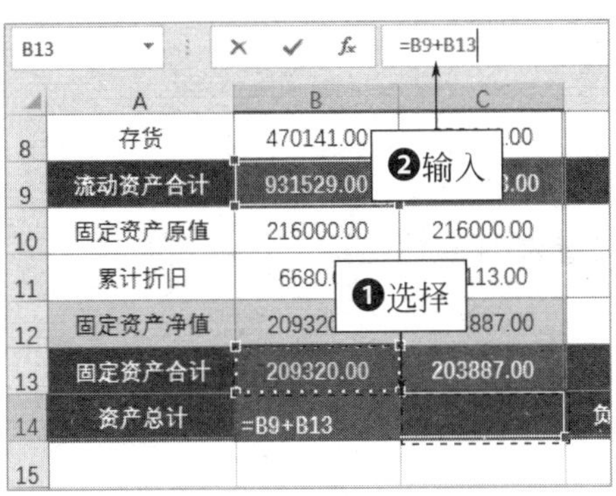

图 10-12　输入公式（5）

图 10-13　计算资产总计数据

10.1.3 计算负债及所有者权益数据

扫码看教学视频

计算完资产类科目数据后，即可根据表单内的数据计算流动负债合计数据、所有者权益合计数据、负债及所有者权益合计数据。下面介绍具体的操作方法。

STEP 01 在工作表中，❶选择E9:F9单元格区域；❷在编辑栏中输入公式:=SUM(E3:E7)，如图10-14所示。

STEP 02 按【Ctrl＋Enter】组合键确认，即可计算流动负债合计数据，效果如图10-15所示。

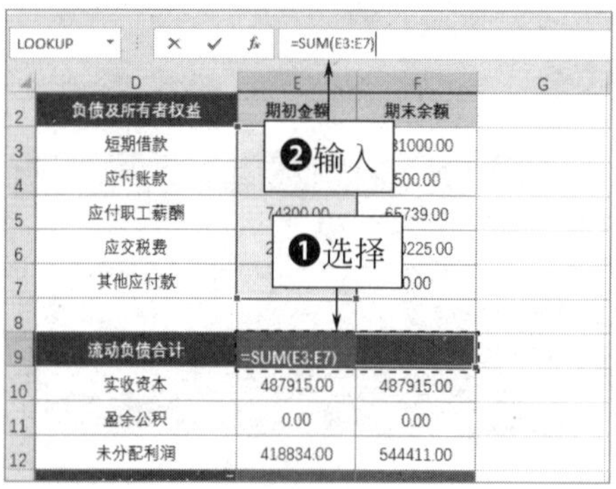

图 10-14 输入公式（1）

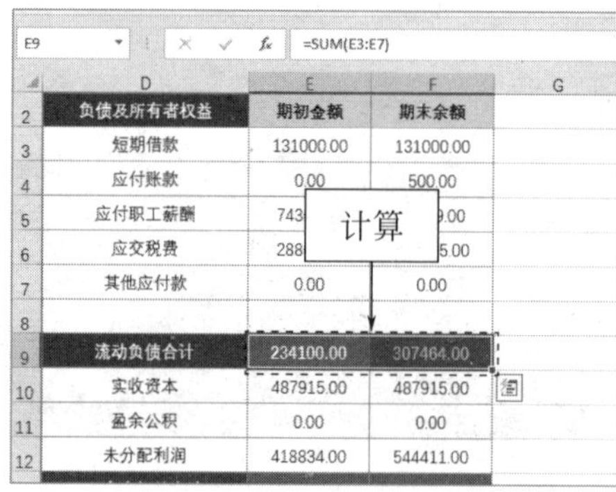

图 10-15 计算流动负债合计数据

STEP 03 ❶选择E13:F13单元格区域；❷在编辑栏中输入公式:=SUM(E10:E12)，如图10-16所示。

STEP 04 按【Ctrl＋Enter】组合键确认，即可计算所有者权益合计数据，效果如图10-17所示。

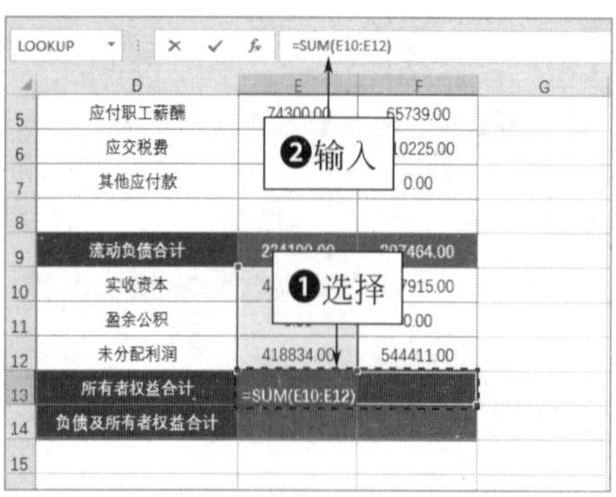

图 10-16 输入公式（2）

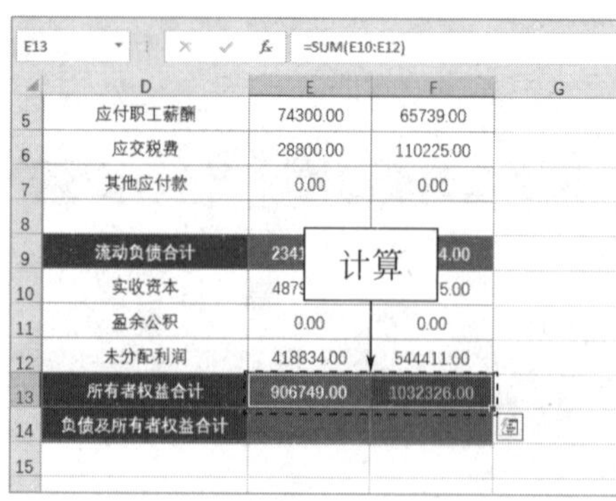

图 10-17 计算所有者权益合计数据

STEP 05　❶选择E14:F14单元格区域；❷在编辑栏中输入公式:=E9+E13，如图10-18所示。

STEP 06　按【Ctrl＋Enter】组合键确认，即可计算负债及所有者权益合计数据，效果如图10-19所示。

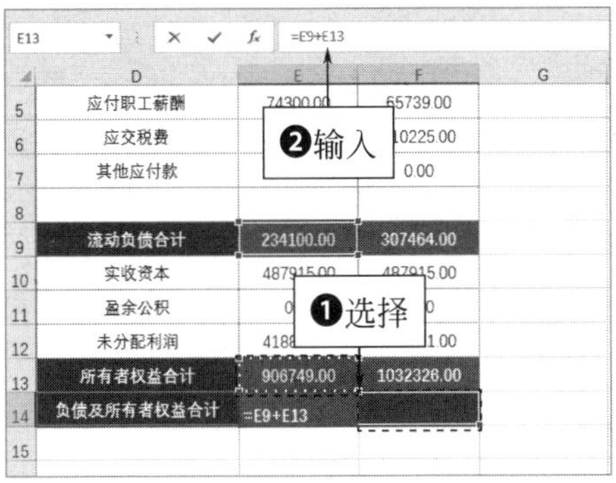

图10-18　输入公式（3）

图10-19　计算负债及所有者权益合计数据

10.2 制作营业利润表

营业利润表的数据同样来源于财务总账表。营业利润表反映的是企业生产经营的成果，通过营业利润表可以分析和预测企业未来的收益能力，并为企业计划完成情况的考核提供依据。

本实例主要介绍“营业利润表”的制作流程和具体方法。

效果欣赏

“营业利润表”的最终效果如图10-20所示。

营业利润表		
制表日期：2021/12/31		单位：元
项目	本月金额	本年累计金额
1、主营业务收入	863300.00	863300.00
减：主营业成本	80280.00	80280.00
减：营业税额	1333.00	1333.00
2、营业利润	781687.00	781687.00
加：其他营业利润	66250.00	66250.00
减：管理费用	88656.00	88656.00
减：财务费用	33512.00	33512.00
减：销售费用	4425.00	4425.00
减：营业支出	66330.00	66330.00
加：投资收益	33540.00	33540.00
3、利润总额	688554.00	688554.00
减：所得税	35360.00	35360.00
4、净利润	653194.00	653194.00
审核：	复核：	

图10-20　营业利润表

技术点睛

1. 在Excel中，创建营业利润表，

输入表单数据内容，调整行高、列宽、对齐方式以及字体格式，并对工作表进行适当的美化等。

2.在营业利润表中，通过公式计算本月金额等数据。

3.在营业利润表中，通过公式计算本年累计金额等数据。

扫码看教学视频

10.2.1 创建营业利润表

营业利润表中的各项数据反映的是企业在某一期间内的经营成果，通过营业利润表可以准确得知企业主营业务收入、主营业务成本以及营业利润等重要信息。下面介绍创建营业利润表的操作方法。

STEP 01 在Excel中，创建一个名称为“营业利润表”的工作表，并在工作表中输入相应的标题和表头等内容，效果如图10-21所示。

STEP 02 在工作表中调整行高、列宽、对齐方式、背景填充颜色以及字体格式等，效果如图10-22所示。

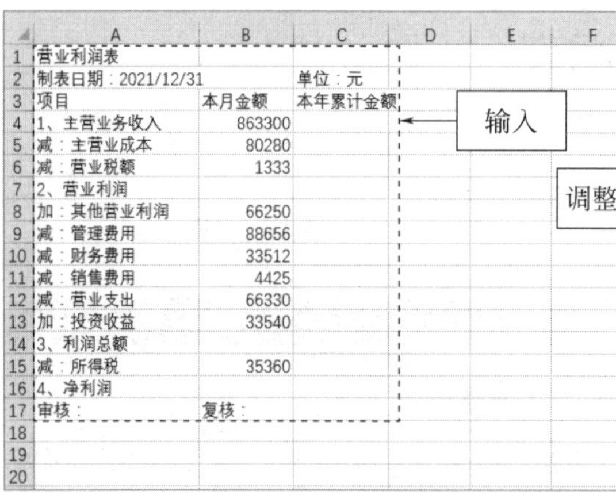

图10-21 输入表单内容

图10-22 调整表格效果

扫码看教学视频

10.2.2 计算本月金额

营业利润表创建完成后，即可根据表单内的数据计算本月营业利润、本月利润总额以及本月净利润等。下面介绍具体的操作方法。

STEP 01 在工作表中，❶选择B7单元格；❷在编辑栏中输入公式:=B4–B5–B6，如图10-23所示。

STEP 02 按回车键确认，即可计算本月营业利润，效果如图10-24所示。

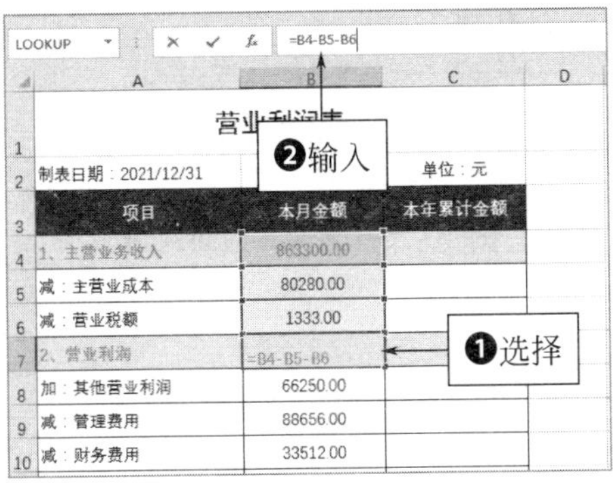

图 10-23　输入公式（1）

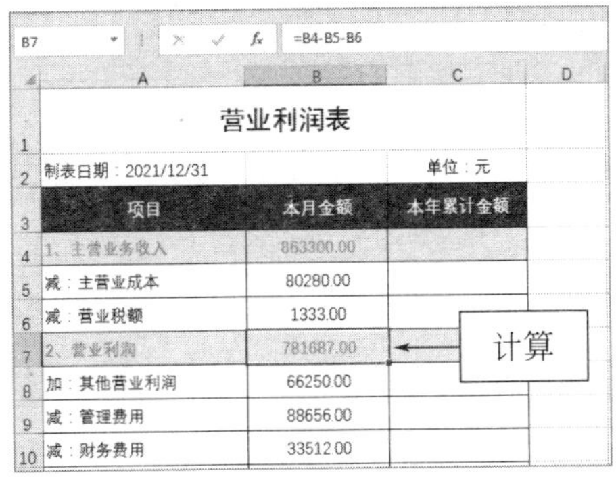

图 10-24　计算本月营业利润

STEP 03 ❶选择B14单元格；❷在编辑栏中输入公式:=B7+B8–B9–B10–B11–B12+B13，如图10-25所示。

STEP 04 按回车键确认，即可计算本月利润总额，效果如图10-26所示。

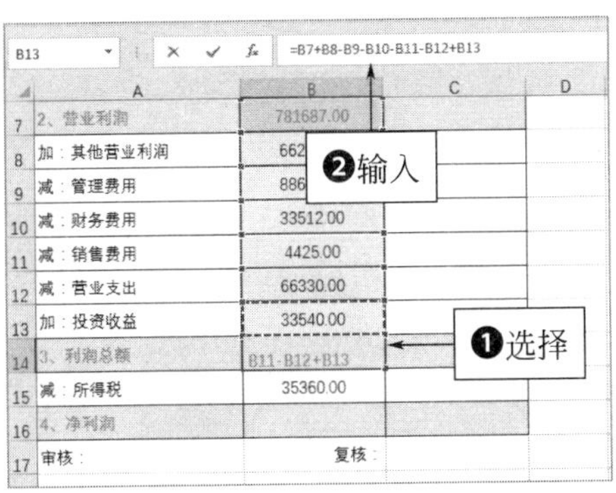

图 10-25　输入公式（2）

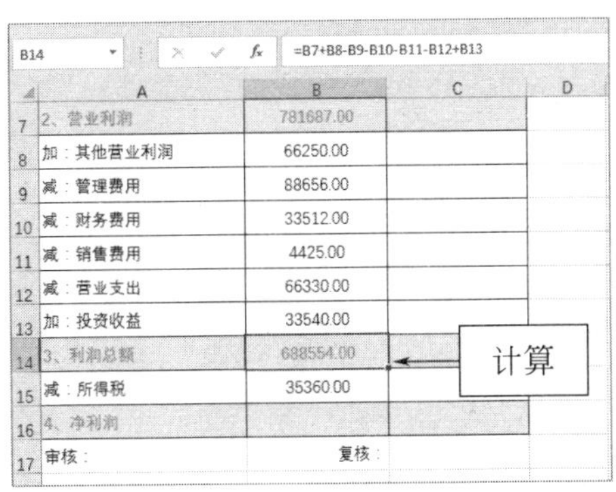

图 10-26　计算本月利润总额

STEP 05 在工作表中，❶选择B16单元格；❷在编辑栏中输入公式:=B14–B15，如图10-27所示。

STEP 06 按回车键确认，即可计算本月净利润，效果如图10-28所示。

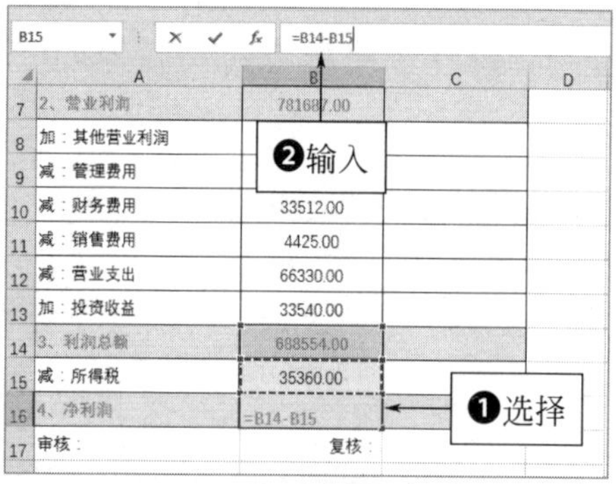

图 10-27　输入公式（3）

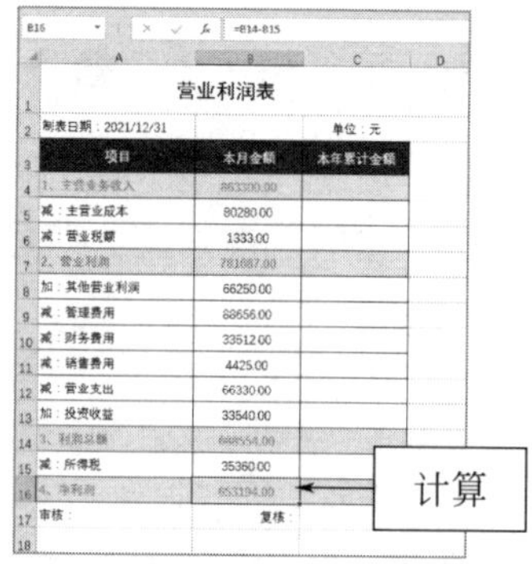

图 10-28　计算本月净利润

10.2.3　计算本年累计金额

扫码看教学视频

计算本年累计金额的公式为：本年累计金额=上月计算的本年累计金额+本月金额，因本例中没有创建上月计算的本年累计金额数据，所以本例中计算本年累计金额的公式为：本年累计金额=本月金额。下面介绍具体的操作方法。

STEP 01 在工作表中，❶选择C4:C16单元格区域；❷在编辑栏中输入引用公式:=B4，如图10-29所示。

STEP 02 按【Ctrl＋Enter】组合键确认，即可计算本年累计金额数据，效果如图10-30所示。

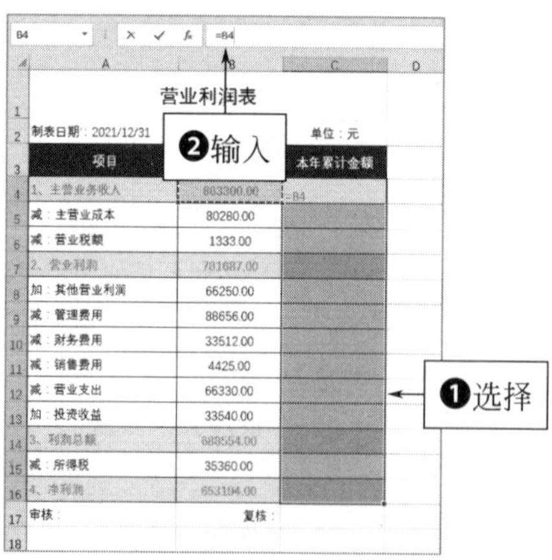

图 10-29　输入公式

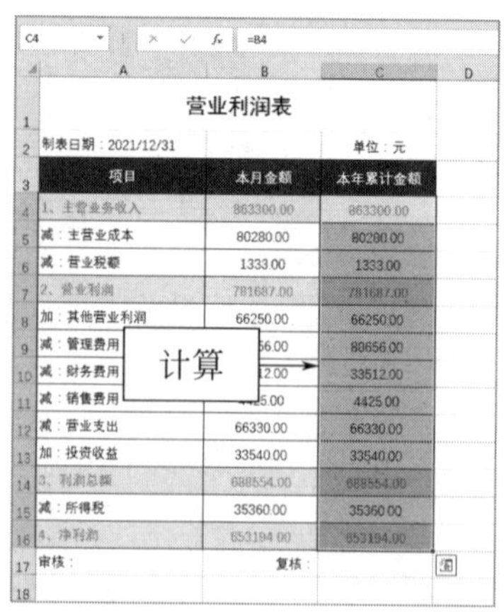

图 10-30　计算本年累计金额数据

10.3 制作现金流量表

现金流量表的数据来源于记账凭证汇总表，因此在制作现金流量表时，财务人员需要根据自己做的记账凭证汇总表填制对应的数据。

现金流量表反映的是企业现金流量的来源和增减信息，通过现金流量表可以帮助投资者、债权人合理分析企业偿还债务、支付股利以及对外融资等能力；帮助企业领导和有关人员分析经营期内净利润与现金流量的差异，客观评估企业的盈利能力，并判断企业经济周转是否顺畅，预测企业未来的发展趋势和现金流量。

本实例主要介绍“现金流量表”的制作流程和具体方法。

效果欣赏

“现金流量表”的最终效果如图10-31所示。

现金流量表

制表日期：2021/12/31　　单位：元

项目	金额	备注
1、经营活动产生的现金流量		
销售商品提供劳务收到的现金	300000.00	
收到的税费返还	0.00	
收到的其他与经营活动有关的现金	2000.00	
现金流入小计	302000.00	
购买商品接受劳务支付的现金	50000.00	
支付给职工以及为职工支付的现金	90000.00	
支付的各项税费	5000.00	
支付的其他与经营活动有关的现金	62200.00	
现金流出小计	207200.00	
经营活动产生的现金流量净额	94800.00	
2、投资活动产生的现金流量		
收回投资所收到的现金	78000.00	
取得投资收益所收到的现金	88900.00	
处置固定资产、无形资产和其他长期资产而收到的现金净额	32000.00	
收到的其他与投资活动有关的现金	10000.00	
现金流入小计	208900.00	
购建固定资产、无形资产和其他长期资产所支付的现金	13000.00	
投资所支付的现金	90000.00	
支付的其他与投资活动有关的现金	5000.00	
现金流出小计	108000.00	
投资活动产生的现金流量净额	100900.00	
3、筹资活动产生的现金流量		
吸收投资所收到的现金	0.00	
借款所收到的现金	33000.00	
收到的其他与筹资活动有关的现金	0.00	
现金流入小计	33000.00	
偿还债务所支付的现金	25000.00	
分配股利利润或偿付利息所支付的现金	0.00	
支付的其他与筹资活动有关的现金	0.00	
现金流出小计	25000.00	
筹资活动产生的现金流量净额	8000.00	
4、汇率变动对现金的影响		
5、现金及现金等价物净增加额	203700.00	

图10-31　现金流量表

技术点睛

1. 在Excel中，创建现金流量表，输入表单数据内容，调整行高、列宽、对齐方式以及字体格式，并对工作表进行适当的美化等。

2. 在现金流量表中，设置单元格格式，使单元格中的内容自动换行并显示完整。

3. 在现金流量表中，通过计算公式统计现金及现金等价物净增加额。

10.3.1 创建现金流量表

扫码看教学视频

创建现金流量表可以综合反映企业现金流量变化、判断企业财务状况。下面介绍创建营业利润表的操作方法。

STEP 01 在Excel中，创建一个名称为“现金流量表”的工作表，并在工作表中输入相应的标题和表头等内容，效果如图10-32所示。

STEP 02 在工作表中调整行高、列宽、对齐方式、背景填充颜色以及字体格式等，效果如图10-33所示。

图10-32　输入表单内容

图10-33　调整表格效果

10.3.2 设置单元格自动换行

扫码看教学视频

现金流量表创建完后，可以对表格格式进行自动换行设置，使工作表中的内容显示完整。下面介绍设置单元格自动换行的操作方法。

STEP 01 在工作表中，选择A4:A37单元格区域，如图10-34所示。

STEP 02 按【Ctrl＋1】组合键，即可弹出“设置单元格格式”对话框，效果如图10-35所示。

图10-34　选择单元格区域

图10-35　弹出“设置单元格格式”对话框

STEP 03 ❶切换至“对齐”选项卡；❷选中“自动换行”复选框，如图10-36所示。

STEP 04 单击“确定”按钮，即可使单元格中的内容自动换行，然后再重新调整工作表中的表格行高，效果如图10-37所示。

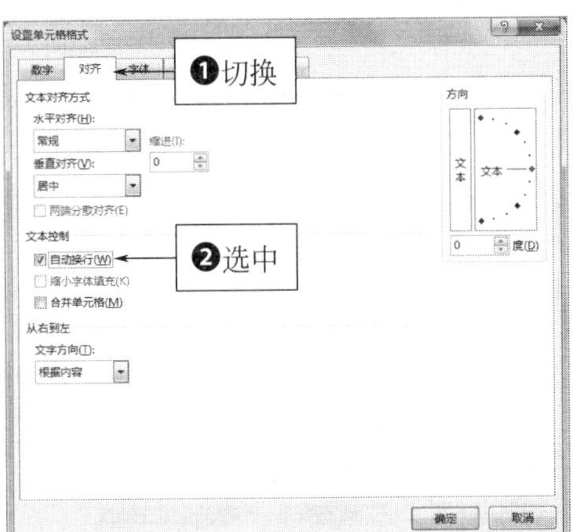

图10-36　选中“自动换行”复选框

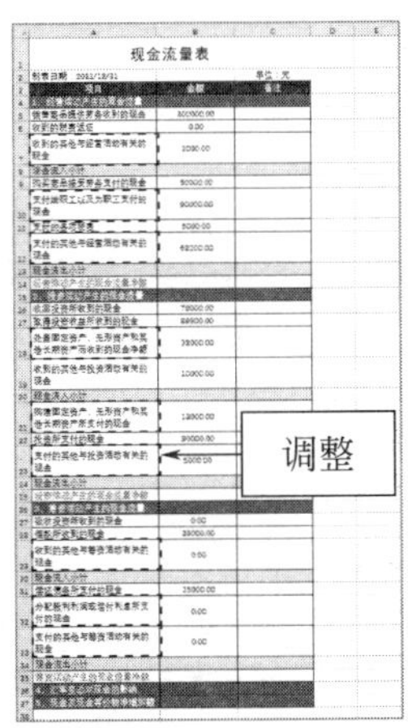

图10-37　重新调整表格行高

扫码看教学视频

10.3.3 统计现金流量表

完成上述操作后，即可统计现金流量表中的各项现金流量金额。下面介绍具体的操作方法。

STEP 01 在工作表中，❶选择B8单元格；❷在编辑栏中输入公式:=SUM(B5:B7)，如图10-38所示。

STEP 02 按回车键确认，即可计算第1个项目的现金流入小计金额，效果如图10-39所示。

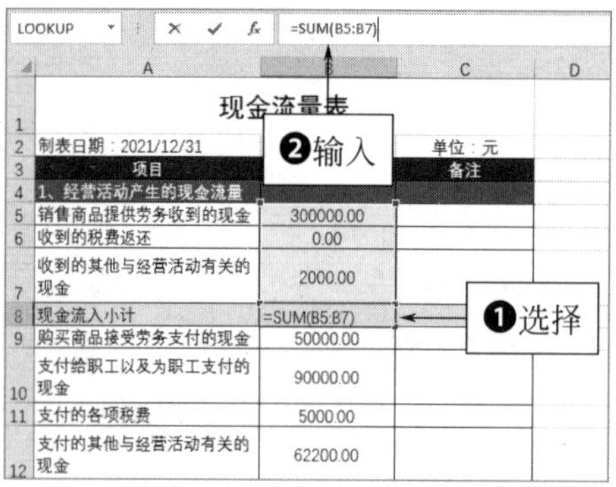

图 10-38 输入公式（1）

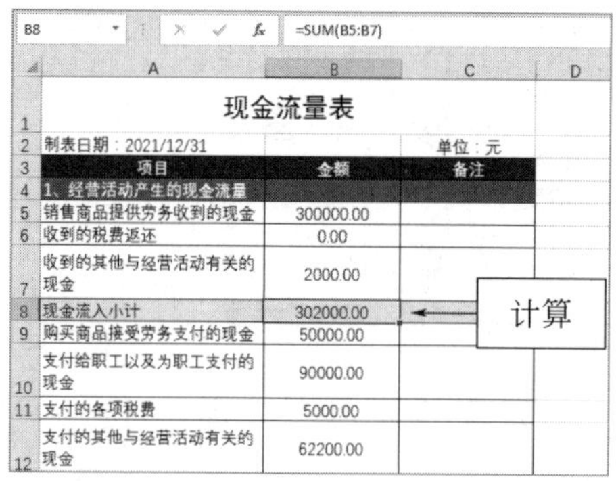

图 10-39 计算第 1 个项目的现金流入小计金额

STEP 03 在工作表中，❶选择B13单元格；❷在编辑栏中输入公式:=SUM(B9:B12)，如图10-40所示。

STEP 04 按回车键确认，即可计算第1个项目的现金流出小计金额，效果如图10-41所示。

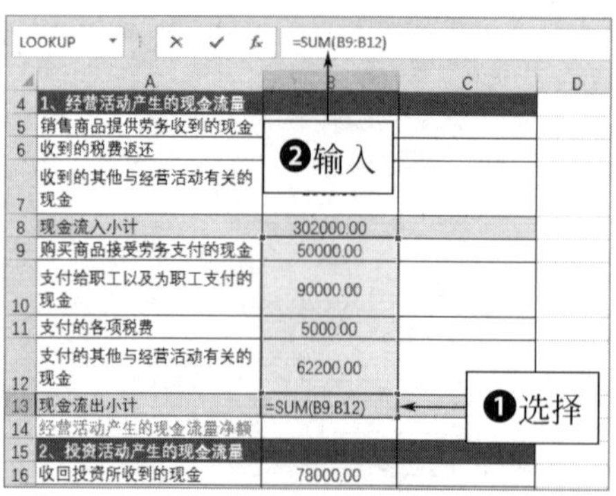

图 10-40 输入公式（2）

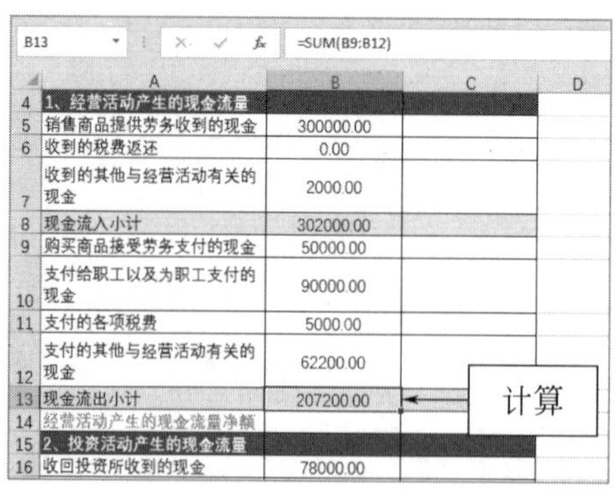

图 10-41 计算第 1 个项目的现金流出小计金额

STEP 05 在工作表中，❶选择B14单元格；❷在编辑栏中输入公式:=B8–B13，如图10-42所示。

STEP 06 按回车键确认，即可计算第1个项目的现金流量净额，如图10-43所示。

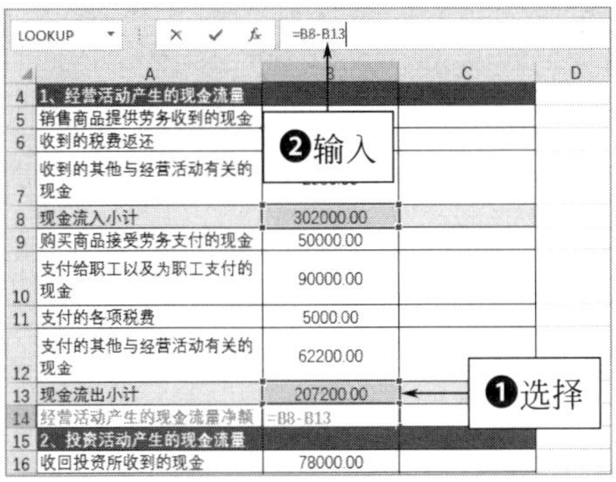

图 10-42　输入公式（3）

图 10-43　计算第 1 个项目的现金流量净额

STEP 07 用上述同样的方法，对其他项目的现金流量金额进行计算，效果如图10-44所示。

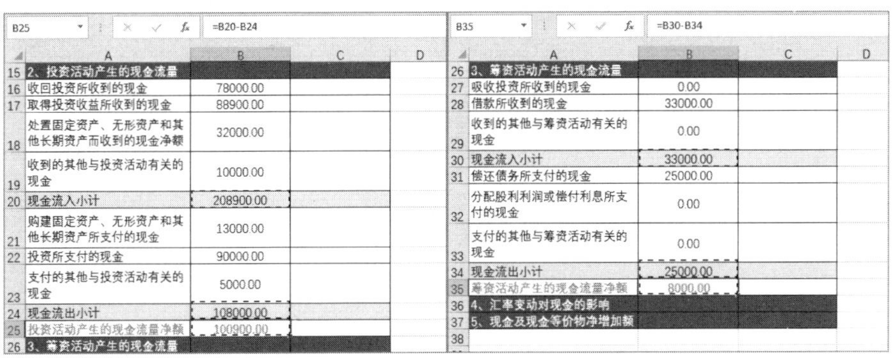

图 10-44　计算其他项目现金流量金额

STEP 08 在工作表中，❶选择B37单元格；❷在编辑栏中输入公式:=B14+B25+B35，如图10-45所示。

STEP 09 按回车键确认，即可计算现金及现金等价物净增加额，如图10-46所示。

图 10-45　输入公式（4）

图 10-46　计算现金及现金等价物净增加额